LITTÉRATURES MODERNES

Le
naturalisme

YVES CHEVREL

Professeur à l'Université de Nantes

PRESSES UNIVERSITAIRES DE FRANCE

ISBN 2 13 037456 5

Dépôt légal — 1re édition : 1982, août
© Presses Universitaires de France, 1982
108, boulevard Saint-Germain, 75006 Paris

SOMMAIRE

PREMIÈRE PARTIE

Repères

CHAPITRE PREMIER

Perspectives critiques
et hypothèses de recherche

Doit-on d'abord définir le naturalisme ? Peut-on partir d'une définition reçue ? Bien qu'elle ne puisse s'empêcher de recourir à des termes en *-isme*, la critique littéraire manifeste une nette répugnance à accorder un réel crédit à des termes qui prétendent rassembler sous une même dénomination des écrivains dont les meilleurs ne valent, à ses yeux, que par le caractère original et irréductible de leur création. Le sort de Dupuis et Cotonnet semble menacer inéluctablement toute entreprise qui s'attaque à la définition et à la compréhension d'un mouvement littéraire. La recherche sur le naturalisme est loin d'échapper à ce danger : le concept en question « n'est parfois qu'une dénomination conventionnelle d'un groupe d'écrivains et d'œuvres qui intéressent en fait la critique par leurs traits individuels », au dire de H. Markiewicz, auteur de l'une des rares études portant sur l'ensemble du « phénomène naturaliste »[1]. La même remarque pourrait évidemment être faite à propos du classicisme, du romantisme, etc. Mais une difficulté supplémentaire semble se manifester dans l'emploi du mot *naturalisme* : à la différence des autres mouvements littéraires qui, tant bien que mal, sont définis par un terme unique (même s'il est contesté), le naturalisme

---

1. H. MARKIEWICZ, Le naturalisme dans les recherches littéraires et dans l'esthétique du xxᵉ siècle, *Revue de Littérature comparée*, 47, 2 (avr.-juin 1973), p. 258.

se trouve en concurrence avec un autre terme, *réalisme*, avec lequel la critique universitaire lui fait entretenir des rapports étroits et complexes, et qui ne contribuent pas peu à embrouiller encore la situation ; il suffit de jeter un coup d'œil sur l'abondante littérature que continue à provoquer le mot « réalisme » dans le seul domaine littéraire, pour ne pas parler des critiques d'art et des spécialistes d'esthétique. Avant d'aller plus avant, il paraît donc souhaitable d'éclairer le débat en dressant le bilan des tentatives faites pour résoudre un problème, qui n'est pas, comme on s'en doute, de pure terminologie.

Confrontée au problème « réalisme-naturalisme » depuis qu'à la fin du XIXᵉ siècle des écrivains ont jugé utile de recourir à l'un ou l'autre de ces termes, la critique s'est partagée, dans l'ensemble, en cinq grands courants, dont trois ont en commun de lier étroitement les deux notions entre elles. Une première attitude consiste à reconnaître dans le réalisme en littérature une constante de l'art occidental, illustrée en particulier par la célèbre notion platonicienne de μιμησις (*République*, III et X) ; le réalisme est ainsi traité comme phénomène transhistorique, susceptible de revêtir diverses formes depuis Homère jusqu'à nos jours : l'ouvrage classique d'E. Auerbach, *Mimésis. La représentation de la réalité dans la littérature occidentale* (¹1946, trad. fr. 1968), fournit un excellent exemple de cette position, qui fait du naturalisme une étape d'un processus général, mais qui, parallèlement, se refuse à fournir une définition et un modèle théorique du réalisme. On peut simplement noter qu'Auerbach reconnaît avoir pratiqué une démarche empirique et pointilliste, qui consiste à confronter « un petit nombre de thèmes » à « une série de textes », l'un et l'autre ensembles provenant de l'expérience du critique, qui déclare ensuite : « Je suis persuadé que, si je les ai bien vus, ces thèmes fondamentaux de l'histoire du réalisme littéraire. [*Geschichte der Wirklichkeitsdarstellung*] se retrouveront nécessairement dans n'importe quel texte réaliste [*an jedem beliebigen realistischen*

Text] »[2]. On remarque en même temps, du moins dans l'original allemand, que le texte réaliste est considéré en dernière analyse comme celui qui (re-)présente la réalité ; mais, comme le remarque Auerbach dans sa « Postface » : « même le terme de ' réaliste ' est loin d'être sans ambiguïté »[3]. Dans son acception usuelle il caractérise une littérature soucieuse de rendre compte du réel, de tout le réel, c'est-à-dire s'interdisant d'exclure *a priori*, pour des raisons morales, religieuses, politiques, tel ou tel élément de la réalité représentée. Alors, par opposition à une telle tendance, on parlera de littérature « idéaliste » : encore moins défini, et moins employé, semble-t-il, aujourd'hui que réalisme, le terme « idéalisme » tend à constituer avec son contraire un couple destiné à marquer les limites à l'intérieur desquelles tout art, du moins occidental, peut se développer. Dans cette perspective, le naturalisme est tout naturellement une incarnation passagère de la tendance réaliste ; il est même volontiers présenté comme un point extrême du réalisme, donc comme un hyper-réalisme.

Une deuxième attitude se rencontre chez ceux qui, tout en reconnaissant également au réalisme un caractère transhistorique, lui accordent moins le rôle d'une tendance esthétique que la fonction d'un indice, d'un signal d'alarme qui annonce qu'une crise est en train de s'ouvrir et qu'une transformation des normes esthétiques est en train de se produire ou va devoir s'opérer. A. Robbe-Grillet, parlant lui-même d'un « nouveau réalisme » qu'il entend promouvoir, rappelle que « c'est par souci de réalisme que chaque nouvelle époque voulait abattre celle qui la précédait » ou encore que « les révolutions littéraires se sont toujours accomplies au nom du réalisme »[4]. Avant lui, R. Jakobson avait brillamment montré qu'effectivement le terme « réalisme » sert surtout à noter un phénomène de déformation des canons littéraires en usage, et non pas une fidélité plus ou moins grande à la

---

2. E. AUERBACH, *Mimesis*, tr. par C. HEIM, Gallimard, 1968, p. 543.
3. *Ibid.*, p. 551.
4. A. ROBBE-GRILLET, *Pour un nouveau roman*, Paris, Gallimard, 1963, p. 15, 171, 172.

réalité[5]. Il importe d'ailleurs de remarquer que les créateurs sont certainement moins responsables de cet emploi que ne le sont les critiques, prompts à stigmatiser d'un mot tout ce qui leur semble opérer une rupture avec la tradition qui régnait jusqu'alors, susceptibles également de projeter dans le passé des schémas empruntés à leur situation particulière. Champfleury, qui lui-même a bien contribué à la popularité du mot « réalisme », soulignait, dès 1857, ce phénomène : « Tous ceux qui apportent quelques aspirations nouvelles sont dits *réalistes*. On verra certainement des médecins réalistes, des chimistes réalistes, des manufacturiers réalistes, des historiens réalistes. M. Courbet est un réaliste, je suis un réaliste : puisque les critiques le disent, je les laisse dire »[6]. C'est peut-être W. Dilthey, dans un essai publié en 1892, qui témoigne le mieux de la façon dont la critique, désarçonnée par le succès d'un mouvement littéraire dont elle mesure mal la portée, essaie de l'interpréter comme un phénomène de refus qui ne saurait durer longtemps : « C'est bien cela ; le naturalisme apparaît chaque fois qu'une époque artistique est révolue. Il est, de nos jours, la protestation de la sincérité contre tout le langage formel traditionnel que les quinzième et seizième siècles avaient créé jadis pour des hommes très différents de nous, doués de tout autres yeux et de tout autres organes spirituels »[7]. Dilthey, qui n'est pas peu inquiet devant la montée de Zola et qui espère un sursaut venu des « profondeurs de la nature germanique », reprend ici le mot « naturalisme » pour le transporter tout au long de l'histoire de l'esthétique européenne moderne : manifestation exemplaire, ou synonyme,

5. R. JAKOBSON, Du réalisme artistique (1921), in *Théorie de la littérature*, Paris, Le Seuil, 1965, p. 98-108.
6. CHAMPFLEURY, Sur M. Courbet. Lettre à Madame Sand (2 sept. 1855), *in* ID., *Le Réalisme*, s.d. [1857], p. 272.
7. W. DILTHEY, Die drei Epochen der modernen Ästhetik und ihre heutige Aufgabe [Les trois époques de l'esthétique moderne et sa tâche actuelle], *Deutsche Rundschau*, 72 (août 1892), p. 284 (cité dans la traduction de M. REMY, W. DILTHEY, *Le Monde de l'esprit*, Paris, s.d. [1947], t. II, p. 286).

de réalisme, c'est un phénomène de transition qui, à la limite, n'a pas de valeur, ni même de contenu propres.

La troisième attitude, la plus représentée parmi les historiens actuels de la littérature, rompt avec la théorie d'un réalisme transhistorique pour en faire, avec R. Wellek, un « period concept »[8], c'est-à-dire l'identifier avec le mouvement littéraire qui succède au romantisme et s'épanouit en Europe dans la seconde moitié du XIXe siècle. Le réalisme devient ainsi un concept clef de la périodisation littéraire : F. W. J. Hemmings peut publier un volume, sous le titre *The Age of Realism* (1974), dans une série consacrée à l'histoire de la littérature européenne : sur le seul titre le lecteur sait qu'il y trouvera une étude de la littérature du XIXe siècle. Le concept « naturalisme » tend alors à se dissoudre dans celui de « réalisme », en particulier dans la perspective anglo-américaine[9], ou à venir le redoubler, comme dans la tradition française qui parle volontiers de « réalisme et naturalisme » comme s'il s'agissait de deux manifestations successives d'un phénomène continu ; le cloisonnement par siècles des études littéraires françaises entraîne d'ailleurs comme conséquence que le naturalisme, dans notre pays, tend à être perçu comme un aboutissement, sinon comme un cul-de-sac, en tout cas comme peu porteur d'avenir, puisqu'il arrive, pour ainsi dire, en « fin de course ». Corollairement, le terme se charge de la valeur dépréciative dont on incline à charger ceux qui vont plus loin, c'est-à-dire trop loin. L'ostracisme dont ont long-temps souffert les études sur le naturalisme s'explique sans doute en partie parce que le mouvement, identifié de plus avec le seul Zola, a été — est encore ? — perçu comme une manifestation extrémiste, et que, comme on sait bien en France, « tout ce qui est exagéré est insignifiant ». L'infamie

8. R. WELLEK, The Concept of Realism in Literary Scholarship (1960), *in* ID., *Concepts of Criticism*, Yale University Press, 1963, p. 225. Cet article est une contribution capitale à l'emploi du concept « réalisme » dans les différentes littératures de langue européenne.

9. R. WELLEK, *ibid.*, p. 233, assure que « the separation of the terms [realism/naturalism] is only a work of modern literary scholarship ».

du terme « naturalisme » n'est d'ailleurs pas limitée à la
France : ses équivalents linguistiques désignent des écrivains
de seconde zone (au mieux), comme dans les littératures polo-
naise, russe, scandinaves, ou ont même pratiquement disparu
de l'usage, comme dans la littérature anglaise. En revanche,
le terme réalisme semble, lui, avoir gagné en respectabilité.

Jusqu'à présent les emplois de « naturalisme » qui ont été
examinés ont montré qu'il était lié avec le réalisme, dont il
apparaît comme une manifestation, ou une incarnation plus
ou moins extrémiste. D'autres perspectives critiques essaient,
en revanche, de distinguer les deux termes. C'est le cas de la
critique marxiste qui, appuyée sur le concept de « réalisme
socialiste », tend à faire du naturalisme un mouvement progressiste, mais qui reste insuffisant à cause d'une conception
trop biologique de la société et d'une incapacité à montrer
des héros « positifs ». G. Lukács est un représentant éminent
de ce genre de critique[10], qui est d'ailleurs peut-être plus fortement marquée qu'on ne le croirait par des perspectives
assez traditionnelles sur la littérature. Cette orientation s'accompagne en outre d'une valorisation du rôle de Zola (même
lorsqu'il est critiqué, comme c'est le cas chez Lukács), et le
terme de naturalisme n'est concédé qu'à des écrivains placés
en même temps à un rang très médiocre dans l'échelle des
valeurs.
    Une cinquième voie est ouverte par ceux qui considèrent
le naturalisme à la fois comme un mouvement relativement
autonome par rapport à un certain réalisme et, surtout,
comme le début d'une nouvelle ère littéraire. Cette dernière
position est principalement le fait des germanistes qui ont
presque tous adopté ou accepté l'année 1880 comme le pivot
qui ouvre sur la modernité. La littérature allemande de la
seconde moitié du XIXe siècle se voit ainsi partagée en deux
courants bien distincts : celui du « réalisme bourgeois » (ou,
plus rarement, du « réalisme poétique ») et celui du « natura-

10. Voir G. LUKÁCS, *Problèmes du réalisme*, L'Arche, 1975.

lisme », parfois regroupé avec d'autres mouvements « à l'approche du tournant du siècle ». Cette séparation n'est pas sans conduire parfois à des oppositions qui peuvent surprendre même un spécialiste habitué à des positions plus nuancées en matière de périodisations[11] et elle n'est pas non plus acceptée par tous les spécialistes de la littérature allemande, dont certains contestent le rôle novateur des premiers naturalistes jusqu'en 1890[12] ; de plus on constate que des études récentes consacrées au naturalisme allemand s'étendent beaucoup plus longuement sur les antécédents et les prédécesseurs du naturalisme que sur son action et ses prolongements[13]. Une telle pratique témoigne sans doute qu'il serait vain de vouloir couper le naturalisme du vaste mouvement, issu des lumières pour une bonne part, qui se continue à travers tout le XIXᵉ siècle, et nul n'a jamais d'ailleurs prétendu que le naturalisme représentait une nouveauté absolue — sauf, naturellement, les polémistes contemporains qui tentent de discréditer Zola et ses confrères. En tout cas cette perspective a le mérite d'offrir une hypothèse de recherche assez neuve, et de motiver surtout un nouvel esprit dans l'investigation d'un mouvement qui demeure encore un peu suspect. Mais une telle grille est-elle transposable du domaine allemand à un plan plus général ?

L'originalité de la position des historiens de la littérature allemande fait ressortir la confusion qui règne chez les représentants des trois premières attitudes, en raison du doublet

11. Ainsi la somme de F. MARTINI, *Deutsche Literatur im bürgerlichen Realismus*, Stuttgart, ¹1962, peut embrasser les années 1848-1898 sans comporter la moindre allusion aux naturalistes allemands. R. WELLEK (art. cité, p. 235-236) critique violemment B. MARKWARDT d'avoir, dans le t. IV de sa *Geschichte der deutschen Poetik*, complètement oublié le rôle des théoriciens français du réalisme et du naturalisme : en fait l'érudit allemand les avait « réservés » pour son t. V, consacré au XXᵉ siècle, non encore publié quand Wellek a écrit son essai.

12. Par exemple W. RASCH, Aspekte der deutschen Literatur um 1900, *in* ID., *Zur deutschen Literatur seit der Jahrhundertwende*, Stuttgart, 1967, p. 1-48.

13. Par ex. le manuel de G. MAHAL, *Naturalismus*, Munich, 1975, consacre une cinquantaine de pages aux « présupposés » du naturalisme et se contente d'en examiner « la valeur et l'action » en moins de cinq pages.

réalisme-naturalisme et de la tentation, même pour ceux qui tiennent le plus à une définition historique du réalisme (un courant caractéristique du XIXᵉ siècle), de faire appel à des concepts de type transhistorique. Au terme de ses propositions de catégories destinées à définir le réalisme comme un moment de l'histoire littéraire, R. Wellek se demande, en bonne méthode, s'il a réussi à trouver des critères qui distinguent le réalisme de toute autre période : il constate que sur plusieurs points des œuvres dites classiques (en particulier du XVIIIᵉ siècle anglais) pourraient se reconnaître dans le réalisme tel qu'il l'a défini[14]. Une mésaventure inverse était arrivée à R. Jakobson : après avoir montré l'inanité de toute définition du réalisme, il n'avait pu s'empêcher, *in fine*, de proposer la « caractérisation inessentielle » et la « motivation conséquente » comme éléments constitutifs de l'école réaliste du XIXᵉ siècle[15]. Faut-il, dans l'espoir d'une conciliation possible, en revenir aux suggestions d'un E. d'Ors et accepter l'existence d'un éon baroque (incarné, à un moment, dans le romantisme) et d'un éon classique (qui pourrait prendre la forme du réalisme-naturalisme) ? Le naturalisme prendrait ainsi sa place dans une conception pendulaire de l'histoire littéraire, fondée sur une suite de réactions de sens contraire ; ainsi serait justifiée l'entreprise d'Auerbach, comme les difficultés rencontrées par Wellek et Jakobson. A moins que, devant une conception aussi simpliste de l'histoire, la critique universitaire ne recourre, en désespoir de cause, à la constatation une fois de plus désabusée que des concepts comme ceux de réalisme, naturalisme, etc., sont parfaitement creux, en tout cas sans intérêt : le grand écrivain est d'abord lui-même.

Face à l'aporie terminologique (prévisible) dans laquelle l'histoire littéraire, la critique et l'historiographie littéraires apparaissent se trouver, il vaut sans doute la peine, comme souvent en pareil cas, de reprendre une perspective réellement

---

14. WELLEK, art. cité, p. 253.
15. R. JAKOBSON, art. cité, p. 105 sqq.

historique, c'est-à-dire d'étudier les premiers emplois des termes en cause. Des études et des enquêtes qui ont été menées en ce sens à propos de telle ou telle littérature, ainsi que d'une lecture des textes critiques et théoriques d'écrivains et de journalistes qui ont pris position dans ce qui a été une querelle européenne à la fin du XIXe siècle, il ressort au moins trois conclusions : 1) « réalisme » et « naturalisme » ont connu, dans leur évolution sémantique, une évolution semblable ; 2) beaucoup de ceux qu'on considère comme les principaux représentants de l'un et/ou de l'autre courant n'ont pas cru indispensable de théoriser leur pratique ou l'ont fait en des termes qui compliquent plus qu'ils n'éclaircissent la question ; 3) Zola joue un rôle à part, autant par la réclame qu'il a sciemment organisée autour du mot que par les commentaires qu'il en a proposés, qui, tous, insistent sur le fait que le naturalisme est une *méthode*, et non une rhétorique, une stylistique, ou une thématique. Ces premières constatations, sommaires, doivent être précisées.

Il est bien établi que dans la plupart des langues européennes réalisme et naturalisme ont d'abord une acception philosophique. On sait qu'en France on appelle toujours *naturalisme*, au XIXe siècle, le « système de ceux qui attribuent tout à la nature comme premier principe » (Littré, *Dictionnaire de la langue française*, s.v.), et que le terme, également sous ses formes allemande et anglaise, équivaut à peu près à ceux de matérialisme ou de panthéisme. De même *réalisme* a connu d'abord un emploi philosophique — qui est d'ailleurs aux antipodes du naturalisme philosophique puisqu'il caractérise la doctrine de ceux qui, après Platon, croient à la réalité des idées, intellectuelles et morales ; ce sens de réalisme est très courant aux XVIIIe et XIXe siècles et Julian Schmidt n'a pas tort, lorsqu'il essaie de proposer une définition littéraire du réalisme en 1858 dans un article de la revue *Die Grenzboten*, de rappeler qu'il ne faut pas se laisser abuser par la présence du terme chez Goethe : le maître du classicisme allemand entend *Realismus* au sens philosophique. Si on peut facilement comprendre que le naturalisme philosophique, avec son

refus du transcendantal et son intérêt accordé aux phénomènes, porte en lui les germes de ce que peut être un naturalisme littéraire, il est *a priori* moins évident qu'on puisse opérer un rattachement direct entre le réalisme philosophique et
le réalisme littéraire.

Il faut alors faire intervenir un relais important dans
l'usage des termes : leur emploi dans le registre de la critique
d'art. Il est intéressant d'examiner le sort que l'encyclopédie
allemande *Meyerskonversationslexikon*, tenue régulièrement à
jour, réserve à *Realismus* et à *Naturalismus* dans sa troisième
édition. Sous l'entrée « Realismus » (t. XIII, 1878) on trouve
trois rubriques ; le réalisme est défini comme conception du
monde (s'opposant à l'idéalisme), comme philosophie, comme
tendance artistique ; concernant l'art, le réalisme est défini
comme

« ce mode de représentation qui vise de préférence l'imitation de la
nature et reconnaît comme son but le plus distingué la vérité de la
nature, mais en privilégiant aussi, en conséquence, les techniques
artistiques. [...] Le r[éalisme] tombe dans le naturalisme (q.v.),
lorsqu'il s'attache à la vérité de la nature d'une façon très partiale et
perd de vue les effets (esthétiques) propres à l'art, afin de tromper
grâce à une apparence de pur naturel ».

Le renvoi à *Naturalismus* n'apporte en fait aucune infor-
mation supplémentaire ; en effet, sous cette entrée (t. XI,
1877), on trouve les sens suivants : 1) le fait de pratiquer une
activité sans apprentissage préalable ; 2) une certaine conception de la peinture au XVIIe siècle, encore pratiquée au XIXe ;
3) le sens philosophique. De littérature, il n'est pas encore
question, et c'est un fait bien établi qu'en France également
le mot de réalisme s'attache d'abord à la peinture : on sait de
quelle façon provocante Courbet s'empare du terme en 1855
pour présenter l'exposition de ses œuvres.

Dans une acception littéraire réalisme ne s'impose vraiment que dans les années 1860, en Allemagne et en France
surtout. Un critique allemand, F. T. Vischer, regrette par
exemple dans un volume de critique paru en 1861 que
« l'expression ' réaliste ' n'ait pas encore été en usage » en

1844[16]. Avant cette date, toutefois, on a pu noter quelques
emplois sporadiques ; Schiller utilise plusieurs fois les termes
Realism(us), *realistisch* dans sa correspondance avec Goethe
des années 1796-1798, et toujours en mauvaise part : à partir
de l'exemple des écrivains français, à son avis plus réalistes
qu'idéalistes, Schiller conclut que « le réalisme ne peut produire un poète »[17]. Les premières occurrences littéraires de
réaliste, réalisme sont signalées, en France, à la date de 1828
(dans un article du *Mercure de France*), en Russie en 1835
(sous la plume de Bielinski, qui oppose poésie réelle et poésie
idéale dans un essai « Sur la nouvelle russe et les nouvelles de
M. Gogol »), en Angleterre en 1851 (dans le *Frazer's Maga-
zine*). Il importe en tout cas de noter que les termes sont
employés surtout par les critiques, exceptionnellement par les
créateurs : rares sont ceux qui, comme Duranty en France,
font du mot un slogan (ce que refuse encore, en 1857,
Champfleury) et vont jusqu'à le lancer comme titre d'une
revue vite disparue, ou, comme O. Ludwig en Allemagne,
essaient de le définir de façon positive, par opposition à la
fois à l'idéalisme et au naturalisme. La critique, elle, est le
plus souvent très hostile, et souligne volontiers les aspects
choquants des auteurs dont elle traite, mais elle contribue en
même temps à convaincre le public qu'il existe une école réaliste ; comme le remarquait E. Bouvier dès 1913, « à force de
signaler les crudités révoltantes du réalisme, [les critiques]
avaient appris [au public] à ne plus s'en indigner »[18]. Si
d'aventure ils ne s'indignent pas, mais admettent que le réalisme soit une caractéristique de l'époque, ils s'arrangent soit
pour faire du réalisme une tendance artistique transhistorique, soit pour assurer que tout art est finalement réaliste à
condition qu'il s'agisse d'un réalisme bien compris, ce qui
leur permet aussitôt de stigmatiser certains comportements de

---

16. F. T. VISCHER, *Kritische Gänge*, Neue Folge, II, 1861, p. VII, à propos de Shakespeare.
17. Lettre à Goethe du 27 avril 1798.
18. E. BOUVIER, *La Bataille réaliste (1844-1857)*, Paris, s.d. [1913],
p. 348.

ceux qui pratiquent un réalisme « mal compris ». Les termes
« réaliste, réalisme » deviennent ainsi ambigus, autour des
années 70 et encore bien plus vers 1880.

A cette date en effet, la divulgation du mot « naturalisme » vient bouleverser le champ littéraire. Sans doute le
mot a surgi pour la première fois dans un contexte semblable
à celui de réalisme. C'est encore Schiller qui marque une date
importante : il écrit en 1803, dans un essai « Sur l'emploi du
chœur dans la tragédie » qui sert de préface à *La Fiancée de
Messine* :

> « Quand bien même [le chœur] ne servirait qu'à déclarer ouverte-
> ment et franchement la guerre au naturalisme dans l'art, il devrait
> être pour nous un mur vivant que la tragédie érige autour d'elle pour
> s'isoler nettement du monde réel et préserver son domaine idéal et sa
> vérité poétique »[19].

Jusqu'alors on a pu noter quelques emplois de « naturaliste » pour caractériser certains artistes, en Espagne et en
France particulièrement, et ce, dès le XVIIe siècle. Goethe
l'emploie également dans les années 1800, à propos de peinture. Mais le terme ne réussit pas à s'imposer vraiment, malgré l'usage qu'en fait Baudelaire, et surtout le critique d'art
Castagnary dans les années 60.

Rien ne change encore lorsque Zola, qui connaît d'ailleurs
Castagnary, s'empare du mot à partir de 1865, dans quelques
articles critiques, et tente de lui donner un certain éclat (prématuré) en révélant en 1868 (Préface à la deuxième édition de
Thérèse Raquin) l'existence d'un « groupe d'écrivains naturalistes auquel [il a] l'honneur d'appartenir ». En décembre
1872, dans une « Causerie du dimanche » donnée au *Cor-
saire*, il évoque « l'école moderne du naturalisme » et fait
espérer l'action prochaine de « ce groupe naturaliste [...] qui
continuera le mouvement scientifique du siècle »[20]. A cette

---

19. Trad. H. Loiseau, « Coll. bilingue des classiques étrangers », Paris,
1942, p. 101.
20. Zola, *Œuvres complètes*, Cercle du livre précieux [s.d.], t. X, p. 974
et 977.

date l'opinion publique française, et encore plus européenne, ignore encore en fait tout d'un naturalisme qui serait en train de conquérir la littérature contemporaine bien que le mot apparaisse, çà et là, comme chargé d'une puissance maléfique encore mal identifiée. En 1872, précisément, Nietzsche reprend le texte de Schiller dans *La Fiancée de Messine* et consacre une partie de *La Naissance de la tragédie* (chap. 7) à stigmatiser la perte de tout idéalisme et l'incapacité de la civilisation contemporaine à combattre le naturalisme : mais il le fait en termes très généraux, se contentant d'évoquer vaguement des romans modernes à succès.

La même année B. Meyer consacre tout un article de la *Deutsche Warte* au naturalisme, dans une « Etude sur la vie intellectuelle contemporaine »[21]. Ce long article est en fait un réquisitoire contre le naturalisme sous toutes ses manifestations, qui sont légion au dire de l'auteur ; en effet, B. Meyer croit avoir décelé un « élément anticulturel » dans une époque qui voudrait tout fonder sur les principes, louables, de la vérité et de la liberté, assimilés par lui à la raison et au droit. Recherchant donc tout ce qui peut s'opposer à ces deux principes, il s'en prend d'abord au naturalisme en art, qui est le premier domaine où cette tendance se soit manifestée : l'artiste devient observateur et n'a plus qu'une qualité à faire jouer : la mémoire. Meyer accumule ensuite les exemples, parfois les plus hétéroclites, pour faire mesurer à ses lecteurs l'étendue du danger. Il décèle en effet le naturalisme en musique, en science (où il s'appelle aussi bien dilettantisme que matérialisme et empirisme), en philosophie ; bien plus, le naturalisme ne se limite pas au domaine spéculatif, mais concerne aussi la vie concrète : il inspire toutes les tentatives d'émancipation et d'égalitarisme, l'importance donnée aux relations sexuelles, aux intérêts matériels, et il s'incarne aussi dans le laisser-aller de l'habillement ! Pire il menace la plus haute forme de communauté humaine, l'Etat, et il s'appelle alors socialisme, ou bien encore ultramontanisme. Meyer

21. *Deutsche Warte*, 2, 1872, p. 163-176.

insiste avec force sur l'incarnation politique du naturalisme :
poser la question de l'ordre moral du monde en termes naturalistes, c'est le socialisme, la commune, la dernière heure de
la civilisation. A la fin de son article, B. Meyer ajoutera
encore, pour faire bonne mesure, l'absolutisme à son tableau
de chasse... Mais l'essentiel de son propos n'est pas tant
d'énumérer les multiples faces du naturalisme que de dénoncer l'interdépendance de toutes ces manifestations entre elles,
dont il donne plusieurs exemples : le succès d'une pièce naturaliste comme *Le Chiffonnier de Paris*, en relation avec les
hautes fonctions de son auteur, F. Pyat, pendant la Commune ; la chute de la colonne Vendôme grâce à l'entremise de
Courbet, « le naturaliste le plus extravagant de tous les peintres », la composition d'une « vie de Jésus » mise à l'Index,
dont l'auteur — Renan, de toute évidence — n'est pas
nommé. Tous ces exemples sont empruntés à la France : ce
n'est pas un hasard : le phénomène est plus visible en France
que dans le reste de l'Europe ; mais l'Allemagne même n'y
échappe pas : Meyer cite un seul nom, celui du biologiste
Karl Vogt, défenseur du darwinisme, comme le représentant
par excellence de l'alliance du matérialisme et du naturalisme.
Devant cette vague, il faut se ressaisir, faire appel aux vieilles
valeurs kantiennes comme l'impératif catégorique, et vaincre
ce moment négatif de l'évolution de la civilisation.

A aucun moment de sa diatribe, Meyer n'a cité le nom
d'un romancier naturaliste français (seul le communard
F. Pyat, alors exilé, est cité pour un drame qui fut représenté
en 1847) : on peut penser qu'il n'eût pas manqué de mentionner Zola si celui-ci avait été connu de lui. De même, toujours
en 1872, un autre critique, G. Zelle, essaie de montrer que la
décadence intellectuelle de la France, que la défaite de Sedan
a rendu sensible, provient de ce que ce pays connaît actuellement une violente réaction au pseudo-idéalisme *(Scheinideal-
ismus)* qu'il connaît à la suite du romantisme : l'article qu'il
publie alors dans *Die Grenzboten* « pour aider à définir le
drame français contemporain » ignore tout du naturalisme
dans le roman, alors qu'il s'exclame :

« Quel autre recours restait-il, que de s'adonner au naturalisme le plus brutal, et de représenter, de daguerréotyper le plus exactement possible les personnes et les circonstances de la vie parisienne ? »

Une évolution perceptible se manifeste lorsque Zola commence à publier dans *Le Messager de l'Europe*, à partir de mars 1875. Dès le premier article qu'il donne à la revue russe, Zola témoigne de son aptitude à insister sur ce qu'il veut faire entrer dans la tête du public — il parle de « l'école naturaliste » qui devrait avoir droit à toute l'admiration de l'étranger, et il cite à nouveau sa célèbre définition (« Une œuvre est un coin de la nature vu à travers un tempérament ») — et à enrôler tel ou tel écrivain pour les besoins — momentanés — de la cause : dans la réception d'A. Dumas fils à l'Académie française ne voit-il pas l'entrée du naturalisme « dans le temple de la tradition »[22] ? Et peu à peu, dans la revue russe, comme dans des périodiques français, bientôt d'autres journaux et périodiques étrangers (comme *Die Neue Freie Presse*, de Vienne, *Das Magazin für die Literatur des Auslandes*, de Berlin), Zola va populariser l'idée que le naturalisme est la forme actuelle et vivante de la littérature contemporaine : en 1880-1881 il a assez de chroniques pour publier à la suite cinq recueils où critique, théorie, polémique se mêlent, tout en trouvant assez de ressources pour mener une campagne d'un an dans *Le Figaro* (sept. 1880-sept. 1881).

En raison même du caractère hebdomadaire ou même quotidien de la bataille que mène Zola, il n'est pas toujours aisé de mettre en évidence l'unité d'une doctrine qui se cherche. Il semble incontestable que l'ancien responsable du service publicité de la maison Hachette ait compris et exploité les méthodes qui permettent de vendre un produit ou une marque. On connaît ses déclarations à Goncourt[23] et l'effarement de Flaubert devant des procédés qui lui sont totalement

22. ZOLA, *Œuvres complètes*, éd. citée, t. XII, p. 415 sqq.
23. *Journal* des GONCOURT, 19 février 1877 ; Zola expose comment il s'y prend pour faire « mousser » ses livres.

étrangers. Mais, à côté du coup de réclame bien orchestré, il reste que Zola, délibérément, a pris la responsabilité de proposer, en tant que créateur, une nouvelle formule littéraire : il est un des premiers écrivains à avoir voulu organiser, non un cénacle ou une école, mais un rassemblement de gens animés d'une robuste croyance dans le progrès et exerçant une même *profession*, celle d'écrire. Tout n'est pas clair ni conséquent dans les déclarations de Zola, car il faut faire la part de la tactique chez le redoutable polémiste qu'il est. Ainsi il est tout prêt à reconnaître que « le naturalisme [...] date des premières œuvres écrites »[24], se rangeant ainsi apparemment aux côtés de ceux qui y voient une constante transhistorique : c'est qu'il puise de « nouveaux arguments » dans cette déclaration de ses adversaires. Ailleurs il fait remonter le naturalisme à Balzac et au « large mouvement analytique et expérimental qui est parti du dix-huitième siècle »[25], lui donnant ainsi un cadre historique plus précis, celui-là même que l'histoire littéraire a privilégié : Zola sait bien qu'affirmer un enracinement dans la tradition nationale est un des meilleurs moyens de se défendre quand on est accusé, comme lui, de se situer complètement en dehors de la littérature.

Car c'est bien en ces termes que se pose la question du naturalisme à partir de 1880. Il faut prendre au sérieux l'accusation lancée contre les naturalistes de quitter le terrain esthétique : il ne s'agit pas d'une simple affirmation liée aux sujets traités, mais d'un problème qui, aux yeux des critiques de l'époque, est absolument capital, celui de l'autonomie de l'art et des moyens qu'il a à sa disposition. F. Brunetière, W. D. Howells, J. Rodenberg, E. Gosse sont souvent amenés à émettre des réserves sur les thèmes retenus par Zola, qui leur paraissent se limiter à un aspect de la vie contemporaine, mais leur attention se porte encore davantage sur la façon dont le sujet est traité ; ces critiques, qui comptent alors

24. Zola, *Le Roman expérimental*, Garnier-Flammarion, p. 139.
25. *Ibid.*, p. 253 sq.

parmi ceux qui donnent le ton en Europe et aux Etats-Unis,
et de nombreux autres de moindre envergure, jugent les
œuvres de Zola et de ses confrères en fonction de leurs critères, qui sont le plus souvent de nature formelle : composition et progression du récit, caractérisation des héros, solidité
de l'intrigue, etc., ou qui, dans le cas des critiques allemands,
particulièrement bien formés dans ce domaine, renvoient à
des catégories esthétiques d'une poétique marquée par l'hégé-
lianisme (ainsi les trois grandes qualités : réconciliation,
humour, transfiguration du réel). Or le naturalisme leur semble se situer en dehors de ces catégories.

Si le naturalisme suscite en effet une querelle qui devient
vite internationale, la raison en est peut-être que le débat
paraît toucher la spécificité de l'activité littéraire elle-même.
Le réalisme pouvait prétendre renouveler la littérature, le
naturalisme déplace le problème en refusant de se situer au
seul plan littéraire. Parmi les reproches fondamentaux adres-
sés à Zola figure au tout premier rang, aujourd'hui encore,
celui de confondre activité littéraire et activité scientifique. Il
est incontestable que Zola, comme beaucoup de ses contemporains, est séduit par le modèle scientifique, qu'il voit triompher partout ; s'il se réfère à Claude Bernard, c'est surtout
parce que la médecine est en train d'opérer une mutation
capitale : d'art elle devient une science. La littérature peut-
elle connaître une mutation semblable ? Zola, dans l'ensemble du *Roman expérimental*, insiste plus d'une fois sur le
fait que le naturalisme est une question de méthode, et non
de forme et de rhétorique : il rejette « la question de la
forme » parmi les « points secondaires »[26], et P. Alexis le
répète dans sa lettre à J. Huret en 1891 : le naturalisme est
une « méthode de penser, de voir, de réfléchir, d'étudier,
d'expérimenter, un besoin d'analyser pour savoir, mais non
une façon spéciale d'écrire »[27]. Une partie des difficultés rencontrées provient sans doute du fait que Zola ne dispose pas

26. *Ibid.*, p. 86 sqq.
27. Cité par L. Furst, *Naturalism*, Londres, 1971, p. 9.

encore de la distinction qui nous est familière aujourd'hui
entre sciences exactes et sciences humaines (c'est d'ailleurs
son contemporain W. Dilthey qui contribue à l'élaboration
d'une telle distinction en forgeant la notion de *Geistes-
wissenschaften*). Il doit donc se contenter du seul modèle des
sciences exactes : la transposition de ce modèle dans le
domaine littéraire n'est évidemment pas sans entraîner des
difficultés, centrées surtout sur la place et le rôle de l'expéri-
mentateur. La littérature s'engage ici dans une voie difficile,
celle-là même que prend, au même moment, une des « sciences humaines » en voie de constitution, la sociologie. A la
suite d'A. Comte, inventeur du mot, sinon du concept, Zola
entend en effet faire de la sociologie : appuyé sur les travaux
des chimistes, des physiciens, des biologistes, des physio-
logistes, il entend « continuer la solution du problème et
résoudre scientifiquement la question de savoir comment se
comportent les hommes, dès qu'ils sont en société »[28]. En
1891, l'Allemand A. Holz, qu'on surnommera volontiers le
« naturaliste conséquent », publie *L'Art. Son essence et ses
lois* ; après avoir cité Comte, Stuart Mill, Taine, Spencer au
premier rang des « hommes de science », il place la sociologie
au sommet de la pyramide des sciences, puisqu'elle est « la
science de l'humanité en tant qu'humanité ».

Avec le naturalisme, on peut se demander si la littérature
ne cesse pas d'être avant tout une activité de l'esprit humain,
tributaire du seul génie et donc indépendante de tout phénomène contingent, pour devenir une activité « intégrée ». Un
compatriote d'A. Holz propose en 1892 un schéma qui rend
bien compte de cette nouvelle situation de la littérature, inter-
rogé en effet sur « l'avenir de la littérature allemande »,
G. Hauptmann renvoie à l'enquêteur la figure suivante :

---

28. *Le Roman expérimental*, éd. citée, p. 73.

« Ciel	Terre
Idéal	Vie
Métaphysique	Physique
Eloignement	Etablissement
Prophétie	Littérature

deux camps :
quand l'un grossit, l'autre maigrit »[29].

G. Hauptmann évite ainsi de répondre aux questions relativement précises qui lui étaient adressées, et, en particulier, il
ne prend pas position par rapport aux notions, présentes dans
le questionnaire, de « naturalisme radical » et de « réalisme
tempéré ». Il n'en est que plus remarquable de le voir dresser
deux camps *(Lager)*, où la littérature *(Dichtung)* est la com-
posante d'un ensemble qui a visiblement les faveurs de
l'auteur des *Tisserands* ; il est non moins caractéristique
qu'elle s'oppose à la prophétie *(Prophetie)*, manifestant ainsi
la rupture avec le romantisme, voire avec toute une conception du poète comme homme inspiré. Mais le couple le plus
significatif est peut-être *Abkehr/Einkehr* (rendu par éloi-
gnement/établissement) : la littérature fait partie des activités
où on pénètre dans un objet, non de celles où on se retire
pour contempler. La littérature est intégration, non séparation.

Ce bouleversement, si c'en est un, est-il bien le propre du
naturalisme ? Cette question est inséparable de celle sur
laquelle toute prise en compte du phénomène naturaliste est
contrainte de prendre position : dans quelle mesure naturaliste et personnalité de Zola se recouvrent-ils ? Depuis qu'il
est question du surgissement du naturalisme, dans ce chapitre, les exemples ont été empruntés exclusivement aux littératures allemande et française, les deux seules, pratiquement,
où la tradition universitaire reconnaît, non sans réserves,
l'existence d'un mouvement naturaliste puissant et capable de

29. Cité dans E. RUPRECHT, *Literarische Manifeste des Naturalismus*,
Stuttgart, 1970, p. 263.

produire de grandes œuvres. Il est de fait que c'est dans les
deux pays en question qu'on trouve des écrivains de valeur
qui, à un moment au moins de leur carrière, se sont expressé-
ment réclamés du naturalisme. Ailleurs, on trouve des personnalités qui se montrent proches de certaines positions de
Zola : une Pardo Bazán et un Clarín en Espagne, un Eça de
Queirós au Portugal, un Verga en Italie, un Ibsen en Norvège, un Strindberg en Suède, voire un Tolstoï en Russie... Il
est non moins vrai que ceux qui essaient d'implanter le mot
« naturalisme » échouent le plus souvent : *L'Esthétique naturaliste* du Portugais J. L. Pinto, parue en 1885, n'est plus
qu'un titre, pratiquement inconnu aujourd'hui ; mais la
chose a parfois réussi à passer, quelquefois sous d'autres
noms : le *verismo* en Italie, les *tachtiger* (génération de 80)
aux Pays-Bas, les écrivains scandinaves du *genombrud* (percée), le *positivisme* polonais. Il s'en faut toutefois de beaucoup que Zola seul ait été à l'origine de l'orientation des écrivains cités, dont certains sont d'ailleurs ses aînés, ou que les
mouvements littéraires énumérés soient des décalques des
mouvements allemand et français.

Il reste que si aujourd'hui la critique et l'histoire littéraires mettent volontiers l'accent sur des personnalités évidemment irréductibles les unes aux autres, les contemporains, critiques célèbres ou lecteurs anonymes, ont découvert assez
vite, et souvent pour s'en alarmer, une parenté entre des écrivains qui sont connus bien au-delà des frontières de leur
pays. La vie littéraire est de plus en plus internationale au
XIXe siècle. Dans la préface de son recueil *Le Réalisme*, datée
du 25 mars 1857, Champfleury note :

« Partout à l'étranger, en Angleterre, en Allemagne, en Suède,
en Hollande, en Belgique, en Amérique, en Russie, en Suisse, je vois
des conteurs qui subissent la loi universelle et sont influencés par des
courants mystérieux chargés de réalités.»

Il énumère ensuite quelques noms : Dickens, Thackeray,
Charlotte Brontë, Gogol, Tourguéniev, E. Auerbach, F. Bre-
mer, et quelques autres. Un phénomène semblable se repro-

duit avec le naturalisme : la critique allemande des années
1890 identifie la triade Zola-Ibsen-Tolstoï (ce dernier étant
parfois remplacé par Dostoïevski, mort en 1881, mais dont
l'œuvre ne connaît un retentissement européen que dans les
vingt dernières années du XIXᵉ siècle) comme la trinité naturaliste par excellence, où Zola représente le roman et Ibsen le
théâtre, tandis que l'auteur russe se voit attribuer un rôle
(pour nous un peu inattendu) de conciliateur ou de média-
teur. Les travaux de K. E. Rosengren démontrent que dans la
Suède des années 80 les critiques fonctionnent sur la base
d'associations d'idées qui font de la constellation Zola-Ibsen-
Kielland, à laquelle s'adjoint bientôt Strindberg, la structure
essentielle de la vie littéraire de la Suède à cette époque[30]. Le
critique anglais E. Gosse résume bien la situation quand il
assure, en 1890 :

« C'est à Zola, et à Zola seul, qu'on doit la concentration des
tendances éparses du naturalisme. C'est à lui qu'il faut rapporter la
possibilité de relier, dans quelque chose qui ressemble à un système
unique, les chemins suivis par Flaubert et Daudet, Dostoïevski et
Tolstoï, Howells et Henri James. C'est lui qui a découvert un déno-
minateur commun pour tous ces talents, et une formule assez large et
assez étroite toutefois pour les distinguer du reste et les lier les uns
aux autres. C'est par son fait que le roman expérimental a pu se
couler dans un moule précis sans se répandre capricieusement au-
dehors dans un millier de directions »[31].

Zola, qui a tout fait pour populariser le naturalisme, peut
bien, en effet, être défini comme le lieu géométrique où viennent s'inscrire les tendances de toute une époque, du moins
de tout un courant de pensée et de toute une pratique (littéraire). Plus qu'un exemple ou même qu'un pionnier qu'on
suit plus ou moins bien, il est un modèle, au sens technique
du terme.

---

30. Voir K. E. Rosengren, *Sociological Aspects of the Literary System*,
Stockholm, 1968, p. 124 sqq. (en particulier les tableaux 7:6 et 7:7,
p. 128-129).
31. E. Gosse, The Limits of Realism in Fiction (juin 1890), reproduit
dans l'anthologie de G. J. Becker, *Documents of Modern Literary Realism*,
Princeton, 1963, p. 386.

C'est donc le point de vue des lecteurs contemporains qui
servira de premier critère, au moins à titre d'hypothèse de
travail du présent ouvrage. Le mouvement naturaliste peut
être saisi d'abord sous la forme d'une communauté de lecteurs mis en présence, presque en même temps, dans les pays
de langue européenne, d'une nouvelle façon de concevoir les
rapports de la littérature à la société ; c'est aussi la cristallisa-
tion qu'opère Zola en lançant ces brûlots que sont les articles
« Le roman expérimental », « L'argent dans la littérature »,
« Lettre à la jeunesse » ou en agissant, lorsqu'il a accédé à la
notoriété, en tant que président de la Société des gens de lettres. Le naturalisme ne peut pas être séparé de Zola, il ne
peut pas l'être non plus de ceux qui lui ont donné son assise
dans la société occidentale des années 80, les lecteurs qui ont
massivement acheté les romans et les nouvelles, les directeurs
de théâtre (et en particulier ceux qui développent les « théâtres libres ») et les spectateurs qui ont voulu et soutenu la
représentation des pièces — ceux qui ont répondu à l'offre
que leur faisaient les écrivains « naturalistes ». C'est pourquoi une définition du naturalisme ne sera pas proposée au
point de départ de cette exploration d'un mouvement qui a
touché toute l'Europe et les Etats-Unis : il s'agit d'abord de
rassembler un corpus des textes qui, dans les années 1870-
1900, ont été perçus comme possédant des traits communs et
de les éclairer les uns par rapport aux autres en utilisant
l'œuvre et l'action de Zola comme repère, mais non comme
critère unique. Au terme de cette entreprise il sera peut-être
possible d'esquisser une typologie du naturalisme ; il restera
alors à voir si le naturalisme peut ou doit être considéré
comme formant un *système* littéraire dans les perspectives
définies par J. Tynianov[32] ou s'il faut l'inclure dans un autre
système plus vaste.

---

32. Voir J. TYNIANOV, De l'évolution littéraire (1927), reproduit dans
Théorie de la littérature, Le Seuil, 1965, p. 120-137.

CHAPITRE II

La diffusion du naturalisme

> Le naturalisme : « le siècle entier, le mouvement de l'intelligence contemporaine, la force qui nous emporte. »
>
> ZOLA, *Le Roman expérimental.*

L'une des affirmations les plus constantes de Zola est que le naturalisme est le mouvement même du siècle : la littérature doit nécessairement évoluer au même rythme que les autres manifestations de l'activité humaine. L'affirmation n'est pas neuve : les écrivains se sont très souvent reconnus tributaires de la société où ils se trouvent, et la mise en garde de Voltaire : « songe dans quel siècle nous vivons » (article « Blé » des *Questions sur l'Encyclopédie*), est toujours de mise un siècle après, d'autant que la révolution industrielle du XIXᵉ siècle modifie très sensiblement les modalités du fonctionnement de la littérature dans un monde en pleine expansion. La progression des connaissances dans de très nombreux domaines, déjà importante en tant que phénomène de civilisation, devient un élément encore plus décisif dans la mesure où tout progrès, dans un secteur donné, peut être répercuté sur une grande échelle. Toute la vie littéraire de la seconde moitié du XIXᵉ siècle se déroule sur un fond d'histoire économique, sociale, mentale, politique où de nombreux événements ont une dimension internationale. Il ne saurait être question, ici, de résumer un tissu d'éléments où se mêlent la découverte de nouvelles lois scientifiques, l'élaboration d'applications pratiques de ces lois, la création d'un nouvel ordre occidental qui achève de partager le monde, et, phénomène peut-être capital pour la vie artistique, l'exploration des rapports entre l'art et l'industrie (Arts and Crafts, Kunstgewerbe, art industriel). Quelques rappels, et quelques dates, suffiront sans doute à éclairer les étapes d'une évolution dont le naturalisme est, plus que tributaire, inséparable.

Faut-il rappeler le rôle capital des communications rapides et commodes par le chemin de fer ? Le fait que l'Europe se couvre d'un réseau ferroviaire de plus en plus étoffé permet d'atteindre et de désenclaver des régions jusqu'alors restées à l'écart. Les conséquences sont d'importance pour la vie littéraire. Eça de Queirós souligne que la réalisation de la ligne Paris-Coïmbre en 1864 suscite une véritable révolution littéraire au Portugal : Hachette, Hetzel, Charpentier peuvent faire parvenir les ouvrages qu'ils éditent, tandis que tout événement se passant en un point quelconque de l'Europe, en Italie, en Pologne, en Irlande peut susciter l'enthousiasme d'une intelligentsia prompte à s'enflammer pour de justes causes[1]. Plus tard la rapidité des communications permet aux journaux étrangers de publier des traductions de Daudet et de Zola pratiquement en même temps que le feuilleton original (*La Terre* paraît même, en traduction allemande, en volume avant l'original). L'Europe s'est en quelque sorte rétrécie.

Ce rétrécissement est particulièrement sensible quand il s'agit de la diffusion de connaissances et de théories qui modifient l'appréhension de l'univers. L'ouvrage de C. Darwin *On the Origin of Species by Means of Natural Selection*, paru en novembre 1859, est vite connu, et traduit dans toutes les langues, parfois par des futurs écrivains, comme le danois J. P. Jacobsen ; on découvre des échos littéraires de ses idées partout : ainsi, dès 1864, dans les *Mémoires écrits dans un souterrain*, de Dostoïevski. L'œuvre du naturaliste anglais,

---

1. Voir *The Age of Realism*, éd. par F. W. J. HEMMINGS, Penguin, 1974, p. 312.

reprise et popularisée en grande partie par l'allemand
E. Haeckel, lui aussi beaucoup traduit, fournit aux écrivains
naturalistes un soubassement théorique qu'ils exploitent :
Zola cite Darwin dans *Le Roman expérimental* et dans *Germinal*, W. Bölsche consacre un chapitre de son opuscule *La littérature fondée sur les sciences de la nature* (*Die naturwissenschaflichen Grundlagen der Poesie*, 1887) à « Darwin
en littérature » (où il pose, entre autres, le problème du
hasard en tant qu'élément littéraire), G. Gissing place la polémique sur Darwin au cœur de l'intrigue de *Né en exil* (*Born
in Exile*, 1892). Le naturalisme retient naturellement quelques
thèmes : la sélection naturelle, le problème hérédité/milieu, la
lutte pour la vie — K. Bleibtreu intitule, en 1888, un de ses
pamphlets *La lutte pour la vie de la littérature (Der Kampf
um's Dasein der Literatur)*, et A. Daudet fait représenter, en
1889, *La Lutte pour la vie* — davantage encore peut-être
l'idée que l'humain est englobé dans le biologique. Mais il ne
faut pas se limiter à déceler l'influence de Darwin dans le seul
domaine thématique, où, de toutes façons, elle se réduit souvent à quelques idées assez vagues qui ne prouvent pas nécessairement que l'écrivain en cause ait vraiment lu Darwin : de
nombreuses œuvres naturalistes s'appuient sur une structure
destinée à étudier la transformation différentielle d'individus
proches les uns des autres. Et la conception de l'écrivain, de
son rôle dans la société, que développent les naturalistes,
n'est pas sans devoir quelque chose au darwinisme social inspiré de H. Spencer.

Le rôle de l'œuvre de Darwin est un exemple de l'arrière-plan intellectuel sur lequel se meut le naturalisme. Dans un
domaine totalement différent, celui de l'exploitation d'une
invention réussie dans le domaine pratique, la découverte de
la lampe à incandescence, due à Edison (1878) modifie progressivement la vie quotidienne des hommes, comme l'avait
déjà fait, vers le milieu du siècle, la généralisation de l'éclairage au gaz dans les grandes villes ; et encore bien plus la vie
littéraire. En effet, l'adoption de l'éclairage électrique dans
les salles de théâtre permet d'abord de séparer très nettement

la scène et la salle, et donc de placer le spectateur, dans l'obscurité, en position de voyeur invisible à travers le « quatrième mur » lumineux que son œil traverse et ensuite de « réaliser un type de mise en scène libéré de toutes les pesanteurs des matériaux traditionnels »[2]. En 1888 encore Strindberg demande qu'on plonge la salle dans une obscurité complète (« Préface » de *Mademoiselle Julie*), et dans une brochure de mai 1890 A. Antoine, qui rappelle la perfection des projections électriques des Meininger, souligne que l'innovation, en matière de mise en scène, est liée aux facilités que procurent les découvertes scientifiques (*Le Théâtre libre*, mai 1890, p. 104-106). Il faudrait mentionner encore bien d'autres inventions qui touchent directement à la vie littéraire, comme celle de la presse rotative, au rendement supérieur à celui des autres moyens d'impression utilisés, qui apparaît en France en 1867 : par coïncidence, c'est aussi la date d'un des premiers romans qui se veulent « naturalistes », *Thérèse Raquin*.

Les progrès techniques diffèrent selon les pays, qui n'atteignent pas simultanément les mêmes niveaux de développement ; mais l'Europe, et même le monde, tendent à s'organiser, non seulement au plan politique et diplomatique, mais aussi en ce qui concerne la circulation des biens, des personnes, des idées. L'Association internationale des Travailleurs est fondée en 1864, l'Union postale universelle est créée en 1874, en 1878 se tient le premier congrès de l'Association internationale des écrivains, la convention internationale de Berne sur les droits d'auteur est signée en 1886 : autant de faits qui montrent que tout événement s'inscrit dans un contexte désormais largement international. En achevant de conquérir l'espace géographique — c'est l'époque des dernières découvertes et des ultimes grandes exploitations — les hommes du tournant du siècle essaient aussi de l'organiser, en établissant des règles qui concernent aussi les écrivains et les lecteurs : l'histoire de la progression et de la diffusion

---

2. Selon la formule de J.-J. ROUBINE, *Théâtre et mise en scène, 1880-1980*, PUF, 1980, p. 19-20.

du naturalisme est aussi celle d'un élargissement du mouvement : il touche de plus en plus de pays et de plus en plus
vite.

Si on tente, en effet, de décrire l'évolution naturaliste de
la littérature occidentale en ses grandes phases, on est amené
à constater qu'elle peut s'inscrire dans une suite de quatre
grandes phases qui, à l'instar de véritables vagues, viennent
déferler successivement jusqu'à se fondre avec d'autres, parties d'ailleurs et porteuses d'autres valeurs, quelque temps
avant le déclenchement de la Grande Guerre. S'il faut fixer
une date originelle, on pourrait prendre les années 1855-1858,
où se manifestent dans de nombreux pays, et indépendamment les uns des autres, des phénomènes qui témoignent que
la littérature est en train de prendre désormais en compte le
rapport à la réalité. En 1857, Champfleury est capable de
citer une dizaine d'écrivains, de toutes nationalités, qui lui
paraissent participer à la même quête de la vie moderne[3].
Avec un recul de plus d'un siècle nous pouvons dresser un
tableau des principales productions à tendance réaliste de
cette époque, où nous pouvons ajouter d'autres noms à ceux
évoqués par Champfleury :

---

3. Plus haut, chap. 1, p. 30.

TABLEAU I. — *Œuvres « réalistes » 1855-1858*

Littérature de langue		*Date de publication*
allemande	G. FREYTAG, *Doit et Avoir*	1855
	G. KELLER, *Les Gens de Seldwyla*	1856
	O. LUDWIG, *Entre ciel et terre*	1856
	W. RAABE, *La Chronique de la rue aux moineaux*	1857
anglaise	E. GASKELL, *Nord et Sud*	1855
	G. ELIOT, *Scènes de la vie cléricale*	1858
française	J. CHAMPFLEURY, *Les Bourgeois de Molinchart*	1855
	G. FLAUBERT, *Madame Bovary*	1857
	E. FEYDEAU, *Fanny*	1858
	M. BUCHON, *En Province*	1858
norvégienne	C. COLLETT, *Les Filles du préfet*	1855
russe	N. TCHERNICHEWSKI, *Rapports esthétiques de l'art avec la réalité*	1855
	L. TOLSTOÏ, *Récits de Sébastopol*	1856
suédoise	F. BREMER, *Hertha*	1856

Ce premier ensemble d'œuvres montre que les premières manifestations littéraires du réalisme se situent dans le domaine des formes en prose et que les formes courtes jouent un rôle particulièrement important. Les thèmes abordés sont très variés, mais sont orientés vers une peinture de milieux, plus que d'individus ; la tonalité est légèrement pessimiste, mais la transfiguration par la littérature demeure, surtout dans les œuvres allemandes, une théorie fondamentale. Enfin on peut relever que les problèmes de la condition féminine sont souvent abordés : de ce point de vue aussi *Madame Bovary*, mœurs de province, est bien une œuvre typique de la période où, sans se connaître, divers écrivains s'essaient à peindre le tableau de la vie de leurs contemporains.

Ce n'est encore qu'un banc d'essai, presque sans lendemain immédiat : *Réalisme*, le journal que Duranty lance en 1856, ne dure que le temps d'une demi-douzaine de livraisons. G. Delfau a bien montré que, pour la France, les années autour de 1867, marquent une coupure capitale dans l'évolution littéraire : « En décidant d'utiliser le ' modèle ' scientifique pour la peinture de la crise politique, [les jeunes romanciers] allient deux courants d'idées jusque-là étrangers : scientisme, revendication démocratique, et du même coup, ils inventent la démarche naturaliste »[4]. S'il faut vraiment dater la naissance du naturalisme, c'est probablement dans la production littéraire française de ces années qu'il faut la chercher, en y ajoutant peut-être les noms de Dostoïevski et de Tolstoï.

TABLEAU II. — *Premières œuvres « naturalistes » 1864-1869*

Littérature de langue		Date de publication
française	E. et J. de GONCOURT, *Germinie Lacerteux*	1865
	E. ZOLA, *Thérèse Raquin*	1867
	E. ZOLA, *Madeleine Férat*	1868
	G. FLAUBERT, *L'Education sentimentale*	1869
russe	F. DOSTOÏEVSKI, *Crime et Châtiment*	1866
	L. TOLSTOÏ, *Guerre et paix*	1867-1869

Il serait évidemment possible d'ajouter à cette courte liste d'autres œuvres provenant d'autres littératures : un J. M. de Pereda, en Espagne, publie *Scènes de la montagne* (1864), roman régional régulièrement cité parmi les précurseurs du naturalisme ; en Allemagne, W. Raabe, F. Spielhagen, A. Stifter,

---

4. G. DELFAU, 1871 : la fausse coupure. Contribution à l'histoire du naturalisme, *in* Université de Paris VII, *Recherches en sciences des textes*, Presses Universitaires de Grenoble, 1977, p. 26.

entre autres, écrivent des romans qu'on range habituellement sous la rubrique du réalisme. Mais il est incontestable que l'impulsion nouvelle vient de France : les œuvres sont là, parfois en avance sur leur temps (*L'Education sentimentale* n'est vraiment lue qu'en 1879, dans une nouvelle édition), et les considérations théoriques ne manquent pas : la courte préface de *Germinie Lacerteux*, datée d'octobre 1864 rassemble l'essentiel des idées que Zola popularisera et appliquera ; plus que celle, un peu verbeuse et grandiloquente, de la deuxième édition de *Thérèse Raquin* (1868) et mieux que la causerie de *La Tribune* où Zola défend *Madeleine Férat* (29 nov. 1868), elle annonce la préface, concise et dense, de *La Fortune des Rougon*, dans laquelle Zola rassemble les vingt volumes, encore à écrire, des *Rougon-Macquart*. Mais le phénomène naturaliste reste exclusivement à l'intérieur de ses frontières : les intermédiaires manquent encore, qui sachent faire connaître Dostoïevski ou Zola, hors de Russie et de France respectivement. I. Tourgueniev, le Danois G. Brandes font bien des séjours en France à ce moment-là, mais n'ont pas encore commencé à jouer le rôle de relais qu'ils assumeront autour des années 1875.

Il faut aller jusqu'aux années 1879-1881 pour mettre en évidence la première lame de fond naturaliste. Certes, avant l'année charnière 1880, on a pu voir apparaître quelques œuvres marquantes, comme *L'Assommoir*. Mais ce roman reste isolé, dans le contexte européen de 1876-1877 ; tout change quelques années après.

TABLEAU III. — *La première lame de fond naturaliste, 1879-1881*

Littérature de langue		Date de publication
allemande	T. FONTANE, *L'Adultera*	1880 (revue)
anglaise	G. GISSING, *Travailleurs à l'aube*	1880
danoise	H. BANG, *Générations sans espoir*	1880
	J. P. JACOBSEN, *Niels Lyhne*	1880
espagnole	B. PÉREZ GALDÓS, *La déshéritée*	1881
	E. PARDO BAZÁN, *Un voyage de noces*	1881
française	A. DAUDET, *Les Rois en exil*	1879
	E. de GONCOURT, *Les Frères Zemganno*	1879
	J.-K. HUYSMANS, *Les Sœurs Vatard*	1879
	Les Soirées de Médan	1880
	E. ZOLA, *Nana*	1880
	E. ZOLA, *Le Roman expérimental*	1880
	H. CÉARD, *Une belle journée*	1881
	A. DAUDET, *Numa Routestan*	1881
	J.-K. HUYSMANS, *En ménage*	1881
	G. de MAUPASSANT, *La Maison Tellier*	1881
	C. LEMONNIER, *Un mâle*	1881
	G. FLAUBERT, *Bouvard et Pécuchet*	1881
italienne	L. CAPUANA, *Giacinta*	1879
	L. CAPUANA, *Etudes de littérature contemporaine*	1880
	G. VERGA, *Les Malavoglia*	1881
norvégienne	H. IBSEN, *Maison de poupée*	1879
	A. KIELLAND, *Garman & Worse*	1879
	H. IBSEN, *Les Revenants*	1881
	A. KIELLAND, *Les Travailleurs*	1881
russe	F. DOSTOÏEVSKI, *Les Frères Karamazov*	1879-1880
suédoise	A. STRINDBERG, *La Chambre rouge*	1879

La moisson de ces trois années est riche[5] ; elle repose pourtant sur une sélection, à laquelle il faudrait ajouter certaines rééditions, comme *Mes Haines* ou, surtout, *L'Education sentimentale*, que Zola célèbre comme le modèle du roman naturaliste. Il faudrait aussi tenir compte des débuts de jeunes écrivains, qui passent par une phase, plus ou moins durable, de naturalisme : c'est en 1880 que D'Annunzio et Tchekhov publient, dans des revues, leurs premières nouvelles. C'est décidément la prose qui est la forme d'expression privilégiée du naturalisme : des 27 textes cités dans le tableau III, 23 sont des romans ou des recueils de nouvelles. Pourtant, un renouveau du théâtre s'amorce : outre les pièces d'Ibsen (dont *Les Soutiens de la société*, pièce de la même veine que *Un ennemi du peuple* (1882), ont été représentés en novembre 1877), on doit noter les tentatives d'un Daudet et d'un Zola pour s'imposer au théâtre : les années 1879-1881 voient des adaptations dramatiques de *Jack*, de *L'Assommoir*, de *Nana*, et P. Alexis, qui a réussi à faire jouer *Celle qu'on n'épouse pas* (sept. 1879), lance des échos mi-fallacieux, mi-sérieux tendant à accréditer la prochaine existence d'un « Théâtre de Médan » (*Gil Blas* du 22 avril 1881). Des études théoriques et critiques apparaissent en assez grand nombre : outre les deux recueils (de Capuana et de Zola) cités dans le même tableau, il faut tenir compte des préfaces qui accompagnent parfois la publication d'un roman (Pardo Bazán) et d'autres volumes publiés par l'auteur du *Roman expérimental*. On comprend que face à la multiplicité des publications la critique, le plus souvent effarée et scandalisée, ait cru devoir répliquer, à l'instar d'un Brunetière qui attaque durement dans la *Revue des Deux Mondes* (juin 1880), « le Naturalisme français » c'est-à-dire surtout G. Flaubert. D'autres, au contraire, prennent violemment parti en faveur de la nou-

---

5. Le roman de l'écrivain portuguais Eça de Queirós, *Les Maia*, qui figure à la date de 1880 dans de nombreux ouvrages [par exemple *The Age of Realism* (cité plus haut p. 34), p. 318 et 383], s'il est bien donné à l'impression en 1880, n'a été publié qu'en 1888.

velle tendance, en particulier hors de France, car le naturalisme commence à s'exporter : en 1880 et 1881 paraissent les
premières traductions allemandes du *Nabab*, des *Rois en exil*,
de *L'Assommoir*, de *Numa Roumestan*, de *La Curée*, de *La
Faute de l'abbé Mouret*, de *Son Excellence Eugène Rougon*,
d'*Une page d'amour*, de *Nana*, des *Soirées de Médan* ; pendant la même période deux romans de Daudet et un roman
de Goncourt sont publiés en feuilleton dans des quotidiens
viennois, simultanément avec le feuilleton français. La traduction devient en effet le véhicule normal de diffusion de la
littérature : en France même, pays traditionnellement peu
ouvert à l'étranger, *Guerre et paix* est traduit en 1879, seulement dix ans après la fin de la publication de l'original. Le
succès des naturalistes français en Europe est immédiat :
entre 1879 et 1881 on trouve des traductions dans les langues
suivantes (et la liste est loin d'être exhaustive !) : danois,
grec, italien, néerlandais, polonais, russe, serbo-croate, suédois... Des grands pays européens, seule l'Angleterre reste à
l'écart. Le naturalisme commence ainsi à questionner les lecteurs — et les écrivains — de l'Europe.

Dans ces conditions, il est normal que le rythme s'accélère : si les trois premiers temps forts repérés dans l'émergence du naturalisme sont séparés l'un de l'autre par un intervalle d'une douzaine d'années, le quatrième survient seulement 6 ans environ après le troisième. De 1885 à 1888 se situe
en effet une nouvelle époque naturaliste, tout à la fois de
consolidation, de mutation, et peut-être déjà de revirement.
Les œuvres restent nombreuses, et se multiplient dans toute
l'Europe.

TABLEAU IV. — *Le naturalisme triomphant, 1885-1888*

Littérature de langue		*Date de publication*
aHemande	W. ARENT (éd.), *Personnalités poétiques modernes*	1885
	K. BLEIBTREU, *Révolution littéraire*	1886
	W. BÖLSCHE, *La littérature fondée sur les sciences de la nature*	1887
	T. FONTANE, *Dédales (Irrungen Wirrungen)*	1888
	G. HAUPTMANN, *Le Garde-voie Thiel*	1888 (revue)
anglaise	G. MOORE, *La Femme du Cabotin*	1885
espagnole	E. PARDO BAZÁN, *Le Château de Ulloa*	1886
	B. PÉREZ GALDÓS, *Fortunata et Jacinta*	1886-87
française	E. ZOLA, *Germinal*	1885
	E. ZOLA, *L'Œuvre*	1886
	J.-K. HUYSMANS, *En rade*	1887
	E. ZOLA, *La Terre*	1887
	G. de MAUPASSANT, *Pierre et Jean*	1888
	A. DAUDET, *L'Immortel*	1881
italienne	G. VERGA, *Maître Don Gesualdo*	1888 (revue)
norvégienne	H. JAEGER, *Scènes de la bohème de Kristiania*	1885
	C. KROGH, *Albertine*	1886
	A. SKRAM, *Les Gens des marais de Helle* (2 volumes du cycle)	1887
polonaise	R. PRUS, *La poupée*	1887
portugaise	J. L. PINTO, *Esthétique naturaliste*	1885
	E. de QUEIRÓS, *Les Maia*	1888
russe	L. TOLSTOÏ, *La Puissance des ténèbres*	1886
suédoise	A. STRINDBERG, *Mademoiselle Julie*	1888

Le triomphe du naturalisme semble complet, et plus encore que le tableau IV ne le montre. Les œuvres de Zola sont connues dans toute l'Europe (*Germinal* paraît en feuilleton dans six quotidiens de langue allemande, en même temps que dans le *Gil Blas*) ; Ibsen, qui lui-même évolue nettement désormais vers une conception symboliste de la littérature (*La Dame de la mer*, 1888), est connu en tant qu'écrivain naturaliste dans presque toute l'Europe — la France exceptée ; de grands écrivains qui, jusqu'alors, répugnaient à participer à l'évolution naturaliste, s'en rapprochent, témoin T. Fontane ; la poésie elle-même semble suivre le mouvement, en Allemagne surtout, où l'anthologie publiée par Arent (rééditée en 1886) se double du recueil d'A. Holz *Le Livre du temps*, sous-titré « Chants d'un moderne », publié la même année ; la réflexion théorique demeure importante (Bleibtreu, Bölsche, Pinto, Maupassant, Strindberg). Et pourtant, au moment même où il fête son triomphe, le naturalisme est menacé ; de l'extérieur : on commence à parler de faillite et de banqueroute tandis que d'autres orientations littéraires se font jour ; le manifeste symboliste de J. Moréas dans *Le Figaro* du 11 septembre 1886 veut dire, entre autres choses, que la modernité est à chercher ailleurs : le naturalisme doit passer le relais en littérature ; de l'intérieur : Ibsen, qui n'a jamais proclamé son adhésion à une quelconque doctrine, s'éloigne décidément de Zola, tandis qu'en France la rupture prend un accent tragi-comique avec le « Manifeste des cinq » (18 août 1887), qui paraît d'ailleurs n'avoir eu aucun écho réel hors de France : ne serait-ce pas le signe que le naturalisme est maintenant bien établi dans le champ littéraire, autrement dit qu'il est devenu une puissance gênante pour les écrivains ?

Le naturalisme est lui-même en train de s'effilocher. Zola peine pour achever ses *Rougon-Macquart* ; dès mars 1890, il confie à J. Lemaitre : « Je commence à être las de ma série, ceci entre nous. Mais il faut bien que je la finisse, sans trop changer mes procédés. » Huysmans, qui a lui aussi changé de perspective, fait dire aux héros de *Là-bas* (1891) que « toute

l'école naturaliste [...] vivote ». En Allemagne on parle du
« dépassement du naturalisme », formule qui renforce l'audience de H. Bahr qui la place comme titre à un recueil
d'articles (1891). Or, c'est en Allemagne, plus qu'en France,
qu'on trouve comme le dernier chant d'un naturalisme
authentique, autour des années 93, l'année où l'auteur des
Rougon-Macquart achève enfin le cycle commencé un quart
de siècle plus tôt. Un dernier tableau permet de regrouper une
sorte de dernier sursaut du naturalisme.

TABLEAU V. — *Dernière vague naturaliste, 1891-1895*

Littérature de langue		Date de publication
allemande	A. HOLZ, *L'Art. Son Essence et ses lois*	1891
	G. HAUPTMANN, *Ames solitaires (Einsame Menschen)*	1891
	J. SCHLAF, *Maître Oelze*	1892
	G. HAUPTMANN, *Les Tisserands*	1892
	H. SUDERMANN, *Patrie*	1893
anglaise	G. B. SHAW, *La Quintessence de l'Ibsénisme*	1891
	S. CRANE, *Maggie, fille des rues*	1893
	G. MOORE, *Esther Waters*	1894
	S. CRANE, *La Conquête du courage (The Red Badge of Courage)*	1895
française	E. ZOLA, *L'Argent*	1891
	E. ZOLA, *La Débâcle*	1892
	E. ZOLA, *Le Docteur Pascal*	1893

En France, le naturalisme est visiblement essoufflé et ne
repose plus que sur le seul Zola. Mais aux Etats-Unis, où
S. Crane débute, et surtout en Allemagne, il est un mouvement vivant et productif : lorsqu'en 1892 C. Grottewitz, à
l'instar de J. Huret, lance une enquête auprès des écrivains
allemands, il l'intitule *L'Avenir de la littérature allemande
jugé par nos écrivains et nos penseurs*, quand son confrère

français se contentait, l'année précédente, de parler d'*évolution* littéraire. Les cinq textes allemands cités dans le tableau V sont constitués d'un opuscule théorique et de quatre pièces de théâtre : une véritable dramaturgie naturaliste essaie de naître, grâce en partie au support qu'apportent les nombreux « théâtres libres » créés outre-Rhin dès 1889, et qui atteint, avec *Les Tisserands*, un sommet. Mais l'année de publication des *Tisserands* est aussi celle de l'*Algabal* de S. George, tandis que M. Maeterlinck publie *Pelléas et Mélisande*, après avoir été consacré par le naturaliste Mirbeau. Naturalisme et symbolisme paraissent s'unir pour provoquer le renouveau du théâtre européen : c'est dans la pratique, plus que dans la recherche théorique — l'opuscule de Holz suscite la dérision chez ses compatriotes et reste inconnu hors des pays de langue allemande — que se révèle en fin de compte la force et l'avenir du naturalisme.

Car il serait faux de prétendre que le naturalisme prend fin définitivement vers 1895. Une pièce comme *La Profession de Mme Warren* que G. B. Shaw a écrite en 1894, qui est aussitôt interdite à la représentation, est publiée en 1898 dans les *Pièces déplaisantes* : elle n'est représentée, en privé, qu'en 1902 en Angleterre, doit attendre 1912 pour être jouée en France, et n'est enfin jugée digne d'une représentation publique en Angleterre qu'en 1925 : ces différents délais témoignent que certains sujets mettent longtemps à acquérir le droit de cité que les Goncourt proclamaient dès 1864 et que les romans naturalistes avaient fini par obtenir. Le théâtre d'inspiration naturaliste continue à vivre après le tournant du siècle : *Les Affaires sont les affaires*, d'O. Mirbeau, datent de 1903, *La Cerisaie*, d'A. Tchekhov, de 1904. Dans le domaine romanesque, le roman que T. Mann jugeait « le premier, et peut-être le seul roman naturaliste allemand », ses *Buddenbrook*, paraît en 1901, et T. Dreiser commence en 1900 avec *Sœur Carrie*, une carrière littéraire qui fait de lui un représentant éminent du naturalisme américain. Ne peut-on avancer qu'à partir des années 1900 environ le naturalisme

joue un rôle autant indirect que direct ? étant passés par son
école, comme lecteurs autant que comme auteurs, bon nombre d'écrivains bâtissent sur lui comme sur un acquis dont
une bonne part n'est plus remise en cause, même si toutes les
innovations du naturalisme, en particulier quand il s'agit de
définir le rôle social de l'écrivain, sont loin d'avoir définitivement triomphé.

Les quatre grandes étapes de l'évolution du naturalisme
qui ont été dégagées : 1865-1869, 1879-1881, 1885-1888, 1891-
1895, ne prétendent pas rendre compte de l'ensemble de la
production du mouvement. Des œuvres qui comptent parmi
les plus importantes dans l'histoire de leur littérature n'ont
pas été citées, comme *L'Assommoir* (1877), *Anna Karénine*
(1875-1877, en volume : 1878), ou encore le recueil *Papa
Hamlet* (1889) du soi-disant B. P. Holmsen (en fait A. Holz
et J. Schlaf). Ces lacunes tiennent évidemment au refus d'établir une simple liste chronologique, qui aurait manqué de
relief et de mise en perspective, mais aussi au point de vue
délibérément international qui a été choisi : le spécialiste du
naturalisme français peut regretter que *L'Assommoir* soit
négligé, ou s'étonner que l'année 1884 n'ait pas été incluse
dans la périodisation proposée (cette année voit paraître
notamment : *La Joie de Vivre, Chérie, Sapho, Autour d'un
clocher, A rebours, Miss Harriet, Les Sœurs Rondoli,
Yvette*) : la littérature française possède son rythme propre,
sans aucun doute, qui n'est pas transposable tel quel dans
une périodisation à l'échelle européenne ; ainsi, de ces huit
romans et recueils et nouvelles, un seul *(Sapho)*, est traduit en
allemand cette même année 1884. Or la dimension internationale du phénomène naturaliste est incontestable. C'est pourquoi il est possible, à partir de ces repères, d'esquisser, au
moins provisoirement, une histoire du mouvement naturaliste
qui pourrait bien apparaître d'abord comme celle d'une communauté de lecteurs, de plus en plus étendue, qui finit par
imposer ses choix à des critiques professionnels qui, dans
l'ensemble, ont manifesté une grande hostilité. Toutes les

œuvres citées ne contribuent pas de la même façon à l'histoire du naturalisme ; encore davantage faut-il se garder de conclure que tel écrivain est un naturaliste : pour beaucoup d'entre eux le naturalisme n'a constitué qu'un moment, mais parfois décisif, de leur évolution personnelle. Il paraît non moins assuré, également, que la période naturaliste a été marquée par une aspiration à redéfinir les rapports entre littérature et société : les thèmes choisis, la volonté de mettre lecteurs et spectateurs en contact avec une réalité que beaucoup ne veulent ou ne peuvent voir, les réactions des pouvoirs politiques, autant de marques d'une lutte entre écrivains et public qui vise non pas à séparer l'écrivain, mais bien au contraire à l'intégrer. Le naturalisme ne continue pas exactement le processus d'autonomisation de la littérature qui est à l'œuvre en Occident depuis la Renaissance : la liberté qu'il revendique pour l'écrivain est inséparable de la reconnaissance de sa place de producteur, plutôt que de créateur, dans la société. En fin de compte, c'est peut-être là que le naturalisme opère la rupture la plus décisive avec les mouvements littéraires qui l'ont précédé, y compris le réalisme : la vocation d'homme de lettres doit s'épanouir et se réaliser dans la profession d'écrivain, le génie solitaire devient le travailleur solidaire de ses concitoyens. L'écrivain naturaliste est indissociable du « groupe social » auquel il appartient et Zola montre la méthode à suivre pour tenter de rendre compte du mouvement : analyser « à la fois la somme de volonté de chacun de ses membres et la poussée générale de l'ensemble »[6].

6. Zola, « préface » à *La Fortune des Rougon* (1871).

DEUXIÈME PARTIE

Poétique

CHAPITRE III

De la mort de la tragédie
à une littérature sans mythes ni tabous

Au travers des œuvres citées au chapitre précédent, les écrivains naturalistes s'interrogent sur l'homme, s'insérant parfaitement, en cela, dans un des courants majeurs de la tradition littéraire occidentale. En même temps, héritiers directs des générations qui ont opéré la rupture des Lumières et du Romantisme, ils se trouvent en présence d'un système littéraire qui tend à mettre en cause, sinon à éliminer, ce qui est encore considéré, au XIXe siècle, comme une des réussites incontestables de cette littérature : la tragédie, dont les derniers accents « authentiques » ne vont guère au-delà du XVIIIe siècle[1]. Il faudrait peut-être toutefois y regarder de plus près. S'il semble à première vue acquis que la tragédie ne joue pas un rôle essentiel dans la *création littéraire* de la deuxième moitié du XIXe siècle, il est moins sûr qu'elle ne subsiste pas comme *modèle critique* dans la conscience du public et encore davantage dans celle de ceux qui rendent compte de l'activité dramatique dans les revues et surtout les quotidiens. La tragédie demeure un élément de la vie littéraire à l'époque du naturalisme parce qu'elle reste, explicitement ou implicitement, le modèle de la plus haute expression littéraire. Est-ce un hasard si, tout naturellement, un C. Bigot comme un Brunetière prennent l'exemple de *Phèdre* pour

---

1. C'est l'opinion de R. PIGNARRE, *Histoire du théâtre*, coll. « Que sais-je ? », n° 160, 1971, p. 87.

montrer, avec une négligente évidence, les limites du naturalisme[2] ? En est-ce un autre si Zola réplique : « justement,
nous voulons recommencer *Phèdre* »[3] ?

Il semble pourtant d'abord vraisemblable que le mouvement naturaliste ne puisse que contribuer à la mise en terre
définitive du *genre* tragique. Quelle que soit la définition
ultime à laquelle on s'arrête à propos de la tragédie, celle-ci
est marquée par la transcendance, l'irréparable, l'inéluctable
inscrit dans l'individu quel que soit son rapport à l'organisation sociale. Or, comme l'écrit G. Steiner : « Des lois de
divorce plus souples n'auraient pas pu modifier la destinée
d'Agamemnon ; la psychiatrie n'est pas une réponse à
Œdipe. Mais des relations économiques plus saines ou des
conditions d'hygiène meilleures *peuvent* résoudre certaines
des graves crises du théâtre d'Ibsen »[4]. Dans la tradition occidentale le tragique est de plus incompatible, apparemment,
avec quelque marque de réalisme que ce soit ; en revanche, le
sens des réalités et le comique sont souvent liés. On connaît
les vers célèbres de Boileau : « Que la nature donc soit votre
étude unique, / Auteurs qui prétendez aux honneurs du comique » (*Art poétique*, III, 359-360). Lorsque Brunetière évoque la *Phèdre* de Racine, c'est pour montrer les conséquences
d'une transposition dans un milieu bourgeois : « le sujet aussitôt devient odieux et repoussant, ou ridicule et grotesque »[5].
La tragédie se situe à un autre niveau, celui où « nous ne
voyons pas les hommes manger, nous ne les entendons pas
ronfler »[6].

En 1872 Nietzsche avait constaté la mort de la tragédie en
même temps qu'il voyait dans sa propre tentative un droit à
se considérer comme le premier philosophe tragique. Il ren-

2. F. Brunetière, Le roman expérimental, *Revue des Deux Mondes*,
15 févr. 1879 ; C. Bigot, L'esthétique naturaliste, *ibid.*, 15 sept. 1879.
3. Dans un article paru le 21 oct. 1879 et repris dans *Le Roman expérimental*, éd. citée, p. 282.
4. G. Steiner, *La Mort de la tragédie*, Le Seuil, 1965, p. 10-11.
5. F. Brunetière, article cité, repris dans *Le Roman naturaliste*, 1883,
p. 124.
6. G. Steiner, *op. cit.*, p. 180.

dait responsables de cette mort Socrate et Platon, parce que
chez le premier « l'instinct devient critique et la conscience
créatrice » tandis que « la nature logique est développée à
l'excès par superfétation », et parce que le second « a donné
à toute la postérité le modèle d'une œuvre d'art nouvelle, le
roman ». Socrate, tout particulièrement, type de l'homme
théorique, est l'ancêtre et le représentant le plus illustre de
« l'ennemie la plus illustre de la vision tragique, [...] la
science, qui est optimiste par essence »[7]. La tentative des
naturalistes — et on sait que Nietzsche cite avec éloge la préface que Schiller a mise à *La Fiancée de Messine* et où on
trouve une des premières condamnations du naturalisme en
littérature[8] — est effectivement dans le droit fil de ce que
Nietzsche condamne : le savoir, la connaissance deviennent la
vocation de l'écrivain, qui croit qu'il peut enseigner, trans-
mettre ce qu'il a lui-même appris. A cet iconoclaste qu'est
Socrate « le chœur fantôme de l'élite de l'humanité se voit
contraint de crier : ' Hélas ! Hélas ! Tu l'as détruit d'une
poigne brutale, ce monde si beau ; il tombe, il s'effondre ! ' »[9].
Zola n'est-il pas de la même lignée que Socrate ?

De fait le naturalisme semble vouloir ruiner l'idée même
de tragédie. Il s'en prend en particulier à l'un des fondements
tragiques, le mythe ; Nietzsche, encore, l'a bien vu : le « naufrage de la tragédie a été en même temps le naufrage du
mythe »[10]. Le naturalisme ne remplit pratiquement aucune
des conditions nécessaires, selon P. Albouy, pour qu'on parle
de mythe littéraire : référence à un récit fourni par la tradition, effort de palingénésie (ajout de significations nouvelles),
pluralité des significations[11]. Cela se comprend : dans la

7. NIETZSCHE, *La Naissance de la tragédie*, trad. G. BIANQUIS, Gallimard, 1949, p. 71, 73, 81.
8. Cf. plus haut, chapitre I, p. 23. NIETZSCHE, *op. cit.*, p. 41-42.
9. *Ibid.*, p. 70.
10. *Ibid.*, p. 117.
11. P. ALBOUY, Quelques gloses sur la notion de mythe littéraire, *Revue
d'Histoire littéraire de la France*, 70 (oct.-déc. 1970), p. 1059-1063.

problématique littéraire occidentale telle que Platon, un des
premiers, l'a formulée, le naturalisme se prononce pour le
λόγος, le récit confirmé par des témoignages et des démons-
trations, et rejette le μῦθος, qui est toujours en relation avec
le ψευδές même s'il se targue de contenir une part essentielle
de vérité ; le mythe, peut-être plus agréable, correspond bien
à « cette part d'ombre que l'homme retient au-dedans de lui-
même »[12], il peut apporter des réponses, mais il ne formule
jamais explicitement les problèmes[13] : autant d'éléments qui
expliquent que l'écrivain naturaliste, appuyé sur la science et
désireux de poser *clairement* les questions, soit peu tenté de
recourir à une explication qui, loin de « déplier » les compo-
sants d'un ensemble complexe, les obscurcit par un renvoi à
un comportement originel lui-même insaisissable. Le naturalisme ne fait d'ailleurs que reprendre et exaspérer une attitude
que le siècle des Lumières avait commencé à adopter et que,
sur ce point, le romantisme a suivie : le mythe classique se
meurt, et il faut le remplacer (éventuellement par des mythes
modernes ou pris dans d'autres cultures : Don Juan, Caïn,
Werther...), non le sauver. Le naturalisme va plus loin : il
veut ignorer le mythe — ou le tourner en dérision s'il se rencontre sur son chemin.

Nana est un roman sur la « biche de haute volée » ; c'est
aussi un roman sur le monde des théâtres. Mais c'est également un roman qui met à mal le mythe. Celui-ci tente de
se maintenir encore, vaille que vaille, dans le genre dramatique où des épigones produisent toujours des « Antigone »
(E. Reichel, 1877) ou des « Agamemnon et Clytemnestre »
(A. Dumas, 1865 ; G. Siegert, 1870 ; A. Ehlert, 1881...), tandis que d'autres cherchent à donner vie à des mythes natio-
naux, comme H. de Bornier avec *La Fille de Roland* (1875).
Au contraire *Nana* met en scène la déchéance du mythe en
montrant que *La Blonde Vénus* ou *Mélusine* ne peuvent plus

---

12. J.-P. VERNANT, *Mythe et société en Grèce ancienne*, Maspero, 1974,
p. 226.
13. *Ibid.*, p. 206.

servir qu'à l'amusement d'un public qui se vautre dans
l'assouvissement immédiat d'instincts sur lesquels il ne se
pose nulle question : « Ce Carnaval des dieux, l'Olympe
traîné dans la boue, toute une religion, toute une poésie
bafouées, semblèrent un régal exquis. [...] on piétinait sur la
légende, on cassait les antiques images » (*Nana*, chap. I).
Zola pousse à bout les bouffonneries d'un Offenbach dont
La Belle Hélène a servi de modèle, et il fait de l'avilissement
du mythe un des leitmotive de son roman : « Le Sacrifice
d'Abraham » récité en « patois d'Alsace » paraît stupide
(chap. IV), la loge de Nana devient une « mascarade de la
royauté » où un « vrai prince, hériter d'un trône » se commet
avec « un peuple d'habilleurs et de filles, de rouleurs de plan-
ches et de montreurs de femmes » (chap. V), Nana elle-même
finit par « une simple figuration, mais un vrai ' clou ', trois
poses plastiques d'une fée puissante et muette » (chap. XIV).
Le théâtre paraît désormais incapable de faire parler les
mythes : tout au plus peut-il les conjurer — et par l'intermédiaire du roman.

Plus fondamentalement, le naturalisme refuse une notion
essentielle à la tragédie, celle de destin. Zola s'en explique
dans *Le Roman expérimental*, en reprenant la distinction que
C. Bernard opère entre fatalisme et déterminisme (« Le
roman expérimental », III). L'écrivain n'a plus de modèle
héroïque préétabli sur lequel il doit effectuer des variations
que le public attend : chaque ouvrage contient en lui sa justification et son explication, l'évolution des personnages n'est
pas liée, en principe, à une malédiction ou à une prédiction.
Le public ne sait pas ce qu'il peut attendre, car l'écrivain
choisit en agissant sur le déterminisme des phénomènes qu'il
rapporte. Telle est du moins l'ambition du naturalisme. Il
n'est pas sûr, toutefois, que les naturalistes aient totalement
réussi à s'affranchir du mythe, entendu comme permanence
d'une explication transcendantale de l'homme. Sans même
s'interroger déjà sur les nouveaux mythes — ou plutôt les
nouveaux symboles — qui s'expriment dans leurs œuvres, on

doit convenir que chez certains, des plus grands aux plus
petits, persiste une tentation de récrire les mythes, de s'insérer
dans une histoire mythique de l'humanité. Ce n'est peut-être
pas seulement l'indigence de l'imagination ou la pauvreté des
idées qui explique qu'Alexis finisse par recourir à « la
matrone d'Ephèse » pour pouvoir figurer dans *Les Soirées de
Médan* (et on sait que dans *L'Immortel* Daudet s'est engagé
sur la même voie en traitant du goût de Christine de Rosen
pour son architecte Paul Astier). Brunetière n'imaginait pas
une version naturaliste de *Phèdre* : *La Curée* ne propose-t-elle
pas cependant une Phèdre naturaliste en la personne de
Renée[14] ? et Alexis ne finira-t-il pas par mener à bien sa
Madame Meuriot, qui paraît à la fin de 1890 ? Il est vrai que
Brunetière, qui avait lu le roman de Zola, n'y avait nullement
perçu une reprise de *Phèdre*, tant la transposition était peut-
être bien réussie. Et la phrase de Zola rapportée plus haut
laisse entendre que la tâche que se propose l'auteur des
Rougon-Macquart est toujours d'actualité en 1879 : n'a-t-il
pas encore réussi à « recommencer *Phèdre* » ?

On peut certes se demander si *Phèdre* est un bon exemple
de mythe et s'il ne s'agit pas plutôt d'un thème, puisque le
cas de figure dont la première incarnation littéraire connue
remonte à Euripide est une situation qui ne plonge pas nécessairement ses racines dans un passé originel. Mais il n'en va
sans doute pas de même avec un motif qui se manifeste avec
force chez plusieurs écrivains naturalistes (ou qui passèrent
par le naturalisme) : le paradis perdu. On songe au Paradou
de *La Faute de l'abbé Mouret* ou à la montagne de Sainte-
Agathe du *Mécréant de Soana* (G. Hauptmann, 1918) ; il
faut aussi rappeler que L. Fulda fait jouer à Berlin, en 1890,
Le Paradis perdu, drame social où s'exprime le regret du bon
vieux temps d'avant la lutte des classes ; on doit aussi prendre en compte, encore davantage, les notations disséminées

14. Zola lui-même parle de sa « nouvelle Phèdre » (lettre à L. Ulbach,
La Cloche, 8 nov. 1871).

dans de nombreuses œuvres : le rêve du Pérou chez Jean Gaussin qui renvoie à l'enfance heureuse passée à Castelet (Daudet, *Sapho*), le lever du jour par lequel C. Lemonnier commence *Un Mâle*, le récit que fait Jean à Mlle Julie de son désir d'entrer dans le paradis *(paradisets lustgård)* où vit la jeune châtelaine, le titre *Adam Mensch* que donne Conradi à un roman (1889), sans oublier les regrets de nombre de héros tchékhoviens. On peut s'étonner que le Paradis perdu, ce mythe antagoniste de la notion de progrès à laquelle les naturalistes rendent tant hommage, joue un rôle dans certaines de leurs œuvres ; sa résurgence ponctuelle traduit sans doute la force d'un mythe qui structure la pensée occidentale, hellénique autant que judéo-chrétienne depuis les premiers témoignages écrits. Le Paradou manifesterait bien cette nostalgie du mythe dont même un Zola, en dépit de tout son vocabulaire scientifique — « le premier épisode des *Rougon-Macquart* doit s'appeler de son titre scientifique : *Les Origines* » (« Préface » à la *Fortune des Rougon*) —, n'arrive pas à se débarrasser : l'enquête sur l'origine ne doit-elle pas cesser d'être scientifique quand elle prétend remonter à l'origine absolue, pour laquelle seul le mythe offre peut-être un langage adéquat ? Les naturalistes les plus conséquents n'arrivent pas à éliminer la dimension inquiétante du mythe, même quand ils veulent le ridiculiser. Le début du troisième acte de *La Blonde Vénus* fait tomber la salle dans un silence angoissé : « Vénus arrivait. Un frisson remua la salle. Nana était nue. [...] C'était Vénus naissant des flots n'ayant pour voile que ses cheveux. [...] Il n'y eut pas d'applaudissements. Personne ne riait plus. [...] Tout à coup, dans la bonne enfant, la femme se dressait, inquiétante, apportant le coup de folie de son sexe, ouvrant l'inconnu du désir » (*Nana*, chap. I). Nana-Vénus se tait, et la salle écoute, car c'est du fond d'eux-mêmes que les spectateurs entendent monter la voix du désir. Le paradis a été perdu parce qu'il y a eu faute, parce que l'homme n'est pas affranchi de l'antique malédiction qui s'attache aux rapports entre les sexes : la catastrophe est au bout d'*Une page d'amour* comme de *La Bête humaine* !

Et si Zola, dans toute sa création littéraire, semble s'être débattu contre la puissance du mythe sans parvenir, peut-être, à en triompher, certains de ses contemporains, qui avaient partagé ses luttes dans leur « période naturaliste », finissent par recourir au langage même qu'ils combattaient : qu'est-ce que ce « mensonge vital » que le Dr Relling veut entretenir chez hommes (*Le Canard sauvage*, acte V), sinon le recours à un ailleurs mythique peuplé de démons ou d'animaux sauvages ? Ibsen lui-même ne finit-il pas par s'engloutir, avec son héros Rubek, dans un univers idéal totalement coupé du monde des hommes *(Quand nous nous réveillerons d'entre les morts)* ? Quant à son rival et ennemi Strindberg, il suit « le chemin de Damas » (titre d'une pièce dont Strindberg écrivit trois versions de 1898 à 1901), c'est-à-dire qu'il remonte le passé, « haché en morceaux dans le chaudron de Médée » (*Le chemin de Damas*, acte I). Mais la « porte fermée » qui protège la chambre secrète de chaque homme ne s'ouvre pas — ou, quand elle est ouverte, elle ne débouche que sur rien, sur le néant (*Le Songe*, 1901).

Le naturalisme n'a pas réussi à se défaire de l'inconscient mythique, toujours susceptible de prendre sa revanche. Pourtant le but des écrivains naturalistes est bien de construire une littérature sans mythes ni tabous. Cette entreprise ne va pas sans mal ; elle repose avant tout sur une volonté de clarté, de transparence, appliquée aux manifestations du monde contemporain. L'exigence d'explication de l'actualité n'est plus comprise comme une lecture à l'aide du mythe, mais comme une observation d'une réalité en devenir. Le résultat est une littérature *sérieuse*, qui n'est pas faite pour divertir, mais pour interroger, pour placer l'homme devant ses responsabilités. La question sans cesse posée est celle de la valeur de la réalité observée : comment décrire les phénomènes, comment les expliquer, les déduire les uns des autres, les replacer dans la chaîne qui les relie nécessairement, c'est-à-dire par hypothèse scientifique. On s'aperçoit en effet que bien plus que de « paradis perdu » c'est d'« illusions perdues » que

l'écrivain naturaliste veut entretenir son lecteur ou son spectateur. Le titre du roman de Balzac pourrait en effet servir
pour bien des œuvres naturalistes ; n'est-il pas révélateur
qu'A. Holz, décidé à abandonner la poésie pour se consacrer
au grand genre moderne, le roman, entreprenne, vers 1887,
un roman sur sa jeunesse qu'il intitule *Ages d'or (Die golden-
en Zeiten)*, puis, délaissant ce projet, se propose d'écrire un
autre roman, qu'il laisse également à l'état d'ébauche, *Illusions (Illusionen)* ? Toute œuvre naturaliste est bien, dans
une large mesure, interrogation sur l'apparence, inquiétude
sur l'illusion que procure une connaissance superficielle du
réel. L'identité est questionnée, sans relâche : tout personnage est sommé de « présenter ses papiers », de décliner son
identité — on sait que les termes « juge d'instruction »,
« procès-verbal » font partie du vocabulaire qu'affectionnent
certains théoriciens du naturalisme. L'écrivain naturaliste ne
convie jamais son lecteur à une chasse au « snark », et il ne
lui révèle jamais qu'en fin de compte il s'agissait d'un « bou-
jum », mais il l'invite à se demander si les « honnêtes gens »
ne sont pas des « canailles » *(Le Ventre de Paris)*, si Nora est
un « petit oiseau effarouché », une « épouse et mère », ou
un « être humain au même titre que [son] mari » *(Maison de
poupée)*, s'il est possible même de savoir qui était Germinie
Lacerteux. L'œuvre naturaliste est une révélation, non pas au
sens de l'Apocalypse, mais plutôt comme on utilise un révélateur dans certaines expériences chimiques. G. Lukács a utilisé
l'expression « roman de la désillusion » en prenant comme
modèle le roman de Balzac cité plus haut, mais il entendait
par là les romans « de la déchéance inévitable, de la dissolution dans le néant de ces énergies éveillées par la Révolution
et la période napoléonienne »[15]. Quand on parle du naturalisme, on peut reprendre l'expression, à condition de l'élargir
à l'analyse systématique d'une société qui a effectivement
dépassé et résolument abandonné l'âge héroïque et féodal, à

---

15. G. Lukács, Illusions perdues, in *Balzac et le réalisme français*, Maspero, 1967, p. 49.

condition, par conséquent, de ne pas réduire la désillusion à
la confrontation des valeurs de la société avec l'économie de
type capitaliste, à la dégradation par le capitalisme. Lukács
oppose Balzac, qui « représente la lutte contre la dégradation
capitaliste de l'homme », à ses successeurs, comme Zola, qui
« décrivent seulement un monde dégradé par le capitalisme » ;
significativement, il voit chez celui-là « la tragédie animée de
la naissance », chez ceux-ci la « réalité morte de l'accomplis-
sement »[16]. L'univers du naturalisme est en effet très largement tributaire du développement de l'industrialisation des
pays occidentaux et de la percée de la bourgeoisie, mais la
montée de celle-ci n'est nullement achevée à la fin du
XIXe siècle. Zola et ses confrères ne prennent pas leur parti
d'un monde plus ou moins « dégradé par le capitalisme »
dans la mesure où ils aiment leur époque et où ils espèrent y
jouer un rôle. Détruire les illusions n'est nullement suc-
comber à la nostalgie, en définitive ; c'est plutôt, pour ces
écrivains, continuer à animer la recherche d'un progrès : la
permanence n'est pas le but de l'entreprise naturaliste.

Aussi l'entreprise de « désillusionnement » à laquelle se
livrent les écrivains naturalistes doit-elle être bien comprise.
Ils ne sont pas pour la plupart d'entre eux, des révolutionnaires, et on peut donner raison à Lukács quand il voit en
Zola un « progressiste bourgeois libéral » ou un « bourgeois
démocrate courageux et convaincu »[17] ; mais ils sont encore
moins des soutiens de l'ordre social existant. Avant tout ils
veulent démonter les mécanismes, faire comprendre, empêcher de croire à la fatalité. L'illusion c'est l'ignorance, et les
naturalistes sont convaincus qu'il n'existe pas de forces, agissant sur l'homme, qu'on ne puisse maîtriser, c'est-à-dire,
avant tout, distinguer et identifier. Il s'agit bien d'une entreprise analogue à une démarche scientifique. W. Bölsche écrit,

16. *Ibid.*, p. 67.
17. *Ibid.*, p. 100 et 104 (« Pour le centième anniversaire de la naissance
de Zola »).

en 1887, à un moment où la littérature allemande continue à être dominée par l'idéalisme :

« Ce n'est que lorsque nous comprenons qu'une action humaine [...] est obligatoirement le résultat net de certains facteurs, d'une excitation extérieure et d'une disposition intérieure, et que cette même disposition est dérivée de certaines données, ce n'est qu'alors que nous pouvons espérer arriver jamais à une véritable compréhension mathématique de toute la façon d'agir d'un individu [...]. Oui, une telle littérature serait en réalité une sorte de mathématique »[18].

La littérature n'a plus pour objet de décrire le combat de l'homme contre des forces transcendantes, mais de démêler les composantes de ces forces qui ont perdu, ou qui devront perdre, tout mystère.

Lorsque le naturalisme repose, à son tour, la question humaine par excellence « qui suis-je ? » il apporte moins une réponse que des suggestions de méthode. L'interrogation sur l'identité ne passe plus nécessairement par le mystère et l'angoisse. Un examen, même superficiel, de la thématique naturaliste montre vite à quel point elle diffère de celle du romantisme : nul « double » à la Hoffmann ou à la Musset, le proscrit ne se révèle pas Grand d'Espagne, nul valet ne devient ministre au prix d'une usurpation d'identité ! Mais les origines et la carrière du fils de Pierre Rougon, de celui qui devient « Son Excellence Eugène Rougon », sont connues de tous. La « fêlure héréditaire » qui taraude Jacques Lantier à certaines heures (*La Bête humaine*, chap. II), et qui est capable de le transformer en meurtrier, n'aboutit pas à un dédoublement de personnalité comme R. L. Stevenson le fait dans *Dr. Jekyll and Mr. Hyde* (1886) ; car Jacques se connaît, s'interroge : « Son crâne éclatait sous l'effort, il n'arrivait pas à se répondre, trop ignorant, pensait-il, le cerveau trop sourd, dans cette angoisse d'un homme poussé à des actes où sa volonté n'était pour rien et dont la cause en lui avait disparu. » La cause de l'angoisse que ressent Jacques est indi-

---

18. W. Bölsche, *Die naturwissenschaftlichen Grundlagen der Poesie*, Leipzig, 1887, p. 34-35.

quée par le texte même : l'ignorance, l'absence de connaissance ; il doit y avoir une explication — et on sait que Zola,
presque en désespoir de cause, la cherche à nouveau dans un
passé fabuleux, celui où Jacques sent en lui l'« éveil farouche
de l'ancien mâle, emportant à son cou les femelles éven-
trées ». La peur existe donc, et elle n'épargne pas les héros
des œuvres naturalistes : se pencher sur son passé c'est évoquer une succession d'événements à travers lesquels il n'est
pas toujours facile de trouver le fil conducteur. Nana, égre-
nant ses souvenirs avec Satin, rappelle à Muffat qui
s'inquiète — « ce n'est pas gai ce que vous nous racontez
là » — qu'il faut la prendre tout entière, avec sa famille et
son passé : « Je dis les choses comme elles sont » (*Nana*,
chap. X).

Le lecteur ou le spectateur est donc invité à faire la part
des choses : l'homme se définit à partir de multiples composantes identifiables : le milieu, le métier, l'hérédité, ... et non
pas à partir d'une relation mystérieuse à un destin incompré-
hensible et incommunicable. A la fin de l'acte IV des *Tisserands*, lorsque les tisserands ont envahi la maison de leur
patron Dreissiger, et se préparent à aller casser les métiers à
tisser à Bielau, G. Hauptmann fait subitement entrer le vieil
Ansorge, qui fait quelques pas, incrédule, et balbutie : « Qui
suis-je ? L'tisserand Antoine Ansorge. T'es-t-y devenu fou,
Ansorge ? C'est vrai, j'ai le ciboulot qui tourne. Qu'est-ce
qu'tu fais ici ? » Nul tragique, apparemment, nul débat intérieur, mais le choc avec une autre réalité, un autre monde. Il
s'agit de savoir à quelle place on est, avant de savoir si on est
« à sa place ». L'homme tend ainsi à se définir comme le
résultat de plusieurs composantes à l'intersection desquelles il
se trouve : une anthropologie de type structuraliste n'est
peut-être pas loin.

Le tragique n'est-il pas alors irrémédiablement banni et,
avec lui, tout un pan de la littérature fondé sur l'exploitation
de ce sens du tragique, en particulier à la scène ? Le naturalisme demeure lié à la promotion du roman, moyen d'expres-

sion le plus adapté à l'analyse qu'envisagent les écrivains. La crise du théâtre que dénonce Antoine en 1890 est peut-être d'abord celle d'une société qui sait lire et qui n'a plus besoin d'une *Biblia pauperum* en images. Comme l'écrit Strindberg en 1888, dans la « Préface » de *Mademoiselle Julie* :

> « A notre époque, où la pensée rudimentaire, incomplète, qui est le fait de l'imagination, semble vouloir évoluer vers la réflexion, l'enquête, la mise à l'épreuve, j'ai supposé que le théâtre, de même que la religion, était sur le point d'être abandonné, telle une forme d'expression prête à s'éteindre et qu'il ne nous serait plus possible d'apprécier, faute des conditions nécessaires »[19].

Le théâtre n'est-il pas « fatalement la dernière forteresse de la convention » selon Zola[20] ? Et pourtant il n'est pas exagéré de dire que le théâtre exerce une véritable fascination sur les écrivains. Certes il y entre une part de calcul, de défense des intérêts financiers : un grand succès dramatique rapporte beaucoup plus qu'un grand succès romanesque, et le gain est quasi immédiat. Mais cela ne suffit pas à expliquer que le monde des théâtres séduise et sollicite à ce point l'imagination des romanciers. Est-ce un hasard si, voulant donner un exemple concret du comportement d'un écrivain naturaliste devant un projet de roman, Zola imagine qu'il veuille écrire sur « le monde des théâtres » (« le sens du réel », *Le Roman expérimental*, d'abord paru dans *Le Voltaire*, 20 août 1878) ? Sans doute le futur auteur de *Nana* pense-t-il à son propre roman ; mais ce roman lui-même, dont les origines remontent certainement au projet de roman sur l'un des aspects du « monde à part » qu'incarne la « putain » (notes de Zola, fin de 1868), ne manifeste-t-il pas l'exploitation que Zola se sent capable de faire du symbole que peut être le théâtre ? Le projet de roman sur la « biche de haute volée » est devenu un roman sur le théâtre, où « l'envers du rideau » joue un rôle capital : le théâtre fonctionne comme une vaste métaphore de

---

19. STRINDBERG, *Mademoiselle Julie*, L'Arche, 1957, p. 7 (traduction de C. G. BJURSTRÖM).
20. *Le Roman expérimental*, éd. citée, p. 145.

la société que décrit Zola[21] ; dès la « Préface » qu'il avait
rédigée en 1871, l'auteur de *La Fortune des Rougon* avait
d'ailleurs employé un vocabulaire où figuraient les mots
« drame » et « tableau » : le naturalisme tend à mettre en
scène, à rendre visible et à dramatiser une situation ou une
histoire.

Le naturalisme français, à la différence de ce qui s'est
produit en Angleterre, en Allemagne, ou dans les pays scandinaves, s'est illustré presque exclusivement dans les genres
du roman et de la nouvelle. Mais on ne peut manquer d'être
sensible à la présence obstinée du théâtre chez les romanciers
français, dans les thèmes comme dans la forme. L'acteur,
l'actrice sont parmi les personnages qui reviennent régulièrement, le théâtre est un des lieux romanesques de rassemblement des personnages (à l'image, bien entendu, de la vie
sociale de l'époque) : non seulement, Nana et la Faustin
s'imposent comme héroïnes romanesques, mais on doit nommer le Delobelle de *Fromont jeune et Risler aîné* (qui fait une
rapide réapparition dans *Jack*) et rappeler le dernier chapitre
du *Nabab* (« la première de Révolte ») où le drame de Jan-
soulet se détache sur un fond de succès et de scandale à la
fois ; *Charles Demailly* traite autant le monde du théâtre que
celui du journalisme. Toutefois le « roman de l'acteur » n'est
peut-être pas écrit en France, mais par les Allemands Holz et
Schlaf qui, dans la nouvelle « Papa Hamlet » (1889), décrivent la vie (et la mort) d'un acteur ordinaire qui entraîne sa
famille à sa perte. La force et l'intérêt de cette nouvelle, pratiquement inconnue en France[22], résident d'ailleurs probablement moins dans le thème — que peut devenir, vieilli, un
ancien jeune premier qui interprétait Hamlet ? — que dans la
forme, qui participe à la fois du récit narratif et du scénario.

L'entreprise de Holz et Schlaf prélude à l'une des pièces

---

21. Voir R. J. B. CLARK, *Nana* ou l'envers du rideau, *Les Cahiers naturalistes*, n° 45 (1973), p. 50-64.
22. *La Revue blanche* en a toutefois publié une traduction dans ses
numéros de mai et juin 1892.

les plus naturalistes du théâtre allemand, *La Famille Selicke*
(1890). En France aussi les romanciers essaient de s'imposer à
la scène, connaissent même des succès qui font croire que le
naturalisme conquerrait aussi le théâtre : mais ni les rares
œuvres originales, ni les adaptations, beaucoup plus fréquen-
tes, n'atteignent le niveau des romans. Il semble que les écrivains français n'aient pas su voir avec netteté les impératifs
précis d'une représentation et aient négligé, Zola tout le premier, la spécificité d'une œuvre dramatique ; ils se sont mon-
trés incapables de proposer une formule neuve, bien qu'ils
aient vu les insuffisances du théâtre de boulevard qui règne à
cette époque. Lorsque Zola parle du « naturalisme au théâtre », dans *Le Roman expérimental* ou dans le recueil qui,
l'année suivante, porte ce titre, il dénonce avec rigueur et jus-
tesse les tares des faiseurs de vaudevilles et de drames patriotiques, mais il n'apporte guère de suggestions positives :
lorsqu'il s'y risque, dans un paragraphe ou dans un bref chapitre, c'est pour exprimer un acte de foi, robuste certes, mais
qui ne fait que dénoncer à nouveau les trucs faciles des dramaturges ses contemporains ou montrer, à l'évidence, que le
roman « grâce à son cadre libre, restera peut-être l'outil par
excellence du siècle, tandis que le théâtre ne fera que le suivre
et en compléter l'action ».

L'évolution de la littérature telle que les naturalistes la
voient et veulent l'accentuer semble en effet conduire à la
précellence du roman, c'est-à-dire du genre le plus malléable,
le plus apte à produire tous les fils d'une réalité multiple. Le
naturalisme semble devoir contribuer non seulement à la mort
de la tragédie, mais peut-être aussi au déclin du théâtre — en
attendant que les techniques du cinéma donnent un nouvel
outil d'analyse. Car le théâtre, comme Zola le perçoit bien,
est un art plutôt synthétique : « Un mot, un cri, dans Balzac,
suffit souvent pour donner le personnage tout entier. Ce cri
est du théâtre, et du meilleur [...]. Ce que je voudrais voir au
théâtre, ce serait un résumé de la langue parlée ». Le dramaturge naturaliste ne se trouve pas seulement devant le vide
d'un monde sans mythes, il doit également créer une nouvelle

poétique dramatique, où l'épaisseur temporelle, indispensable à la compréhension des personnages, soit sensible, dans les quelques heures que dure un spectacle. C'est encore Zola qui le notait lucidement en 1879 : « Si [...] le roman se lit au coin du feu, en plusieurs fois, avec une patience qui tolère les plus longs détails, le dramaturge naturaliste devra se dire avant tout qu'il n'a point affaire à ce lecteur isolé, mais à une foule qui a des besoins de clarté et de concision. » Il s'agit de faire du théâtre un art qui « analysera [...] brièvement »[23]. Est-ce possible ?

Des dramaturges naturalistes apportent des réponses, par leurs œuvres beaucoup plus que par leurs théories : G. Hauptmann, A. Strindberg, surtout H. Ibsen. De ce dernier G. Steiner a pu écrire qu'il « devait être le premier chez qui nous trouvons réalisé un idéal de forme tragique qui n'est redevable ni aux Grecs ni à Shakespeare »[24], et il est vrai, comme les contemporains l'ont souvent senti, que le dramaturge norvégien inaugure une sorte de troisième âge du théâtre européen. Mais la question se pose : est-ce un nouveau théâtre, ou est-ce un nouveau tragique ?

Dans la « Préface » de *Mademoiselle Julie*, Strindberg semble donner raison à ceux qui estiment que le naturalisme nie le tragique. Présentant son héroïne comme un « caractère moderne », il précise : « Ce type de femme est tragique *[tragisk]*. Sa lutte désespérée contre la nature est un héritage romantique, héritage combattu aujourd'hui par le naturalisme qui veut uniquement le bonheur, et pour le bonheur il faut des âmes saines et fortes »[25]. Strindberg, dans cette même « Préface », emploie pourtant lui-même pour son œuvre un terme qu'on peut traduire par « tragédie » : *sorgespel*, mot qu'il applique également à *Père*. Mais s'il n'a pas eu recours à la forme héritée du grec *(tragedi)* c'est peut-être

---

23. Les dernières citations de ZOLA sont empruntées au *Roman expérimental*, éd. citée, p. 169-171.
24. G. STEINER, *op. cit.*, p. 29.
25. Cité dans la traduction de M. DIEHL, *in* STRINDBERG, *Théâtre cruel et théâtre mystique*, Gallimard, 1964, p. 102.

parce que, tout en ayant conscience de proposer un personnage moderne complexe, mais vaincu d'avance, il se rend
compte également que la dramaturgie nouvelle ne peut plus
être fondée sur cet écrasement de l'homme qui marque la fin
de la tragédie telle que l'a léguée le monde grec. Les personnages peuvent être « tragiques », les rapports qu'ils ont entre
eux, et entre eux et le monde, laissent désormais place à autre
chose qu'à la tragédie : tout n'est pas fini au baisser du
rideau, rien ne recommence non plus, mais l'action — la
vie ? — continue.

Certes, le théâtre naturaliste reprend une des structures les
plus fondamentales de la tragédie, l'*attente*, mais en laissant
subsister le plus longtemps possible les possibilités de bifurcation de l'action — une pièce naturaliste est loin d'être une
« machine infernale », comme le montrent de nombreuses
pièces d'Ibsen et de Tchékhov — et surtout en la prolongeant
au maximum hors de scène. La mort de Phèdre ferme les
yeux d'un monstre et, du même coup, « Rend au jour, qu'ils
souillaient, toute sa pureté », mais ni le départ de Nora, ni la
mort du vieil Hilse à la fin des *Tisserands*, ni les propos
marmonnés par le vieux Firs *(La Cerisaie)* n'achèvent une
action qui aura encore des prolongements dans l'histoire personnelle ou dans l'histoire d'une société. La dernière phrase
de Gustave Wendt, l'étudiant en biologie qui doit quitter la
chambre meublée qu'il occupait au sein de la famille Selicke,
sur laquelle se termine le drame de Holz et Schlaf : « Je
reviendrai ! », pourrait servir de conclusion à de nombreuses
œuvres naturalistes : que se passera-t-il si le retour de tel ou
tel personnage s'effectue, en tenant compte des modifications
que le temps aura fait subir aux hommes et aux choses ? Il
n'est pas d'avenir pour Phèdre, Antigone, Œdipe même tout
entier figé dans son destin ; il reste ouvert pour Nora, les tisserands de Silésie, Lopakhine, Jean même, l'amant cynique
de Mlle Julie... Au spectateur, suivant son imagination, son
intelligence, sa connaissance de l'Histoire (plus que sa culture), de se représenter la suite, le devenir.

Mais s'il est relativement aisé à un dramaturge de conclure par une « fin ouverte », il est sans doute plus difficile d'insérer le début de la représentation dans un contexte où le passé pèse de tout son poids. Le mérite d'Ibsen est sans doute d'avoir su maîtriser parfaitement les techniques d'exposition dramatiques et de les avoir mises au service d'une nouvelle conception de l'art théâtral. S'il réussit à créer une nouvelle atmosphère tragique dans les pièces de sa période naturaliste, c'est en grande partie parce qu'il sait utiliser toutes les ressources du mélodrame à la fois pour donner au spectateur, à des doses savamment graduées, tous les éléments lui permettant de comprendre le passé des personnages, et pour tendre une action (comme on tend un piège) qui ne peut se dénouer que par un passage du mélodrame à la tragédie. *Maison de poupée* offre à cet égard la meilleure illustration possible d'une telle démonstration.

Jusqu'au milieu de l'acte III et dernier, nous sommes en effet en plein dans l'univers du mélodrame ou de la pièce de boulevard. Rien ne manque, ni une distribution conventionnelle des rôles : la pauvre héroïne qui s'est sacrifiée pour son mari et sa famille, l'amie d'enfance éprouvée par la vie (Mme Linde), le traître sournois et obstiné (Krogstad), le défenseur éventuel, amoureux de l'héroïne (Dr Rank), le mari crédule et naïf (Helmer) et même la servante au grand cœur, autrefois séduite et abandonnée et qui se consacre à la famille qui l'emploie (Anne-Marie) ; ni le mouvement général qui fait se succéder les coups de théâtre, les rencontres fortuites de gens qui s'étaient perdus de vue, les moments de répit, ceux d'angoisse, le tout dans une atmosphère de fête (Noël) qui rend la menace qui pèse sur le bonheur d'une famille encore plus intolérable et fait souhaiter une fin heureuse ; ni les jeux de scène qui veulent éprouver les nerfs des spectateurs, le bruit de la lettre qui tombe dans une boîte qu'on ne voit pas, la tarentelle dansée par Nora devant un double public (les spectateurs réels qui connaissant son secret, les personnages de la pièce qui l'ignorent), les retardements opérés par Ibsen jusqu'au dernier moment (Helmer ne veut plus lire les lettres qu'il est enfin allé chercher)... Car l'intrigue de *Maison de poupée* ne se résume-t-elle pas en fin de compte à cette question : Krogstad va-t-il réussir à informer Helmer du faux commis par sa femme ? Toute une série de rencontres fortuites ou manquées, d'allées et venues réglées comme une mécanique, de reconnaissances différées (en particulier dans l'acte I) va permettre à Ibsen de retarder au maximum le moment de la confrontation Torvald-Nora — qu'il pourrait d'ailleurs ne pas laisser se tenir ! La critique française, qui découvre tardivement *Maison de poupée* (quinze ans après la publication de l'ouvrage), ne s'y est d'ailleurs pas trompée : scandalisée par le comportement de Nora, elle se plaît à imaginer un autre dénouement : pourquoi Nora ne subtiliserait-elle pas la lettre, par exemple (peu importe d'ailleurs, à ces moralistes qui condamnent le faux commis par Nora, de conseiller ce qui est au moins une indélicatesse, sinon un délit aussi grave !) ? Ainsi on échapperait à la tragédie. Or Ibsen aboutit au contraire à ce qu'on peut nommer une tragédie : il donne en tout cas à la fin de sa pièce une atmosphère tragique. Aucun spectateur de *Maison de poupée* ne peut en douter : le rythme de la pièce se modifie d'un coup quand, au milieu de l'acte III, Nora, ayant abandonné son costume de mascarade pour revêtir sa robe de tous les jours (il est minuit), revient en scène et dit à celui qui est encore son mari : « Assieds-toi. L'entretien sera long. Nous avons beaucoup à nous dire. » Pour la première fois depuis le début de la pièce Nora et Helmer sont *assis* ensemble, face à face. S'il est vrai que, en suivant l'analyse d'A. Camus, le drame « est d'abord mouvement et action [...], tandis que la tragédie idéale [...] est d'abord tension puisqu'elle est l'opposition, dans une opposition forcenée, de deux puissances »[26], alors ce moment de la pièce d'Ibsen est le passage du (mélo)drame à la tragédie : tout le mouvement dramatique s'arrête (la tarentelle, répétée à l'acte II, entendue au début de l'acte III, est

---

26. A. CAMUS, Sur l'avenir de la tragédie (1955), *in* A. CAMUS, *Théâtre. Récits. Nouvelles*, Bibl. de la Pléiade, 1963, p. 1703-1704.

bien loin !) et une tension extrême s'instaure — jusqu'à ce
que Nora parte ; mais son départ ne rompt pas cette tension,
au contraire : elle l'approfondit, lui donne une durée à
laquelle on ne peut même mettre aucun terme. La clôture de
la représentation ouvre une véritable béance tragique.

Maison de poupée est peut-être un cas limite de ce nouveau théâtre qui vise à déplacer le spectateur, le sortir de sa
torpeur esthétique : il croyait assister à un mélodrame bien
monté, il quitte son fauteuil sous l'effet d'un choc, d'une
question sans réponse : que va devenir Nora ? Le critique ne
s'est pas fait faute de poser la question à Ibsen, voire de rêver
à un « quatrième acte » du type « Comment Nora revint chez
elle ». On sait aussi que des actrices ont refusé de jouer le
rôle tel qu'il était — à Bruxelles, en 1889, la bonne vient
annoncer à Nora que ses enfants sont malades, et elle reste —
et qu'Ibsen, pour éviter des adaptations fantaisistes de ce
genre, dut même rédiger une autre version, où Nora,
confrontée à l'avenir de ses enfants, qui seraient privés de
mère comme elle-même l'a été, décide de rester avec eux tout
en déclarant qu'elle pèche contre elle-même. Tout montre que
la fin de *Maison de poupée* a été (reste ?) difficilement sup-
portable : faut-il parler de l'irruption d'un nouveau tragique,
qui n'est plus le fait de personnages fictifs et lointains, mais
qui touche de plein fouet les spectateurs, confrontés malgré
eux à un avenir qui leur fait peur ?

D'autres pièces de la même époque laissent sur une semblable impression de malaise. *Les Revenants*, par exemple.
Que va faire Mme Alving au moment où le rideau se baisse ?
La décision finale du Dr Stockmann, l'« ennemi du peuple »,
de rester dans son pays pour y vivre isolé, et fort, n'est-elle
pas la marque d'un échec lourd de conséquence ? Une
méprise, une vengeance mesquine, un goût trop prononcé de
l'idéal : autant de thèmes exploités abondamment par les vau-
devillistes, mais qu'Ibsen rend crédibles dans une démonstration qui n'épargne pas le spectateur. Strindberg procède de
même : le coquetage et le marivaudage de Mlle Julie la
conduisent au suicide, alors qu'une chiquenaude de l'écrivain

pouvait maintenir la pièce au niveau de celles de Dumas fils ;
et *Père* s'achève sur un avenir de folie : non pas celle
d'Oreste, mais celle d'un homme qui doute et ne peut connaître la vérité, non seulement celle du Capitaine qui ne sait plus
si Berthe est sa fille, mais celle de l'homme incapable de
déchiffrer un réel qui se dérobe sans cesse et qui est pourtant
celui que le spectateur a à affronter. Il faudrait aussi citer les
dénouements des pièces de Tchékhov, d'*Oncle Vania* à *La
Cerisaie*, d'une tonalité à la fois amère et légère, qui laisse le
spectateur perplexe. Chez G. Hauptmann (l'abandon de
Hélène par Loth dans *Avant l'aube*), Holz et Schlaf (le
départ d'Arendt), et également le Tolstoï de *La Puissance des
Ténèbres* (les dernières paroles de Nikita sont : « Emmenez-
moi où il faut. Je ne dirai plus rien »), la fin de la représentation coïncide avec une sortie des personnages, parfois du
principal personnage : non pas pour indiquer une restitution
du *statu quo ante* ou l'atteinte d'un nouvel équilibre (dans le
genre des comédies classiques « allons célébrer ce jour »), ou
pour déplorer une action meurtrière (comme dans les tragé-
dies élisabéthaines), ou pour laisser aller le héros dans sa destinée mythique (tragédie grecque), mais pour mettre le spectateur en face d'un monde détruit dont la reconstruction peut le
concerner, lui *aussi*. « De te res agitur » semble vouloir rappeler sans cesse le drame naturaliste, en ajoutant parfois, plus
ou moins discrètement : « Tu rem age. » Au principe de
réconciliation *(Versöhnung)*, chère à la critique allemande
depuis T. Fechner, et qui n'est peut-être qu'un avatar de
l'antique *catharsis*, le naturalisme substitue celui de désac-
cord, de discordance. Le malaise est d'ordre esthétique, mais
ses conséquences ne se limitent pas à ce seul domaine : le
spectateur est conduit à découvrir un vide, que l'œuvre se
refuse à combler d'avance.

A-t-on toutefois le droit d'employer les mots « tragique »,
« tragédie » ? Le naturalisme rejette incontestablement les
anciens modes de manifestation du tragique : les mythes, la
transcendance, mais dans la mesure où le tragique est fonda-

mentalement interrogation sur la destinée humaine, le naturalisme non seulement maintient, mais encore accentue cette
interrogation. On peut même avancer que le naturalisme se
nourrit de nouveaux mythes, qui n'ont plus face divine : la
science (nouvelle idole ?) au premier chef, le progrès (le naturalisme est loin de distiller le pessimisme, comme ses adversaires ont voulu le montrer), peut-être même, en fin de
compte, l'homme : l'utopie humanisante est-elle une des catégories esthétiques du naturalisme (*Travail* et *Fécondité* ne
sont-ils vraiment que des anti-*Germinal* et anti-*Joie de
vivre* ?) ? Ici la question du tragique est à nouveau posée : si
l'homme lui-même devient mythe, devient sa propre transcendance, avec qui peut-il dialoguer, à qui peut-il s'opposer ?

Il n'est pas du tout sûr que les écrivains naturalistes
auraient accepté de voir leurs tentatives inscrites dans une
problématique tragique ; s'ils rencontrent le tragique, une
certaine forme de tragique, c'est souvent sans l'avoir délibérément cherché, simplement parce que la vie est ainsi : en octobre 1878, Ibsen griffonne quelques « notes pour la tragédie
de notre temps » ; il s'agit d'une esquisse de *Maison de poupée*, dans laquelle Ibsen constate qu'« une femme ne peut pas
être elle-même dans la société actuelle, qui est exclusivement
une société masculine ». Mais la pièce achevée est un *skue-
spill i tre akter*, une « pièce en trois actes » : au spectateur et
au critique, peut-être, de savoir donner un titre, *leur* titre, au
spectacle qui leur est proposé. Or le critique est souvent bien
embarrassé pour porter un jugement définitif. G. Steiner lui-
même finit par hésiter à propos d'Ibsen : y a-t-il ou non une
solution humaine aux crises que le dramaturge norvégien met
en scène ? Le problème a aussi une face esthétique : en
l'absence d'un système de références commun au public et à
l'écrivain, comment ce dernier peut-il donner aux spectateurs
les éléments nécessaires pour comprendre la crise représentée ? Le dramaturge naturaliste est ici confronté à un difficile problème de poétique, qui nécessite une analyse détail-
lée (cf. plus loin chap. IV), mais que déjà un contemporain
d'Ibsen, l'Allemand Spielhagen, romancier, critique, théori-

cien, avait déjà clairement perçu dans un des premiers comptes rendus de *Maison de poupée*[27] : les buts recherchés par les naturalistes ne les conduisent-ils pas à osciller entre les différents genres littéraires, à imposer à leurs spectateurs de reconstruire ce que le roman donnerait au lecteur, et, inversement, à solliciter le sens visuel et dramatique de leurs lecteurs ? Le naturalisme ne vise peut-être pas seulement à la mort de la tragédie, mais entraîne également la ruine d'une littérature constituée en genres. G. Steiner assure que « la preuve [de l'unité finale du théâtre tragique et du théâtre comique] se trouve dans l'art de Tchékhov »[28] : la hache qu'Ermolaï Alexéevitch fait agir dans la cerisaie pourrait bien être comme un symbole de la destruction en cours, qui touche tout le monde ancien. A l'éternel étudiant Trofimov, qui refuse l'argent qu'il lui offre — « Je peux me passer de vous, je peux vous ignorer, je suis fort et fier. Je me trouve au premier rang de l'humanité qui marche vers la vérité suprême, vers le bonheur le plus élevé qu'il est possible d'imaginer sur la terre » — et qui surmonte l'interruption ironique (« et tu arriveras ? ») qu'il lui oppose — « J'arriverai. *(Un temps)* J'arriverai moi-même, ou je montrerai à d'autres le chemin par lequel on arrive » —, Lopakhine ne peut que répondre : « Eh bien, adieu, mon vieux. C'est l'heure. Nous sommes là tous les deux à nous monter le coup l'un devant l'autre, et, pendant ce temps, la vie, elle passe »[29] : la séparation qui intervient est nécessaire, car elle est celle de deux êtres qui voient l'avenir de deux façons totalement opposée, et seule l'Histoire (pressentie par Tchékhov ?) pourra permettre de savoir si la Russie deviendra un « admirable jardin fleuri » et comment les petits-enfants et arrière-petits-enfants de Lopakhine verront une « vie nouvelle ».

Car c'est bien de vision du monde, en fin de compte, qu'il

27. Henrik Ibsen's *Nora*, paru dans *Westermanns illustrierte deutsche Monatshefte*, 49 (1880-1881), p. 665-675, reproduit dans W. Friese, *Ibsen auf der deutschen Bühne*, Niemayer, 1976, p. 1-19.

28. G. Steiner, *op. cit.*, p. 219.

29. A. Tchékhov, *La Cerisaie*, acte IV (traduction d'E. Triolet).

s'agit. La confusion esthétique, dont *La Cerisaie* est un excellent exemple (officiellement « comédie » la pièce oscille du vaudeville, voire de la farce, au genre sérieux et à la tragédie), est un écho fidèle de la confusion que le naturalisme découvre dans le réel, et qu'il essaie de débrouiller. Le tragique n'est plus limité à un genre, ou à une catégorie d'êtres : il est partout — et nulle part. A vouloir rejeter les mythes et les tabous le naturalisme *expose* l'homme, au sens où on expose un nouveau-né : « L'homme marche nu dans un monde privé de mythes qui éclairent ou signifient »[30]. La mort de la tragédie, mort d'une certaine littérature, annonce-t-elle, ou appelle-t-elle, le retour d'un certain tragique, celui de la vie, celui de tous les jours ?

30. G. STEINER, *op. cit.*, p. 213 (à propos du théâtre d'Ibsen).

CHAPITRE IV

Une rhétorique du désordre

« On n'a pas trouvé la forme nouvelle
pour le contenu nouveau. »

« Préface » de *Mademoiselle Julie*.

« Ce qu'il faut, c'est des formes nouvelles, nouvelles. »

Déclaration de TCHÉKHOV à Kouprine.

Dans l'héritage qu'affronte le naturalisme il est un élément capital qui est constitutif de la conception même de la
littérature occidentale, celui de la distinction et de la hiérarchie des genres. C'est une sorte de dogme, que le romantisme
n'a finalement guère remis fondamentalement en cause,
puisqu'il procède à des réajustements mais sans nier, en fin
de compte, qu'il y ait des frontières. De plus, si les créateurs
s'accommodent plus ou moins bien de cet éventail, les critiques, eux, en font la base de leurs estimations : il leur apparaît tout « naturel » de classer les œuvres dans des catégories
bien connues ; et quand ils se mêlent de proposer une théorie
de la littérature, ils la fondent le plus souvent sur cette distinction : c'est, par exemple, le cas de la plupart des « Poétiques » publiées en Allemagne autour des années 80. En mars
1887 le critique K. Frenzel peut affirmer avec sérénité : « Les
grandes formes poétiques sont indestructibles. Poésie, épopée, art dramatique suivent inébranlablement les lois qui leur
sont inhérentes ; on peut heurter ces lois, on ne peut les

renverser »[1]. Une des manifestations les plus nettes de cette
conception de la vie littéraire se trouve dans la séparation
radicale qu'opèrent, pendant toute la fin du XIXᵉ siècle, les
revues entre les productions du livre et celles de la scène : on
trouve, dans les quotidiens et les périodiques, deux rubriques : critique *littéraire*, critique *dramatique*, confiées chacune à un spécialiste ; dans la critique « littéraire » elle-même
on trouve fréquemment une autre distinction, prose/poésie.
La vie littéraire du XIXᵉ siècle continue donc, pour une large
part, à reposer sur la distinction rappelée par Frenzel (et qui
est aussi celle que Hugo avait retenue) : poésie (lyrique),
épopée (incluant aussi le roman), théâtre.

Le naturalisme ne propose pas une nouvelle théorie des
genres, mais il ne peut éviter de prendre position sur le legs
que lui a laissé la tradition. Ce peut être une prise de position
concrète et pragmatique : un Ibsen « fait du théâtre » sans
apparemment envisager autre chose qu'un renouvellement ou
une utilisation nouvelle d'une forme, d'un mode de (re)pré-
sentation qu'il ne remet pas fondamentalement en cause.
Pourtant on décèle de temps à autre une certaine inquiétude,
sensible parfois uniquement dans des déclarations privées,
d'écrivains qui se sentent mal à l'aise avec les catégories que
leurs contemporains utilisent : « En fin de compte, ma pièce
n'est pas un drame, mais une comédie, et, par moments,
même une farce », écrit Tchékhov à propos de *La Cerisaie*,
dans une lettre à l'actrice Lilina Stanislawski[2]. Zola n'hésite
pas à gloser le mot le moins contraignant, pourtant, de ceux
qui définissent un genre, le mot « roman » : « dans un
roman, dans une étude humaine... » ; il est vrai, qu'il avait,
auparavant, affirmé, de façon plus radicale, que le mot
« description » était « aussi mauvais que le mot roman, qui
ne signifie plus rien, quand on l'applique à nos études naturalistes ». Ailleurs il avait aussi regretté : « Il est fâcheux [...]

---

1. K. FRENZEL, *Die Dichtkunst der Zukunft* (La poésie de l'avenir), in
Erinnerungen und Strömungen, 1890, p. 332.
2. Citée dans A. TCHÉKHOV, *Œuvres*, Bibl. de la Pléiade, t. I, p. 495.

que nous n'ayons pu changer ce mot ' roman ', qui ne signifie plus rien, appliqué à nos œuvres naturalistes »[3]. Est-ce une simple querelle de mots, une question subalterne de rhétorique ?

On doit d'abord noter un incontestable malaise à se servir des termes usuels. Daudet lui-même, à qui la théorie est assez indifférente, met en pratique les réserves que Zola fait sur l'emploi du mot roman et, sur la première page de *L'Evangéliste*, il annonce qu'il « dédie cette ' *observation* ' » au Pr Charcot. P. Alexis parle des « études » qu'il a réunies dans le volume *La Fin de Lucie Pellegrin* (1880), en précisant, à propos de la quatrième nouvelle, « Le Journal de M. Mure », qu'il la considère « comme le plus ' roman ' de ces récits, celui où [il a] davantage inventé, arrangé ». On voit bien, en effet, ce qui gêne la plupart des écrivains naturalistes dans l'emploi des termes consacrés par l'esthétique traditionnelle : ils redoutent d'être acculés à se servir d'une forme trop contraignante, artificielle, qui les empêche de déverser tout ce que l'observation du réel doit leur permettre de dire. A cet égard, un terme comme « étude » leur paraît particulièrement apte à présenter leur approche et leur reproduction du réel. Zola emploie le mot, on l'a vu, pour gloser celui de « roman », en l'accompagnant de l'adjectif humain ; mais il l'emploie aussi seul, pour définir la littérature de l'avenir : « On finira par donner de simples études, sans péripéties ni dénouement, l'analyse d'une année d'existence »[4].

Une des solutions les plus employées par les écrivains naturalistes est celle du sous-titre, qui permet de donner au lecteur (ou au spectateur) une première orientation. A partir de la liste d'œuvres naturalistes allemandes dressée par R. C. Cowen[5] on peut faire les constatations suivantes. On relève d'abord que le sous-titre est une pratique normale, et

3. *Le Roman expérimental*, éd. citée, p. 228, 231 et 235.
4. *Ibid.*, p. 243.
5. *Der Naturalismus*, Winkler, Munich, 1973, p. 111-132.

que rares sont ceux qui se composent d'une simple indication
comme *roman, récit*, ou *drame*. Le plus souvent on a en effet
affaire à un sous-titre développé, où le genre est qualifié :

— par le lieu de l'action : roman berlinois, munichois, etc. ;
histoires hambourgeoises, drame autrichien, roman de
l'Eifel... ;
— par le temps : roman moderne, de la fin du siècle, contemporain ; drame des années 40 ; tableaux de la fin du
XIXe siècle... ;
— par le type de héros concerné : scènes de la vie d'une jeune
femme, histoire des souffrances d'une jeune fille... ;
— par une caractérisation générale de l'objet étudié : roman
de mœurs, roman social, étude de caractère, drame social,
drame familial, histoire d'une vie, roman pathologique... ;
— par une évocation du mode de présentation : nouvelles
réalistes, études d'après nature, nouvelles patriotiques, histoire sans intrigue, cycle romanesque, roman au ras
du sol...

Bien entendu, un même sous-titre peut combiner plusieurs
de ces possibilités : roman social berlinois, scènes de la lutte
intellectuelle de notre temps. On peut aussi noter que le souci
de la qualification du genre touche plus la prose que le théâtre, où les termes *drame, pièce (Schauspiel), tragédie (Tragö-
die, Trauerspiel), comédie (Komödie, Lustspiel)* sont souvent
employés seuls ou accompagnés de la mention « en un acte »,
« en cinq scènes », « en sept journées ». Enfin on constate
que certains adjectifs reviennent très souvent : *moderne,
social, contemporain*, et surtout que certains substantifs sont
l'objet d'une évidente faveur, en particulier *esquisse* et *étude*.
En 1886 A. Conradi publie *Brutalités. Esquisses et études*, en
1893 A. Croissant-Rust donne, avec *Parcelles de vie (Lebens-
stücke)*, un « livre de nouvelles et d'esquisses », et H. von
Reder un *Livre d'esquisses lyriques*. G. Hauptmann se révèle
au public en publiant, en 1888, son « Garde-voie Thiel.
Etude en forme de nouvelle » : cette expression *(novellistische
Studie)* avait déjà été utilisée par J. H. Mackay l'année précé-

dente pour son recueil *Ombres*. On retrouve ainsi, chez les naturalistes allemands, la même perspective que chez Zola : une prédilection pour les termes les plus neutres ou les plus vagues, en tout cas ceux qui sont les moins porteurs de notion d'arrangement, d'intervention organisatrice (et artificielle) de l'écrivain : la dédicace de *L'Evangéliste* est traduite par « psychologische Studie », et le pseudo Dr B. Franzius, le prétendu traducteur de B. P. Holmsen, souligne dans son Introduction à *Papa Hamlet* (1889) que son auteur ne prétend pas présenter des œuvres « bien léchées » *(abgerundete Kunstwerke)*, mais simplement des « études » (Holz et Schlaf reprendront d'ailleurs ce mot pour caractériser leur œuvre, au début de la préface qu'ils donnent à la réédition de 1892). D'autre part il apparaît que les auteurs veulent aussi attirer l'attention sur la façon dont ils ont découpé la réalité et les aspects qu'ils en ont retenu. De là la systématisation de ces sous-titres qu'avait déjà connus le début du XIXe siècle, et que les naturalistes français connaissent bien eux aussi : « Histoire naturelle et sociale d'une famille sous le second Empire », « Histoire d'une fille », « Mœurs parisiennes »...

Le recours à ces procédés montre que les écrivains veulent certainement mettre plus l'accent sur ce qu'ils racontent ou montrent que sur le genre dans lequel ils entendent ranger leurs productions. Maupassant s'insurge contre ceux qui estiment que « le plus grand défaut de [telle] œuvre, c'est qu'elle n'est pas un roman à proprement parler », comme Zola proteste contre ceux qui lui opposent que « ce n'est pas du théâtre » : les deux écrivains se font ici effectivement l'écho de critiques nombreuses de la part de leurs contemporains, déroutés par ce qu'ils considèrent comme des manquements impardonnables aux règles fondamentales des genres. Spielhagen a-t-il vraiment tort quand il affirme que *Maison de poupée* n'est compréhensible que si le spectateur reconstruit la pièce sous forme de roman ? Il estime, en particulier, que la scène de l'acte II entre Nora et le Dr Rank ne peut se comprendre que si on reconstitue ce qu'a pu être, pour les deux personnages, l'évolution des rencontres quotidiennes qui leur ont permis de s'apprécier : *Maison de poupée* n'est pas « un drame compréhensible en soi et pour soi, mais bien quelques chapitres dialogués d'un roman, dont le début se situe bien avant le début du drame, de même que sa fin probable arrive bien après le dénouement du drame »[6]. Il est d'ailleurs symptomatique que T. Fontane, échafaudant, probablement en 1887, un article sur cette même pièce, commence par raconter l'intrigue en respectant un ordre chronologique des événements, c'est-à-dire en remontant au mariage de Nora ! Roman ou drame : il faut choisir, semblent dire les critiques.

De fait le théâtre d'un Ibsen ou d'un Tchékhov offre matière à interrogation de ce point de vue. Comment mettre en scène *La Cerisaie*, par exemple, en essayant de transposer scéniquement cette indication que l'auteur met au tout début de l'acte I : « Une chambre qui est encore appelée la ' chambre des enfants ' » ? et cette autre, au début de l'acte II : « Tout à fait au fond on devine une grande ville qui n'est visible que par temps très clair » ? Dans l'un et l'autre cas il s'agit d'une notation qui se réfère à une certaine épaisseur temporelle, à une succession de temps, alors que le spectateur n'a en principe, accès qu'à une coupe de ce temps, à un moment donné. G. Strehler, l'un des meilleurs metteurs en scène de cette pièce, a bien vu le problème ; il n'hésite d'ailleurs pas à déclarer : « Si nous examinons les ' décors ' des différentes mises en scène de *La Cerisaie*, depuis celle de 1904 jusqu'à la plus récente — celle de Visconti —, dans tous les pays, [...] nous constatons que, *si on ne le dit pas*, personne ne peut comprendre que cette pièce ' était ' et ' est ' malgré tout la chambre des enfants », et il suggère toute une série d'objets, dans la chambre et, à l'intérieur de celle-ci, dans l'armoire trop remplie d'où il fait sortir un petit landau chromé ; ainsi, « la pièce apparaîtra alors comme un cimetière du temps »[7]. N'est-ce pas en effet à la fois à la chro-

---

6. F. SPIELHAGEN, compte rendu de *Maison de poupée*, 1880, voir chap. III, n. 27, p. 75.
7. G. STREHLER, *Un théâtre pour la vie*, Fayard, 1980, p. 307-309.

nique de la vie (passée) de Lioubov et de Gaev, au choc de ce passé avec la réalité du présent et au double heurt de ce passé et de ce présent avec l'avenir qu'assiste le spectateur de *La Cerisaie* ? et celui d'*Oncle Vania* ou des *Trois sœurs* n'a-t-il pas l'impression que le temps est un élément fondamental de la dramaturgie tchékhovienne et qu'il n'est pas tout entier contenu dans la durée de la représentation ?

Tchékhov représente certainement avec Ibsen une des grandes réussites du théâtre moderne ; or on a pu parler, à leur sujet, de l'inauguration d'une véritable « crise du drame ». P. Szondi est l'un des principaux représentants de cette appréciation, et il leur fait partager les responsabilités de cette crise avec Strindberg et G. Hauptmann, quatre écrivains marqués par le naturalisme (auxquels P. Szondi joint Maeterlinck). Les raisons qu'il avance peuvent se résumer en une seule : aucun de ces dramaturges ne respecte les lois fondamentales du théâtre, mais chacun d'eux introduit des éléments hétérogènes et destructeurs. Ainsi la technique analytique d'Ibsen, qui est le fondement de son théâtre, conduit l'auteur norvégien à essayer de transposer à la scène une matière romanesque qu'il s'efforce d'actualiser, c'est-à-dire de cacher ; Tchékhov succombe constamment à la tentation du lyrique, provoqué par la solitude de ses personnages ; Strindberg part d'une théorie du « drame subjectif » qui lui interdit toute unité d'intrigue : à sa place apparaît l'unité du moi ; enfin G. Hauptmann a recours à la formule de l'introduction d'un étranger pour représenter, de façon dramatique, la vie d'un groupe ; cet étranger est en fait le masque du moi épique, et c'est le comportement de cet étranger qui détermine le cours de l'intrigue : celle-ci cesse, de ce fait, d'être dramatique et ne peut qu'être épique[8].

Les critiques de Szondi peuvent paraître procéder d'une vue étroite sur la nature même de ce qu'est le théâtre, et il est vrai que ses conceptions sont largement tributaires d'une

8. Voir P. SZONDI, *Theorie des modernen Dramas (1880-1950)*, Suhrkamp, 1965, p. 22-73.

théorie des genres qui remonte à Aristote et va jusqu'à
G. Lukács. Derrière les objections qu'il adresse à des dramaturges (dont il reconnaît d'ailleurs la maîtrise, puisqu'ils réussissent souvent à dissimuler un vice originel) on sent le raidissement de quelqu'un pour qui l'opposition de l'épique et du
dramatique est fondamentale, et qui ne conçoit la possibilité
du théâtre qu'à partir de la possibilité du dialogue. Comme
son maître Lukács, Szondi s'insurge contre la « mise à
l'épreuve » à laquelle sont soumis les personnages et qui a
pour conséquence de placer tout le poids de la représentation
dans l'histoire d'une intériorité : « Ce qui prive de style [...]
le drame moderne, surtout celui d'Ibsen, c'est que ses personnages principaux ont besoin d'être mis à l'épreuve, qu'ils sentent en eux la distance qui les sépare de leur âme et qu'ils
veulent surmonter cette distance par un effort désespéré pour
triompher de l'épreuve à laquelle les événements les soumettent »[9]. L'écrivain naturaliste, en choisissant le théâtre comme
mode d'expression, commettrait donc une erreur, et les
inquiétudes de Zola devant la possibilité d'un théâtre réellement naturaliste seraient justifiées : le roman serait bien le
genre naturaliste par excellence.

Or le roman naturaliste rencontre le même type de critique que le théâtre : il échappe aux règles du genre. Il serait
aisé d'énumérer les déclarations de contemporains de Zola
qui l'excluent de l'art romanesque : un Brunetière, par exemple, se refuse à « l'inscrire parmi les ' romanciers ' »[10]. Des
griefs rebattus défilent : absence de composition, d'équilibre,
d'intrigue, de héros positif, voire de héros tout court, ... à en
croire de nombreux critiques, le roman naturaliste se caractérise par des manques ! Parmi ceux qui essaient d'aller plus au
fond on trouve à nouveau G. Lukács, hostile à Zola romancier comme il l'est à Ibsen dramaturge, car Zola a recours à
des procédés qui ne sont pas ceux du roman. Le critique hongrois analyse en particulier le rôle que la description joue

9. G. Lukács, *La théorie du roman*, Gonthier, 1963, p. 85.
10. Brunetière, *Le Roman naturaliste*, 1883, p. 109.

dans le roman zolien : sa critique se résume dans la formule
« le récit structure, la description nivelle »[11] ; le roman, héritier ou avatar de l'épopée doit présenter les événements au
lecteur en fonction de la fin de l'histoire, déjà connue de
l'auteur, ce qui doit permettre à ce dernier de choisir et de
faire comprendre à son lecteur les raisons du choix. Il faut
une « mise à distance des événements racontés », et toute la
réussite artistique, et poétique, consiste précisément dans la
capacité de l'écrivain à communiquer la vision du monde
qu'il a, à ordonner le texte suivant, en fin de compte, l'interprétation qu'il veut donner du monde. Or Zola propose à ses
lecteurs une suite de descriptions, de scènes ou de plans, qui
ne valent à chaque fois que pour eux-mêmes et qui semblent
pouvoir être lus à n'importe quel autre endroit du texte : on
sait la critique féroce que Lukács fait du chapitre XI de *Nana*
(le Grand Prix hippique), qu'il oppose à la course d'*Anna
Karénine* (II⁰ partie, chap. 25 et 28) où Vronski fait une chute
inattendue. Zola avait répondu par avance, en assurant que
l'artiste naturaliste ne cède « presque jamais au seul besoin
de décrire ; cela se complique toujours en [lui] d'intentions
symphoniques et humaines »[12], mais il avait aussi reconnu
par avance qu'on pouvait parler d'une « fureur de description » qui n'était pas toujours justifiée.

Un roman qui est conduit à actualiser sans cesse en éva-
cuant la perspective d'un flux temporel, un théâtre obligé de
raconter le passé en rendant le dialogue impossible : le naturalisme semble effectivement tenté de recourir à chaque fois
aux méthodes de l'*autre* genre, et ne pouvoir se résoudre à
choisir. A plus forte raison il est impossible de décider à quel
sous-genre particulier appartient telle ou telle pièce de théâtre : *Maison de poupée* oscille du mélodrame à la tragédie,
Tchékhov ne sait comment appeler *La Cerisaie*, et Becque
propose, avec *Les Corbeaux*, un mélange de formes théâ-

11. G. LUKÁCS, Raconter ou décrire ? (1936), *in* G. L., *Problèmes du
réalisme*, L'Arche, 1975, p. 147.
12. *Le Roman expérimental*, éd. citée, p. 235. ZOLA défend ses cinq descriptions d'*Une page d'amour*.

trales, à la fois altérées et déplacées, qui a surpris et inquiété
le spectateur de 1882, qui ne s'y retrouvait plus[13].

Certains écrivains font un pas de plus, et contaminent les
deux techniques, aboutissant à de véritables hybrides. Le chapitre X de *La Faustin* propose une répétition de *Phèdre* qui
devient un véritable dialogue, et E. de Goncourt, pour accentuer encore ce phénomène, place en début de chaque « réplique » le nom de qui la prononce : « Le metteur en scène »,
« L'Actrice », « Le Directeur » ; le chapitre XVII du même
roman est constitué par différentes conversations des invités
de La Faustin. On sait d'ailleurs qu'à l'exception de *Manette
Salomon* les Goncourt ont commencé leurs romans par un
dialogue : le lecteur ne saisit que des paroles, ignorant qui les
prononce, à quelle occasion et dans quel lieu ; vient ensuite
une description des personnages : il s'agit, au fond, d'une
interversion de ce que propose un livret de théâtre, dans
lequel la didascalie précède le texte. *Renée Mauperin*, qui
s'ouvre par un tel dialogue, contient plusieurs chapitres constitués uniquement de propos rapportés directement (le repas
du chap. III, la soirée du chap. XXXI, l'entretien Renée-
Denoisel du chap. XXXIIII, etc.).

Mais c'est sans doute du côté d'auteurs de textes plus
courts qu'il faut chercher des écrivains qui ont tenté de trouver de nouveaux moyens d'expression ; à cet égard on doit
citer surtout Maupassant et surtout les allemands Holz et
Schlaf. Le premier a en effet recueilli dans ses recueils de
nouvelles des textes qui sont parfois de véritables pièces de
théâtre : l'exemple le plus net est certainement « La Revanche » publié d'abord dans le *Gil Blas* et repris dans *Le Rosier
de Mme Husson*, et qui est composé en deux scènes avec deux
personnages ; on pourrait aussi citer « Au bord du lit », « Le
cas de Mme Luneau », « Tribunaux rustiques ». Suffit-il
d'avancer que Maupassant connaît la tentation du théâtre,

    13. Voir P. CHARDIN, Quelques problèmes idéologiques posés par « Les
Corbeaux » d'Henry Becque, *Les Cahiers naturalistes*, n° 53 (1979), p. 81-92.

comme la plupart de ses contemporains ? Il vaut en tout cas
la peine de souligner la part de recherche que représentent
divers essais de sa part pour sortir des strictes limites du
conte ou de la nouvelle. On peut saisir une partie au moins
du travail de l'écrivain en comparant « Autres temps » (*Gil
Blas*, 14 juin 1882), texte non repris en volume, et « Tribunaux rustiques » (*Gil Blas*, 25 nov. 1884), recueilli dans *Monsieur Parent* (1885) : le deuxième texte est une reprise élaborée du premier[14]. Celui-ci, très court, d'autant plus qu'il
faut faire abstraction du prologue que Maupassant avait jugé
utile d'ajouter pour raccrocher son histoire à un problème
d'actualité, est un récit (« la scène qui suit n'est que fidèle-
ment racontée », « voici les faits ») où quelques phrases en
style direct et un dialogue (trois répliques) viennent rompre
une narration qui suit le déroulement chronologique de
l'action ou rappelle le passé. Le texte de 1884 supprime le
prologue et toute référence à un narrateur témoin authentique
de la scène ; il commence par une description (« La salle de
la justice de paix de Gorgeville est pleine de paysans, qui
attendent [...] »), qui tourne vite, au troisième paragraphe, à
la didascalie, jusqu'à l'arrivée du juge de paix, décrit dans
son comportement, mais aussi par ses habitudes de « lettré de
province » (sa connaissance de Horace, Voltaire, Gresset,
Parny n'est pas « montrable » à la scène de façon directe). A
partir de ce moment, le texte va hésiter entre le dialogue et le
récit avant de se décider nettement pour la scène ; Maupassant en profite alors pour opposer plus nettement les façons
de parler du juge et de Mme Bascule et celles des paysans
normands, en multipliant les déformations de langage. L'ensemble est probablement trop court pour passer tel quel à la
scène et reste une étude de mœurs qu'on prend plaisir à lire,
mais le mouvement qui l'emporte, et l'effacement du narrateur, laissent au lecteur une part assez importante.

14. On trouve ces deux textes dans l'édition des *Contes et nouvelles* de
Maupassant établie par L. Forestier, Bibl. de la Pléiade, t. I, p. 453-456, et
t. II, p. 388-392.

Mais le conte maupassantien peut aussi basculer du côté
de la chronique ou du reportage, dans lesquels l'élaboration
littéraire est en principe moins présente. Or il n'est pas sûr
que, hors de tout contexte — c'est-à-dire, en l'occurrence,
hors d'un recueil composé par l'auteur —, on puisse aisément
faire la distinction. Le dernier éditeur des *Contes et nouvelles*, L. Forestier, exprime son embarras devant le problème
de « déterminer, parmi la masse des chroniques non recueillies [*i.e.* non publiées par Maupassant en volume], celles qui
s'apparentent au conte »[15] ; arrivé au bout de son entreprise
il signale d'ailleurs qu'il discute, à son tour, les choix
qu'avait faits avant lui G. Delaisement, lequel, avant lui,
avait discuté les propositions de E. D. Sullivan et F. Steeg-
muller. On doit évidemment admettre certains classements :
« Epaves » (*Le Gaulois*, 9 déc. 1881) est visiblement de la
même veine que « Par un soir de printemps », et mérite, à ce
titre, d'être inséré par A.-M. Schmidt puis par L. Forestier
dans une édition de *Contes et nouvelles*, tandis que « Etre-
tat » (*Le Gaulois*, 20 août 1880) a toutes les caractéristiques
d'une chronique. Mais où ranger exactement « Les attardés »
(*Gil Blas*, 16 septembre 1884), qui est visiblement une nouvelle version de « Epaves », et que L. Forestier ne mentionne
pas ? Le départ est de même difficile à opérer entre « Histoire corse » (*Gil Blas*, 1er décembre 1881), recueilli dans les
éditions A.-M. Schmidt et L. Forestier, « Bandits corses »
(*Le Gaulois*, 12 octobre 1880), et « Un bandit corse » (*Gil
Blas*, 25 mai 1882), recueilli dans le volume posthume
— 1889 — *Le Père Milon*, qui avait été préparé par Maupassant.

Comme le remarque B. von Wiese : plus on s'approche de
la « modernité », plus il devient difficile de se tenir à une
définition stricte de la nouvelle, qui confine aussi bien au
roman qu'à l'anecdote ou à la *Kurzgeschichte*[16] ; il aurait pu
ajouter la chronique, terme qui figure d'ailleurs parmi les

---

15. L. FORESTIER, *ibid.*, t. I, p. LXXXIII.
16. B. von WIESE, *Novelle*, Stuttgart, Metzler, 1971, p. 78 sqq.

sous-titres des romans naturalistes. Avec elle on touche peut-être à la limite de ce qui peut encore être considéré comme « littérature » : nulle forme n'est moins contraignante, la notion même de « structure » cesse d'avoir un sens : tout repose en définitive sur la capacité du lecteur à lire ce texte dans les conditions réelles de sa publication : entre l'anecdote à l'emporte-pièce et la méditation sur la destinée humaine, entre le pur factuel et le pur fictionnel, la forme courte de la nouvelle-chronique est un des « genres » les plus susceptibles d'accueillir l'art naturaliste.

Mais Maupassant reste encore un peu prisonnier d'un système littéraire et journalistique qui admet des glissements d'utilisation d'un genre, mais ne permet pas un réel renouvellement ou la recherche d'une forme véritablement nouvelle. Les pionniers, dans ce domaine, sont A. Holz et J. Schlaf qui, sous le pseudonyme commun de Bjarne P. Holmsen, se voient reconnaître par G. Hauptmann le titre de « réaliste le plus conséquent » à cause de leur recueil *Papa Hamlet*. On a pu voir, dans cet ensemble de trois nouvelles, « l'une des productions les plus fascinantes du mouvement naturaliste »[17]. De fait le lecteur est d'emblée dérouté par la présentation matérielle même du texte, où dominent une surabondance d'onomatopées, une multitude de signes typographiques (tirets, points de suspension et d'exclamation...) qui se combinent et parfois forment des lignes, voire des séries de lignes entières ; il y a là une sorte de rébus graphique, où les mots aussi sont déformés, distendus, à l'imitation du locuteur. Mais quel locuteur ? Il n'est pas toujours facile de l'identifier : on ne sait qui parle, au début de *Papa Hamlet* :

Quoi ? c'était là Niels Thienwiebel ? Niels Thienwiebel, le grand, l'incomparable Hamlet de Trondhjem ? Je mange de l'air, gavé d'espérances ? On ne peut mieux nourrir les chapons.
« Hé ! Horatio ! »
« Tout de suite, tout de suite, mon petit Niels ! Qu'est-ce qu'il y a ? Est-ce que j'apporte aussi les cartes ? »

---

17. L. FURTS et P. SKRINE, *Naturalism*, Londres, Methuen, 1971, p. 50.

Qui prononce (ou écrit, ou pense) les premières phrases ? L'absence de guillemets semble indiquer que ce n'est pas un personnage du récit, à la différence de celui qui interpelle Horatio. A la quatrième phrase on a reconnu une réplique de Hamlet (*Hamlet*, III, 2), adressée au roi — qui déclare n'y rien entendre. On a compris, bien entendu, qu'on a affaire à un acteur, qui a joué, autrefois, le rôle d'Hamlet, et qui, comme le montre la première réplique clairement marquée des signes du discours direct, continue à vivre plus ou moins sur ce rôle qu'il a illustré à Trondhjem (mot de consonance bien norvégienne !). Toute la nouvelle jouera de ces allusions au texte de Shakespeare, au milieu d'un discours et, de ce fait, à peine identifiable. Le lecteur assiste à des parties de cartes scandées par le jeu des partenaires, déchiffre des grognements de bébé ou le bruit de la neige qui fond et tombe sur la gouttière à intervalles irréguliers. Le lecteur est en présence d'un texte à déchiffrer, dans lequel aucune unité formelle n'est vraiment décelable : c'est une « tranche » du réel, enserrée entre deux moments du temps. Les éléments qui contribuent à cette composition se manifestent de façon disséminée, prêts pour une éventuelle construction qui les unira dans la conscience de celui qui les découvre au fil du texte.

Mais sommes-nous toujours en présence d'une nouvelle, ou même d'un texte en prose ? L'écriture même échappe aux lois qui régissent le discours et se modèle sur les modifications auxquelles le réel est sans cesse soumis. Le texte éclate, et on n'est pas loin des montages et collages qui se répandront dans les années 1920, voire des tentatives du genre de celles de R. Queneau dans *Cent mille poèmes*. Zola n'avait pas pu, ou pas voulu, aller aussi loin ; mais un de ses lecteurs, un de ses héritiers spirituel aussi, devait donner en 1908 la formule, ou le rêve, d'un art nouveau : en 1908, R. Martin du Gard fait exposer, par le héros de *Devenir !*, André Mazerelles, comment il voit la littérature de l'avenir :

« Je commencerais : une description ; le récit d'un fait ; une analyse de caractère ; un autre fait ; un dialogue ; un fragment de journal ; un monologue ; un bout de lettre ; d'autres faits ; d'autres

analyses ; d'autres dialogues... Des documents, enfin, comprends-
tu ? Fini, le récit délayé d'où émergent les morceaux qui font le
livre ! »[18].

Un tel livre existe : *Jean Barois*, du même Martin du
Gard, publié en 1913. L'auteur lui-même parle d'un compro-
mis qui serait en même temps une « invention féconde » :
« concilier les avantages de l'art romanesque [...] avec les privilèges de l'art dramatique [...], donner au lecteur une opti-
que de spectateur »[19]. Mais en travaillant à la rédaction d'une
œuvre d'une tout autre ampleur, *Les Thibault*, Martin du
Gard s'aperçoit que persévérer dans cette voie serait une
« déraisonnable aventure » — et il décide de reprendre « la
forme habituelle des romans classiques ».

L'expérience de R. Martin du Gard est instructive : elle
montre que l'héritage naturaliste comporte bien une contestation des genres qui va jusqu'à la confusion. L'écrivain refuse
au maximum d'introduire de la spécificité dans son œuvre.
Mais, du même coup, il quitte un terrain sûr, non seulement
celui de la tradition, mais peut-être aussi celui de la littérature. Car c'est la base d'une poétique qui refuse de spécialiser
la littérature : est-ce tenable ? les critiques ont-ils vraiment
tort d'accuser les naturalistes de se situer en dehors de la littérature ? Est-il réellement possible de vouloir n'utiliser que les
avantages d'un genre en éliminant toute les contraintes ?

La question est d'autant plus importante que certains
contemporains ont cru pouvoir déceler une confusion encore
plus grave : la tentation d'empiéter sur le domaine d'un autre
art. Brunetière s'en prend dès novembre 1879 à ce qu'il
nomme « l'impressionnisme dans le roman »[20]. Dans cet article, il s'en prend plus spécialement à Daudet, à cause de ses
Rois en exil ; il déplore d'abord le titre de « roman d'histoire

18. R. Martin du Gard, *Œuvres complètes*, Bibl. de la Pléiade, t. I,
p. 25.
19. *Ibid.*, p. LVIII.
20. Repris dans *Le Roman naturaliste*.

moderne », car roman et histoire sont des genres séparés, et
« cette confusion des genres répand sur l'œuvre tout entière
je ne sais quel vague et quelle incertitude, je ne sais quelle
gêne aussi dans l'esprit du lecteur ». Mais là n'est pas l'essentiel : Brunetière s'efforce de démontrer que Daudet transpose
systématiquement les moyens d'expression de la peinture dans
le domaine de l'écriture, ce qui est évidemment, à ses yeux,
une monstruosité. Non sans adresse, il montre que l'auteur
des *Rois en exil* fait d'abord voir des taches et des volumes,
s'efforce de saisir l'insaisissable en démêlant les impressions
élémentaires, compose des tableaux où, souvent, aucun verbe
ne marque une action, traduit sentiments et pensées dans le
registre de la sensation. Or, condamne Brunetière :

> « Les moyens d'expression propres et spéciaux à chaque forme
> de l'art sont déterminés par une convention générale en dehors de
> laquelle il n'existe plus d'art. [...] Il n'y a plus de littérature si ce
> sont les choses elles-mêmes, et non plus les idées des choses que la
> langue s'efforce d'évoquer. »

Brunetière parle en critique pour qui le jugement de
valeur est nécessairement au bout d'une argumentation fondée sur le respect de la tradition. Mais il faut reconnaître que
son étude met effectivement en évidence des éléments qui
témoignent que concurremment aux poètes qui veulent reprendre à la musique leur bien, il existe des écrivains qui ne sont
pas loin de vouloir emprunter à l'art pictural : à côté de la
fascination du théâtre il y a aussi celle de la peinture ; les
« salons » d'un Zola et d'un Huysmans en témoignent, et on
sait ce que les Goncourt doivent aux peintres qu'ils étudient.
Peut-on reprendre la voie frayée par Brunetière et envisager
un véritable échange de procédés entre peintre et écrivains ?
J. Dubois, qui étudie en Daudet, Loti, Vallès et les Goncourt
les « romanciers français de l'instantané », s'y refuse[21]. Peut-
être est-ce prématuré, effectivement, et faut-il attendre encore
un peu, autour de 1900 et du « style nouveau », pour assister

---

21. J. Dubois, *Romanciers français de l'instantané au XIXe siècle*,
Bruxelles, 1963. Voir surtout p. 158.

à une telle symbiose des arts ? Toujours est-il que le naturalisme témoigne d'une incontestable propension à rompre les
cadres contraignants, et que le premier mot de sa poétique
pourrait bien être la « non-spécificité » : indistinction, confusion ou désordre.

CHAPITRE V

L'analyse cruelle

« N'importe, quand on se porte si
bien, ce n'est plus intéressant. »

Le Dr Juillerat, *Pot-Bouille*.

Si le texte naturaliste essaie d'échapper aux mailles du
filet que constituent les genres, il ne peut éviter d'être
confronté à une des marques les plus nettes de la littéralité
d'un écrit : le titre, qui sert le plus souvent à désigner la fiction comme fiction : « Le roman ! qui en expliquera le miracle ? Le titre nous avertit que nous allons lire un mensonge,
et au bout de quelques pages, l'imprimé menteur nous abuse
comme si nous lisions un livre ' où cela serait arrivé ' » ; ces
réflexions d'E. de Goncourt, au chapitre XV de *La Fille
Elisa*, ne s'appliquent pas seulement à « l'inculte et candide
femme du peuple », elles concernent aussi le lecteur cultivé
qui accepte sciemment d'être « trompé ». D'autre part le titre
présente l'ouvrage, qu'il prétend toujours plus ou moins résumer, et constitue une invitation à la lecture, à l'achat de
l'ouvrage : « Titrer, c'est créer un intérêt, une attente, c'est
promettre au lecteur d'y satisfaire »[1]. Les écrivains naturalistes ont pris le problème au sérieux : très rares sont ceux
qui, à l'instar de J.-H. Mackay, se contentent d'un titre

1. C. GRIVEL, *Production de l'intérêt romanesque*, La Haye-Paris,
Mouton, 1973, p. 171.

passe-partout comme *Sujets modernes (Moderne Stoffe)*, que l'écrivain utilise pour la publication de deux nouvelles en 1888, ou qui, tels Maupassant et Svevo, se bornent à *Une vie/Una vita*. Zola hésite entre neuf titres différents pour *La Joie de vivre*, et n'envisage pas moins de 133 possibilités pour *La Bête humaine* ; Maupassant et son éditeur V. Havard ont des discussions serrées sur l'opportunité de donner tel ou tel titre à un recueil de nouvelles ; Ibsen se refuse à communiquer le moindre renseignement sur le titre de la pièce à laquelle il travaille, et ne le révèle qu'au tout dernier moment, même à son éditeur.

On ne saurait s'étonner de telles préoccupations : dans la mesure même où ils contestent une distribution en genres trop contraignante, les écrivains se privent d'une sécurité (auprès du public) qu'ils leur faut chercher ailleurs ; ils se heurtent alors à une nouvelle difficulté, celle qui vient de la pratique délibérément « accrocheuse » du titre dans la première moitié du XIXe siècle. Dans une analyse minutieuse C. Duchet a montré comment, par opposition à un « titre commercial » (qui le tente parfois !), Zola aboutit à constituer, avec *La Bête humaine*, un « titre à la fois classique et novateur », qui nomme et qui anime le texte[2]. Le titre est ainsi l'indice du découpage du réel qui est proposé, en même temps que le mode de lecture (ou de vision, si le texte est d'abord donné à voir).

Il serait intéressant de pouvoir se fonder sur un corpus étendu de titres d'œuvres naturalistes pour tirer des conclusions statistiquement valables sur la pratique de leurs auteurs. Faute d'études de base en ce domaine[3], il n'est encore possible ici que de présenter quelques suggestions. Il est d'abord

---

2. C. DUCHET, « La Fille abandonnée » et « La Bête humaine », éléments de titrologie romanesque, *Littérature*, 12 (déc. 1973), p. 49-73.
3. A noter toutefois l'essai rigoureux de R. SCHOBER, Zu einigen sprachlichen Problemen literarischer Übersetzung, dargelegt an Hand der Titel - Übersetzung von Zolas « Rougon-Macquart », *Beiträge zur Romanischen Philologie*, XV/1976, 1, p. 117-146. Comme le titre l'indique, la perspective est surtout linguistique.

assuré qu'on trouve un certain nombre de titres qui annoncent
une monographie : les Goncourt se sont presque fait une spé-
cialité de ces titres composés d'une simple fiche d'identité :
Renée Mauperin, Germinie Lacerteux, Manette Salomon, et
ils sont loin d'être les seuls : *Albertine* (Krogh), *Anna Karénine, Jack, Constance Ring* (P. A. Skram), etc. Ce procédé,
qui remonte à l'Antiquité, n'est pas non plus pour surprendre : c'est, au fond, un des procédés les plus neutres ;
sur la seule lecture d'un nom comme *Marthe* ou *Renée* on ne
peut savoir, par exemple, s'il s'agit d'un roman ou d'une
pièce de théâtre. Mais on ne manque pas de constater, parallèlement, une tendance nette à proposer des titres se référant
à une collectivité : *Les Rougon-Macquart, Les Tisserands,
Les Malavoglia, Les Maia, La Famille Selicke, Les Travailleurs (Arbeidsfolk*, A. Kielland), *Les Buddenbrook*, etc. : on
aperçoit immédiatement l'importance du groupe et du milieu
dans la perspective naturaliste ; l'écrivain est ainsi orienté
vers la présentation de types : *La Parisienne, L'Immortel,
Les Social-aristocrates* (Holz), *L'Evangéliste, Les Anarchistes*
(J. H. Mackay)... ; parfois le titre se développe, et le nom du
(des) personnage(s) nommé(s) s'accompagne d'un qualificatif : *La Faute de l'abbé Mouret, Maggie, fille des rues*, ou
s'évanouit derrière ce qualificatif, qui devient nettement
l'élément dominant : *Ames solitaires (Einsame Menschen*,
G. Hauptmann), *Ames fatiguées (Traette Maend*, A. Gar-
borg), *Générations sans espoir (Haablose Slaegter*, H. Bang),
Un ennemi du peuple ; le qualificatif devient parfois le seul
élément, et on aboutit à des titres du genre *Mal-éclos* (Céard),
Né en exil (Gissing), *Les Déclassés* (Gissing), *Les Dépravés,
Les Bafouées* (Kretzer), *Les Résignés* (Céard) ; un cas limite
peut être fourni par un titre métaphorique comme *Les Corbeaux*, ou reposant sur un oxymore : *Papa Hamlet*. Il semble
qu'on puisse déceler une tendance à qualifier le nom du héros
en l'intégrant à un ensemble : l'écrivain est constamment tenté
de glisser de la monographie à la série. Les Goncourt en savent
quelque chose, qui préfèrent transformer *Les Hommes de Lettres* (titre de l'édition originale, 1860) en *Charles Demailly*

(titre de la deuxième édition, 1868) ! entre-temps, ils avaient annoncé sous le titre « La Jeune Bourgeoisie » un roman qu'ils intitulent finalement *Mademoiselle Mauperin* (dans le feuilleton de *L'Opinion nationale*) puis *Renée Mauperin* : mais dans la préface qu'il écrit en 1875 pour une réédition E. de Goncourt regrette de n'avoir pas conservé l'intitulé initial.

A côté des titres focalisés sur les personnages on en trouve, mais en nombre nettement moindre, qui présentent le lieu de l'action : *La Cerisaie, Le Château de Ulloa* (de Pardo Bazán), *Mont-Oriol, La Nouvelle Carthage* (de G. Eekhoud) ; dans ce cas aussi un qualificatif permet parfois de préciser le sens général du propos : *La Conquête de Plassans, Terrains à vendre au bord de la mer*, tandis que d'autres exemples renvoient à une localisation symbolique : *Le Ventre de Paris, New Grub Street* (de G. Gissing, rendu excellemment par *La Nouvelle Bohème*). Peu nombreux aussi paraissent être les titres de contenu purement « thématique », comme ce *Brutalités* que donnent le Français F. Enne et l'Allemand H. Conradi au recueil de nouvelles qu'ils publient, le premier en 1885, le second en 1886 ; on peut citer *L'Argent* (de Zola, mais aussi de la romancière suédoise E. Ahlgrén, qui utilise le titre en 1885), *Dédales* (*Irrungen, Wirrungen*, de Fontane)...

Enfin, il faut faire une place à une dernière catégorie de titres, la moins importante quantitativement, sans doute, mais où s'expriment certainement le mieux les recherches d'écrivains qui tendent à définir, le plus brièvement, une situation, une atmosphère ; on atteint à la réussite avec *Germinal, Maison de poupée, La Bête humaine* ; à un degré moindre : *Happe-Chair, La Curée, Une belle journée, Avant l'aube*... Symbole ou ironie, voilà peut-être comment se manifeste en fin de compte le mieux la fiction que le naturalisme bâtit à partir de la vie : du personnage et de son entourage on passe à une vision du monde, d'une partie du monde, dont la brièveté du titre rend parfois parfaitement et la complexité et le point de vue qui l'inspire.

Car une liste de titres est déjà une thématique. S'agissant

du naturalisme, c'est apparemment retrouver un terrain sûr et probablement bien exploré : le naturalisme n'est-il pas aisément défini, aujourd'hui encore, par certains sujets ? Le titre de la pièce de Gorki *Les Bas-Fonds* (*Na dne*, « à fond »), représentée en 1902, semble tout désigné pour caractériser une grande partie d'une production littéraire que les contemporains avaient déjà été prompts à noter comme ordurière. Bien entendu, les créateurs s'étaient défendus, par principe ; « Le Réalisme [...] n'a pas [...] l'unique mission de décrire ce qui est bas, ce qui est répugnant, ce qui pue » proclame E. de Goncourt dans la « Préface » des *Frères Zemganno* (1879), approuvé par Zola : « la formule naturaliste [...] est indépendante des sujets choisis »[4] ; un peu plus tard, Maupassant traite « Les bas-fonds » en expliquant, à l'intention d'A. Wolff, que la « bas-fondmanie » qu'on peut effectivement découvrir n'est qu'une réaction, une protestation contre un idéalisme jusqu'alors triomphant (Chronique du *Gaulois*, 28 juillet 1882) ; — et par leurs œuvres, qui témoignent qu'ils ne visent à rien de moins qu'à étudier la totalité du monde. Une thématique du naturalisme, comprise comme la mise en ordre des sujets traités risquerait d'être impossible à dresser, sauf à répertorier la quasi-totalité des milieux traités, des « mondes » que Zola se propose d'approcher dans ses projets de 1868 ; sans doute il apparaîtrait des tendances à traiter de préférence certains milieux, et, inversement, quelques oublis. L'énumération comprendrait les rubriques attendues : quelques personnages récurrents (la prostituée, l'homme de sciences-médecin, le prêtre, l'artiste, l'homme politique, l'ouvrier, etc.), quelques milieux caractéristiques de la civilisation moderne (la grande ville, l'usine, le grand magasin...), quelques problèmes fondamentaux (l'éducation, la place de la femme dans la société, le rôle de l'argent, les lois de l'hérédité...).

Il ne faut pas mésestimer cette approche du naturalisme : le dénombrement même des sujets traités et la comparaison

---

4. *Le Roman expérimental*, éd. citée, p. 264.

avec la pratique des écrivains antérieurs ou de certains contemporains montrent à quel point le naturalisme est riche et novateur dans le domaine des sujets qu'il fait passer en littérature. L'exemple de Zola est là pour rappeler qu'il s'agit bien d'un projet délibéré : le cycle romanesque des *Rougon-Macquart* n'est pas une reconstitution après coup, c'est une idée qui doit montrer comment des individus issus d'une même origine « s'irradient dans toute la société contemporaine, [...] montent à toutes les situations » (« Préface » de *La Fortune des Rougon*). Plus encore que leurs prédécesseurs immédiats, les écrivains naturalistes veulent d'abord une littérature du monde *moderne*.

Toutefois, une fois admise cette communauté d'inspiration, on ne saurait oublier que le terrain de la thématique littéraire conduit tout droit à l'étude de l'univers propre à chaque écrivain, qu'on ait recours ou non à des études de type psychocritique. Même sans recourir à des méthodes très sophistiquées, il est aisé de relever, chez un Huysmans, par exemple, l'importance des scènes d'alimentation (Reboux et Muller ne s'y sont pas trompés dans leur « à la manière de » consacré à l'écrivain !), ou, chez un Maupassant, le thème récurrent de la bâtardise. Il ne manque d'ailleurs pas de monographies sur les « grands » écrivains mentionnés dans le présent ouvrage, qui explorent l'intégralité de l'œuvre de chacun pour y découvrir les constantes, et il est hors de propos d'en juxtaposer ici les résultats, encore moins d'en tirer une synthèse ! Faut-il alors se rabattre sur les médiocres et les épigones, les H. Alis, P. Alexis, O. Welten, E. Ziegler, K. Bleibtreu, dont les noms ne sont plus guère connus que par les historiens des littératures française et allemande ? Il est vraisemblable que l'étude d'écrivains secondaires peut d'ailleurs apporter des résultats significatifs, en tout cas d'un incontestable intérêt documentaire, sur les thèmes majeurs qui préoccupent les écrivains qui se veulent naturalistes.

En fait on doit se demander si, dans ce domaine comme dans d'autres, le naturalisme ne tente pas d'opérer un déplacement qui oblige le chercheur à quitter, à son tour, un ter-

rain qu'il croyait bien balisé. Le naturalisme refuse en effet
une échelle des valeurs littéraires fondée sur la richesse du
monde intérieur de l'écrivain et son aptitude à l'exploiter par
l'écriture. *Le Roman expérimental* présente un portrait en
action du romancier : il est tout entier extraverti, orienté vers
le monde extérieur : « il se mettra en campagne, il fera causer
[...] ; il ira [...], il visitera [...] » ; cela même qu'il tirera de
lui, les choses « qui ont mûri en lui », ce sera des *documents*,
rassemblés en notes sur le monde qu'il veut raconter[5]. Telle
est bien la méthode suivie par la plupart des écrivains naturalistes. N'est-ce pas ainsi qu'on peut comprendre la décision
d'un Tchékhov de se rendre à l'île de Sakhaline, ce qui surprend et inquiète ses amis ? Certes, peu avant son départ, il
écrit à un ami : « Je pars tout en étant certain que mon
voyage n'apportera de contribution sérieuse ni à la littérature
ni à la science : je n'ai pour cela ni assez de connaissances, ni
assez de temps, ni assez d'ambitions »[6], et il parle de payer
ainsi son tribut à la médecine. Mais l'important est bien cette
démarche qui pousse Tchékhov à se déplacer, à voir et à
apprendre beaucoup, pour, ensuite, écrire un livre bourré de
faits observés et contrôlés, *L'Ile de Sakhaline* (1895), qui n'a
rien d'un texte « littéraire », mais qu'on écarte un peu trop
facilement de l'œuvre d'un écrivain qui a pu déclarer à son
sujet : « Je suis content que dans ma garde-robe d'écrivain
ait sa place aussi ce dur vêtement de condamné »[7].

Le grand thème, l'unique thème de l'écrivain naturaliste
est donc le monde. Mais l'écrivain doit se poser sans cesse la
question que Tchékhov, juste après avoir quitté Sakhaline, a
en tête : « J'y ai tout vu. Donc la question est maintenant de
savoir non ce que j'ai vu, mais comment je l'ai vu »[8]. Une
première réponse est que le monde est perçu d'abord comme

5. *Ibid.*, p. 214-215.
6. Cité par S. LAFFITTE, *Tchékhov*, Le Seuil, 1977, p. 68.
7. *Ibid.*, p. 74 (lettre de 1894).
8. *Ibid.*, p. 72 (lettre du 11 sept. 1890).

un *organisme en mouvement*, tantôt sur le modèle biologique, tantôt sur un modèle mécanique. Dans ces conditions,
l'œuvre naturaliste est le plus souvent conçue comme l'exploration d'un système, la mise en évidence de ses rouages, de
ses règles de fonctionnement — ou, sans doute parce que *littérairement* plus intéressants, des cas de *dysfonctionnement* :
que se passe-t-il quand le mécanisme se détraque ou se blo-
que ? quelles sont les causes qui produisent ces écarts, ou,
plus simplement, quels sont les facteurs qui permettent le
mieux d'attirer l'attention sur eux ? F. Gaillard a très heureu-
sement caractérisé *En rade* en tant que roman naturaliste
comme « le roman des énergies bloquées »[9] : « il ne faut pas
que ça marche », entendant par là que l'écrivain est constamment tenté d'« enrayer la machine ». On est évidemment
tenté de traduire dans une catégorie psychologique : l'échec
des héros. Le naturalisme, ou l'obsession de l'échec.

Sans doute on peut remplir une vaste galerie de héros
naturalistes qui paraissent marqués par l'échec, d'une façon
ou d'une autre : Nora, Mlle Julie, Johannes Vockerat *(Ames
solitaires)*, McTeague, Carlos da Maia qui, à la fin du roman
d'E. de Queirós, acquiesce à la constatation finale de son
ami Joao da Ega : « Nous avons manqué notre vie, mon
vieux ! », non sans faire remarquer toutefois : « Mais tout le
monde la manque plus ou moins » ; on connaît l'orientation
générale de romans comme *Une vie* ou *Une belle journée*, des
dernières pièces de Tchékhov : tout un monde de vaincus se
presse, avec un bilan globalement négatif. Mais là n'est sans
doute pas l'essentiel ; il importe peut-être davantage d'observer que le tissu même du texte naturaliste se met en place à
partir d'une véritable pathologie sociale. Cette pathologie se
manifeste avec éclat dans un roman comme *Nana* : Zola s'y
essaie visiblement à une étude du genre de celle qu'il admire
dans *La Cousine Bette*, mais sans reproduire un autre baron
Hulot ; il montre, à l'aide de son héroïne, comment toute la
société du Second Empire peut être traitée comme un théâtre,

9. Dans le volume *Le Naturalisme*, 10/18, 1978, p. 263-286.

c'est-à-dire comme un bordel, suivant le mot, trois fois proféré dans le premier chapitre par le directeur du théâtre des Variétés. *Les Soutiens de la société, Un ennemi du peuple*, d'Ibsen, *Les Tisserands*, de G. Hauptmann, montrent dans d'autres domaines comment un mécanisme peut se dérégler, être perverti, faussé, éventuellement bloqué. *La Cerisaie* rassemble des personnages pleins de bonne volonté, mais dont aucun (à l'exception de Lopakhine !) n'a le courage de se plonger dans les réalités de la vie, de peser sur les mécanismes de la société : de là cette impression d'assister à la dissolution d'un monde, au grippage d'une machine, usée ou bien peut-être conçue pour d'autres rêves. Car, pour montrer que la machine fonctionne mal, l'écrivain s'intéresse avec prédilection aux cas limites incarnés volontiers par les personnages qu'on nommerait aujourd'hui « marginaux ». Deux d'entre eux ont polarisé l'attention, et ce n'est pas une surprise : le criminel et la prostituée. Il faut voir dans ce choix autre chose, de la part des auteurs, qu'une prédilection malsaine pour ce qui est bas (car on retrouve ici la critique des « bas-fonds » !). Le naturalisme est en effet partie prenante dans la recherche à laquelle s'évertue la fin du XIXe siècle : la distinction entre le normal et le pathologique. La mise en évidence du pathologique suppose bien évidemment qu'on sache le définir : or ce n'est pas toujours aussi facile qu'on le croyait. Quand et comment devient-on criminel, ou prostituée ? Ces personnages ne servent pas seulement de révélateurs, ils deviennent le lieu d'une enquête sérieuse, qui rompt nettement avec les traditions romantiques du brigand d'honneur et de la courtisane au grand cœur, du criminel aux instincts pervers et de la fille polissonne et perverse : ni Hernani ni Marguerite Gautier, ni Andréa de Kergaz ni Baccarat. Marthe, Elisa, Nana, Albertine (héroïne de C. Krogh) sont autant de cas dont l'étude veut montrer comment la prostituée est comme le maillon fragile d'une société, dans la mesure même où elle subit une grande partie des forces de désagrégation qui tiraillent cette société. Il est d'ailleurs exceptionnel que l'auteur ne traite que le thème de la prostituée (dont le meilleur exemple serait sans doute le court roman de Huysmans, sous-titré « Histoire d'une fille ») : le roman de Goncourt est tout autant centré sur le milieu carcéral et *Nana* est bien aussi un « roman sur le théâtre ». C'est qu'effectivement la marginalité n'est pas un phénomène simple : ni l'hérédité, ni un vague goût du vice ne suffisent à en rendre compte. H. Becque a beau dire qu'il n'a « jamais eu beaucoup de goût pour les assassins, les hystériques, les alcooliques, pour les martyrs de l'hérédité et les victimes de l'évolution », pour ceux qu'il appelle, d'un mot, « les scélérats scientifiques », et qu'il aime, au contraire, « les innocents, les dépourvus, les accablés, ceux qui se débattent contre la force et toutes les tyrannies »[10], il n'empêche que le spectateur a bien du mal à s'intéresser aux membres de la famille Vigneron, en principe victimes mais qui deviennent les véritables « marginaux », et que ce sont les corbeaux qui, par leur comportement de scélérats méthodiques, mènent l'action et, surtout, font éclater au grand jour les faiblesses et les lacunes d'une légalité qu'Ibsen dénonçait peu auparavant en faisant de Nora une criminelle *selon la loi*.

Laisser la marginalité, sous toutes ses formes, s'installer au cœur d'une œuvre n'est pas sans conséquence au plan littéraire, et certaines œuvres, même parmi les plus réussies ou les plus célèbres, ne sont pas sans présenter des écarts par rapport à une règle aussi classique que celle de l'unité d'action. *La Bête humaine* est, primitivement (dans l'esquisse de 1868), le roman du *meurtrier*, puis évolue vers une œuvre « qui aura pour cadre le monde judiciaire » ; mais le roman définitif intègre aussi le projet que Zola dévoile en 1878 à De Amicis : une histoire « qui se déroulera sur un réseau de chemin de fer ». Le résultat auquel est parvenu Zola est effectivement la combinaison d'une étude de criminalité et d'une enquête sur un milieu de travail bien défini. Mais s'agit-il

---

10. Reproduit en appendice à l'édition des *Corbeaux*, Ed. du Delta, 1970 (sans pagination).

d'une rencontre due à une pure coïncidence, ou au fait que
Zola, qui avait déjà seize *Rougon-Macquart* derrière lui et ne
voulait (ou ne pouvait) n'en écrire encore que quatre, était
comme contraint soit d'éliminer un des deux projets soit de
les fondre ? Il semble qu'on ait trop peu prêté attention non
seulement à l'imbrication d'une étude de milieu et d'une
étude psychologique, mais aussi et surtout à une intéressante
tentative pour présenter une société qui entretient avec le
pathologique (ici le crime) des rapports étroits et significatifs.
Il est des passages de *La Bête humaine* qui sont devenus des
morceaux d'anthologie : la *Lison* bloquée par la neige
(chap. VII), l'accident du passage à niveau et l'agonie de
cette même *Lison* (chap. X), les derniers paragraphes du
roman ; la valeur de ces pages n'est pas seulement liée à la
qualité de leur style, à la dimension « épique » ou « fantas-
tique » qu'on se plaît à y découvrir : elles fonctionnent avec
tout comme métaphore générale de l'ensemble du roman. Le
drame de Jacques Lantier est bien celui dont Zola croit pouvoir renvoyer l'origine « au fond des cavernes », aux temps
préhistoriques, celui aussi, qui remonte à la fêlure qui affecte
la famille Macquart (chap. II) mais qui sert aussi à caractériser, dans *Nana*, la comtesse Sabine (chap. III : « Certainement, il y avait là un commencement de fêlure ») : il est tout
le drame de l'individu pris dans un réseau, qui doit passer par
une route obligée et déterminée à l'avance dans le cadre spatio-
temporel de la feuille de marche des trains — sauf déraille-
ment, panne, ou choc. On a pu s'étonner, à juste titre du strict
point de vue de la vraisemblance, qu'une petite gare renfermât
tant de criminels ; on aurait pu s'étonner, aussi, que le monde
de *Nana* ne comprît que des tarés ! En fait le théâtre-bordel et
le chemin de fer-chemin du crime sont deux métaphores de la
société qu'étudie Zola, dans laquelle les héros sont le signe et la
manifestation du possible dérèglement et de la catastrophe :
dans *La Bête humaine* comme dans *Nana* la clôture, non tex-
tuelle, du roman est Sedan et la chute des Bonaparte dont Zola
avait besoin en tant qu'écrivain et dont il rappelle le poids dans
l'Histoire que vit et non seulement lit son lecteur.

Les thèmes individualisés qu'on peut ainsi identifier dans l'œuvre de Zola, et qui sont parmi les plus fréquents, ou les plus visibles, dans un corpus naturaliste, doivent donc être compris toujours en référence avec l'orientation fondamentale d'analyse de la société. Le monstre, le scélérat n'est pas tant tel ou tel personnage précis, même s'il s'en trouve qu'on puisse définir par ce terme, que la société où l'auteur le fait évoluer ; en faisant revenir Johann Tönnesen et Lora Hessel, Ibsen veut certes montrer l'hypocrisie du consul Bernick mais il entend encore bien plus mettre en lumière le remède au dysfonctionnement social qui dresse les uns contre les autres ; la dernière réplique de L. Hessel le proclame, juste avant le baisser du rideau : « L'esprit de vérité, l'esprit de liberté, voilà les vrais soutiens de la société ! » Le grand thème naturaliste devient donc celui d'une interrogation sur le degré d'intégration de l'individu dans la société : comment celle-ci fonctionne-t-elle ? dans quelle mesure façonne-t-elle les individus qui y vivent ? comment leur permet-elle de vivre ? comment les accepte-t-elle, les rejette-t-elle, les transforme-t-elle ? quelles sont les normes d'une vie sociale ? autant de questions qui sont constamment sous-jacentes à la littérature naturaliste. Les problèmes peuvent être traités à l'échelle d'une micro- ou d'une macro-société, de l'individu isolé ou d'un groupe solidement uni par des liens professionnels ou autres : de *Maison de poupée* à *La Cerisaie* en passant par *Les Tisserands*, la question est posée : que se passe-t-il quand se produit la prise de conscience d'une injustice (en termes moraux), d'un dysfonctionnement (en termes sociologiques) ? La réponse est, bien souvent, en termes littéraires, une catastrophe : rupture, dégradation, solitude, départ, mort, suicide... Mais cette catastrophe peut n'être que péripétie ; la vie continue — mais pas comme avant. L'élimination de Nora, du vieil Hilse, de Lioubov Andreevna, celle du Dr Pascal à la fin du vingtième et dernier *Rougon-Macquart* provoquent à l'interrogation : non pas sur le sens de l'événement, mais sur sa *fonction* dans un ensemble. Et la question devient alors de savoir si le spectateur et le lecteur se sentent eux-mêmes un élément de cet ensemble.

C'est pourquoi il faut bien en venir à un problème que la critique n'a cessé d'évoquer dès qu'elle traite des thèmes du naturalisme : celui du pessimisme, qui laisse auteurs et public dégoûtés de tout et incapables d'agir. Quels que soient les thèmes retenus, le mode de traitement déboucherait toujours sur la « profonde tristesse de tout cela ». Le naturalisme serait la version littéraire du schopenhauérisme, en faveur à la fin du XIXe siècle. Les naturalistes français, tout particulièrement, sont souvent crédités d'un certain goût pour Schopenhauer, et il est vrai que H. Céard, toujours à l'affût de quelque nouveauté, est un des premiers à s'intéresser aux *Pensées, maximes et fragments* qui sont traduits par J. Bourdeau en 1880 : ayant lu le volume il signale à Zola que « le système littéraire actuel a des points communs avec la doctrine de ce philosophe » (lettre du 13 janvier 1880). En fait, on le voit, il s'agit plutôt d'une rencontre : « Le pessimisme schopenhauerien cristallisa bien des thèmes déjà familiers aux naturalistes français »[11], et il apparaît en fin de compte bien difficile de faire le départ entre ce qui est propre aux naturalistes et ce qui vient d'une œuvre philosophique connue de façon superficielle et réduite à quelques aphorismes qui déforment plus qu'ils ne résument la pensée du philosophe de Francfort. Il est plus important d'essayer de préciser le contenu, ou plutôt la démarche, de ce prétendu pessimisme : n'est-il pas, plutôt qu'une tendance à croire que tout va mal, une vaste entreprise systématique de remise en cause des certitudes ? Schopenhauer le contempteur, le démolisseur de croyances peut alors être invoqué par ceux qui, comme Jean Barois, affirment que « l'intelligence est négative » et que la science apprend aux hommes « à savoir ignorer ». Plus que de pessimisme, c'est de cruauté qu'il faut parler — et c'est peut-être par là que se réintroduit un certain tragique.

E. de Goncourt évoque, dans la « préface » des *Frères Zemganno* (1897), « l'analyse cruelle » que Zola et lui-même

---

11. R.-P. COLIN, *Schopenhauer en France. Un mythe naturaliste*, Presses Universitaires de Lyon, 1979, p. 149.

ont apportée dans la peinture de certains milieux. Zola acquiesce et systématise : « Notre analyse reste toujours cruelle, parce que notre analyse va jusqu'au fond du cadavre humain », et il assure que le choix du milieu à peindre n'est pas le problème majeur de l'écrivain. Il faut reconnaître aux naturalistes la logique de leurs positions : tout sujet peut et doit être traité *cruellement*, parce que la matière que traite l'écrivain naturaliste est elle-même, pour qui sait regarder, un « spectacle brutal, cynique, cruel *[hjärtlös]* »[12]. La cruauté du naturalisme ne réside pas, en définitive, dans le traitement pessimiste de tel ou tel thème, même si certains écrivains, par goût ou par tendance personnelle (Maupassant, par exemple), paraissent tentés par un désespoir fondamental : elle est dans la mise en évidence des forces qui animent la société et qui ne sont jamais « neutres », et surtout pas du point de vue moral. Mais cette cruauté est bien d'ordre méthodologique, et non thématique. Bien loin d'entendre la littérature comme un exercice dont un Lautréamont peut dire, en 1868 : « Moi, je fais servir mon génie à peindre les délices de la cruauté ! », le naturalisme trouve sa joie et sa récompense à dominer (ou à apprendre à dominer) la vie en en révélant les composantes ; à I. Ducasse répond A. Strindberg en 1888 : « je trouve la joie de vivre dans les luttes fortes et cruelles *[grymma strider]* de la vie, et ma jouissance est de savoir quelque chose, d'apprendre quelque chose »[13]. Le projet didactique du naturalisme ne va pas sans quelque cruauté ni sans quelque plaisir : la connaissance et la douleur sont liées : « Et ayant plus d'idées, ils eurent plus de souffrances. » La quête de Bouvard et de Pécuchet est un peu celle de tout écrivain, et, sans doute encore davantage, de tout lecteur ou auditeur d'une œuvre naturaliste : elle peut sombrer dans le dérisoire ou le pathétique, elle renouvelle l'exil de ceux qui goûtent à l'arbre de la connaissance, elle développe aussi parfois une « faculté pitoyable [...] : celle de voir la bêtise et de ne plus la tolérer ».

---

12. Strindberg, Préface de *Mademoiselle Julie*, L'Arche, 1957, p. 8.
13. *Ibid.*, p. 9 (traduction rectifiée).

CHAPITRE VI

Logique du texte

« On pense que toutes ces touches de peintures n'ont aucun rapport entre elles. Mais dès qu'on s'écarte et qu'on regarde de loin, l'impression est extraordinaire. »

L. TOLSTOÏ, à propos d'A. Tchékhov.

Le texte naturaliste se définit volontiers comme un « lambeau », une « tranche », une « page » de vie humaine. Cette perspective entraîne un certain nombre de refus : de l'étrange, de la fantaisie, de l'artificiel, à la limite de l'art lui-même : « Je n'aime point ce mot d'art qui entraîne avec lui je ne sais quelle idée d'arrangement, de convention », laisse échapper Zola en 1872, en ajoutant : « Je ne connais que la vie. » On doit alors se demander si la notion même de structure, entendue au sens de mode de distribution des éléments textuels, n'est pas contradictoire avec le dessein du naturalisme. Les effets d'une poétique de la confusion se font toujours sentir.

Le « sens du réel », qualité primordiale que Zola exige de l'écrivain naturaliste, implique à première vue que cet écrivain se soumette aux multiples manifestations du réel, et tout d'abord au désordre apparent dans lequel les phénomènes apparaissent : l'enchaînement des causes et des effets est le plus souvent masqué par la simultanéité des faits qui se produisent. Le texte naturaliste, en conséquence, se définit d'emblée comme un épisode, non pas en tant qu'action particulière liée à l'action principale de l'œuvre, mais en tant que coupe, opérée à un moment donné, dans un ensemble d'événements ; ou comme un *ensemble d'épisodes*, reliés entre eux d'une façon plus ou moins arbitraire : la critique n'a cessé de s'interroger sur la structure des *Tisserands*, pièce composée de cinq actes dont la distribution n'a rien à voir avec celle d'une tragédie classique ou d'un drame romantique, et qui semblent être avant tout cinq tableaux, classés chronologiquement, dont certains pourraient être supprimés sans que l'intrigue en souffrît (le deuxième acte, par exemple), qui s'accommoderaient même fort bien d'un sixième acte (ne serait-ce que pour donner un sens à la succession d'épisodes !). Dans le domaine romanesque un A. Thibaudet, provoqué par des réflexions de P. Bourget sur la nécessité de la composition dans une œuvre littéraire, remarque que, parmi les exemples de romans bien composés que cite l'auteur des *Nouvelles Pages de Critique et de Doctrine*, trois sont fort peu recevables : il s'agit de *Madame Bovary*, de *Germinal* et du *Nabab*, romans « formés d'épisodes, tous intéressants, mais tels qu'on pourrait en supprimer plusieurs ou en ajouter plusieurs sans que l'ouvrage perdit sa signification »[1]. Thibaudet choisit précisément trois romans qui s'inscrivent dans l'étude entreprise ici. Un texte naturaliste, dramatique ou romanesque, se manifeste comme une vaste chaîne à laquelle l'auteur ajoute, à son gré, des maillons.

On peut alors être tenté de définir le texte d'abord par ses éventuelles macrostructures. L'écrivain naturaliste tend à échaffauder un ensemble d'œuvres toujours susceptibles d'accueillir un élément supplémentaire : mieux que de cycle — terme qui implique une totalité fermée — il conviendrait de parler de série, de série ouverte et discontinue (il est toujours possible d'ajouter une œuvre, comme d'en intercaler une entre deux qui existent déjà). L'ensemble des *Rougon-Macquart* se dresse évidemment comme le type le plus repré-

---

1. A. Thibaudet, *Réflexions sur le roman*, Gallimard, 1938, p. 183-184.

sentatif d'une série menée à bien et réussie : ce n'est pas un regroupement après coup ni un simple réemploi de personnages, mais le résultat d'un plan cohérent. Ici encore Zola se révèle le parangon du naturalisme, mais il est loin d'être le seul à envisager la série comme structure littéraire fondamentale. En Allemagne, M. G. Conrad se propose de décrire la vie de Munich en dix volumes (trois seulement paraissent), A. Holz projette une série « Berlin. La fin d'une époque » sous la forme de drames (seule la pièce *Social-aristocrates*, 1896, voit le jour) ; la Norvégienne Amalie Skram commence, en 1887, le cycle des *Gens des marais de Helle* qu'elle achève en 1898 avec le quatrième roman *Afkom (Descendance)*. L'espace littéraire naturaliste est, en principe, illimité. On peut même avoir le cas où un écrivain tente de combler les vides laissés par un confrère : Carlo Righetti publie, dès 1880, une *Nanà a Milano* où l'héroïne de Zola connaît un autre épisode que ceux racontés par son créateur. A l'échelon d'un roman il est d'ailleurs possible aussi de parler de série : si *Bouvard et Pécuchet* s'écarte par bien des aspects du roman naturaliste, et, sans doute, en tout premier lieu par l'aspect parodique et ironique que Flaubert donne à son œuvre, c'est aussi, par sa composition, l'exemple d'une tentative pour faire parcourir aux héros la totalité de l'humanité vue sous un certain angle.

L'écrivain naturaliste a un nombre quasi infini de choses à dire : il est douteux qu'il puisse « tout » dire. Zola conseille de ne retenir, du réel, que le banal, le simple : « plus l'histoire sera banale et générale, plus elle deviendra typique » ; Maupassant répond à A. Wolff qu'il s'agit de « faire, pour ainsi dire, une moyenne des événements humains » : « nous devons toujours prendre les moyennes et les généralités ». C'est dire que non seulement on ne veut pas d'« arrangement scénique », de « combinaison imaginaire », mais encore que le choix de l'écrivain doit se porter vers ce qui est le moins frappant, ce qui existe mais n'est pas toujours reconnu, du moins par une littérature trop encline à privilégier le surprenant : R. Jakobson fait remarquer que la caractérisation par

des « traits inessentiels » est un des procédés qui aident à
définir le plus souvent les écrivains réalistes du XIXe siècle[2].
L'inessentiel est en effet une catégorie qui pourrait servir à
caractériser le naturalisme : l'écrivain propose, ou impose, à
son lecteur ou à son spectateur, des faits qui ne paraissent
avoir aucune signification, aucune importance. Le procédé
poussé à l'extrême aboutit à *Une belle journée* où Céard se
propose le tour de force d'intéresser le lecteur aux silences,
aux soupirs, à la pluie qui sont autant d'éléments constitutifs
d'un monde où « rien n'arrive », où « on ne sait plus que
faire », où « on n'a pas de préférence ».

Mais le naturalisme risque de se heurter ici à une im-
passe : écrire l'inessentiel, lui donner sa place dans un
ouvrage « littéraire », n'est-ce pas, en même temps, le valoriser et, par conséquent, le transformer en « essentiel » ? Le
passage à l'écriture n'implique-t-il pas toujours une rupture,
due à l'intervention de l'écrivain ? Les écrivains naturalistes
ont bien vu le problème. Accusés, d'un côté, de ne vouloir
produire que des daguerréotypes sans signification, conscients, de l'autre, qu'ils devaient choisir et justifier leur
choix, ils insistent sur la distribution des éléments du réel
dans leurs œuvres, se posant par là même le problème des
structures de ces œuvres. *Le Roman expérimental* emploie à
plusieurs reprises, dans ce contexte, le mot « logique » : « les
faits ne sont là que comme les développements logiques des
personnages », « il arrive que les faits se classent logiquement, celui-ci avant celui-là », « le romancier n'aura qu'à
distribuer logiquement les faits », « on finira par donner [...]
les notes prises sur la vie et logiquement classées »[3]. Mais de
quel type de logique s'agit-il ? Trois éléments fondamentaux
au moins la constituent : *a)* tout peut être expliqué ; *b)* tout
peut être déduit ; *c)* tout a un sens dans son contexte.

2. R. JAKOBSON, « Du réalisme artistique » (1921). Voir plus haut,
chap. I, p. 18.
3. *Le Roman expérimental*, éd. citée, p. 214, 215, 243. Cf. aussi p. 127,
256, 268.

L'important est de fournir au lecteur ou au spectateur un ou plusieurs fils qui lui permettront de s'orienter et de comprendre ; tout phénomène est déterminé, le rôle de l'écrivain est de mettre en évidence les causes qui le produisent. Il est bien évident que cette déduction des causes ne s'opère pas à l'intérieur d'une conception psychologisante de la nature humaine : si Zola prétend « recommencer *Phèdre* », ce n'est pas pour le faire avec le même système explicatif que Racine, qui a sa logique propre. Au contraire : la logique de l'explication naturaliste consiste à fournir le maximum de faits, afin de fournir le maximum de motifs possibles. Ici encore le naturalisme se retrouve confronté à des perspectives vertigineuses, à mesure qu'il constate que la vie est loin d'être simple. Strindberg énumère avec complaisance, dans la « Préface » de *Mademoiselle Julie*, les nombreux éléments qui peuvent expliquer le suicide de l'héroïne, incluant même, en dernier lieu, le hasard qui contraint Julie et Jean à se réfugier dans la chambre de celui-ci. On a pu parler d'une « crise de la causalité » chez Tchékhov et évoquer, dans son théâtre, les « contradictions, brusques changements d'humeur, actes non motivés, silences, double registre »[4] : bien loin de voir dans cette apparente « indétermination des comportements », une réaction contre la motivation à la mode naturaliste, on peut au contraire y déceler le nécessaire approfondissement d'une méthode qui vise à ouvrir au maximum le réseau des causalités.

Les perspectives littéraires que R. Martin du Gard prête à André Mazerelles[5] rencontrent le scepticisme de son interlocuteur, Bernard Grosdidier, qui s'inquiète de l'unité du livre à venir : la réponse — « L'unité ? Hum... L'unité, elle ne sera pas dans la forme, mon vieux, elle sera dans le fond [...] L'unité ? elle m'est garantie, si je fais la vie ressemblante ; car elle y est, je pense, dans la vie ? »[6] — renvoie elle-même à

4. M. Cadot, Tchékhov et le naturalisme, *Silex*, 16 (1980), p. 121.
5. Voir plus haut, chap. IV, p. 90-91.
6. R. Martin du Gard, *Œuvres complètes*, t. I, p. 25.

une autre question, que Zola croyait sans doute avoir résolue quand il parlait du déterminisme des écrivains naturalistes. Or ce postulat de l'unité de la vie est bien au centre de difficultés auxquelles se heurte le naturalisme et dans lequel il se débat peut-être plus que ne voudraient le laisser paraître ses théoriciens, Zola en tête. Il est en effet curieux de relever quelles critiques l'auteur du *Roman expérimental* adresse à l'auteur d'*A rebours* dans une lettre privée du 20 mai 1884 et dans une conversation tenue à Médan, dont Huysmans rapporte l'essentiel dans la « préface » (1903) de son roman. Dans sa lettre, Zola reproche à *A rebours* sa « confusion », son absence de progression, l'incertitude où le lecteur est des relations de cause à effet entre la névrose de Des Esseintes et sa vie exceptionnelle, et, en définitive, le manque de « logique, toute folle qu'elle pouvait être » : c'est reprocher à l'auteur de n'être pas assez intervenu pour structurer l'œuvre (Zola, il est vrai, reconnaît qu'il réagit peut-être impulsivement : « peut-être est-ce mon tempérament de constructeur qui regimbe ») : « Il me déplaît [...] que vous nous montriez [...] un peu la lanterne magique, au hasard des verres. » Devant une telle réaction on peut se demander si Zola n'a pas peur d'une certaine modernité, celle qui pousse la méthode analytique jusqu'à ses conséquences extrêmes en décomposant le réel au gré des mouvements d'un prisme. Et il est symptomatique que dans la conversation que rapporte Huysmans Zola lui ait dit qu'il « portai[t] un coup terrible au naturalisme, qu'[il] faisai[t] dévier l'école, qu'[il] brûlai[t] d'ailleurs [ses] vaisseaux avec un pareil roman, car aucun genre de littérature n'était possible dans ce genre épuisé en un seul tome » : Huysmans n'aurait-il pas réussi le livre naturaliste parfait, celui qui rend inutiles, ou impossibles, tous les autres ?

L'organisation des matériaux pose donc peut-être plus de problèmes à l'écrivain naturaliste qu'il ne veut bien le reconnaître : il doit résoudre notamment des questions d'ordre formel sans faire apparaître trop la « lanterne magique ». Une

des premières difficultés rencontrées est certainement celle de
l'expression du temps, plus particulièrement du passé. En
effet la notion d'épisode, de « page de vie humaine » implique un respect strict du déroulement chronologique ; mais
d'autre part la volonté d'expliquer exige que soient communi-
qués au lecteur des éléments antérieurs au début du texte. Le
problème est d'autant plus important que le refus du mythe
va de pair avec l'absence de tout passé mythique commun à
l'écrivain et à son public : évoquer « la fille de Minos et de
Pasiphaé » fait surgir, d'un coup, tout un passé ; il n'en est
pas de même quand Renée Béraud Du Châtel, devenue la
belle Mme Saccard, fait irruption dans la vie naturelle et
sociale des Rougon-Macquart. Le romancier naturaliste a évidemment toute une gamme de procédés à sa disposition pour
résoudre cette question, à commencer, bien entendu, par le
plus ancien de tous, le type « récit chez Alkinoos » : un personnage parle de lui-même ou d'un autre ; après un début *in
medias res*, le récit rétrospectif explique comment on est
arrivé là : c'est le deuxième chapitre de *La Curée*, les chapitres 2 et 3 de *Germinie Lacerteux*, le milieu du premier chapitre de *The Red Badge of Courage*, etc. ; plus rarement le lecteur a affaire à une trame presque entièrement linéaire : *Sis-
ter Carry*, de T. Dreiser, ou *Les Maia* d'E. de Queirós. De
toute façon, le romancier dispose de nombreuses autres possibilités, comme les dialogues entre personnages échangeant des
informations, ou comme l'évocation, à partir d'un objet, de
tout le passé qui peut s'y attacher : « Et ce petit objet avait
suffi, toute l'histoire de son mariage se déroulait » (chapitre I
de *La Bête humaine*). Le romancier, maître du temps, peut à
son gré informer le lecteur sur les étapes antérieures d'un fait
constitutif du roman.

Tout autre est la situation du dramaturge, qui est loin de
disposer de la même liberté. On a vu les critiques que Spielhagen, dès 1880, formule à propos de *Maison de poupée*, et
que P. Szondi systématise en 1956[7] ; or il semble que les dra-

---

7. Voir plus haut, chap. IV, p. 81-82.

maturges naturalistes n'aient pas cherché des solutions vraiment originales pour résoudre ces problèmes, ni même recouru à un procédé du genre de celui que P. Corneille avait illustré dans *L'Illusion comique* (l'action des actes II et IV s'y passe *avant* celle de l'acte I) ou que Sartre emploie dans *Les Mains sales* : le retour en arrière. Force est de remarquer qu'Ibsen se contente bien souvent des ressources traditionnelles, sinon éculées, que lui offrent le personnage de l'ami(e) d'enfance qui réapparaît subitement (Christine Linde) ou celui du raisonneur qui est en même temps le familier de la maison (Rank). Par eux, ou grâce à eux, le spectateur apprend beaucoup des choses qui se sont passées « avant le lever du rideau », mais peut-être pas avec toute la clarté nécessaire. H. Céard, consulté par Antoine à propos du montage des *Revenants* en 1890, observe : « Ce n'est pas clair pour nos cervelles de Latins. Je voudrais un prologue, où l'on verrait le père d'Oswald et la mère de Régine surpris par Mme Alving jeune », car il estime visiblement que par la mise en action du récit qui, dans le texte d'Ibsen, est fait par Mme Alving, on fournirait au public français la *sécurité* nécessaire[8]. Un G. Hauptmann multiplie les didascalies dans la plupart de ses pièces naturalistes, en soignant tout particulièrement les indications scéniques de début : l'atmosphère à reconstituer au moment où le rideau du premier acte des *Tisserands* se lève est constituée pour une grande part de toutes les transformations au jour le jour qui ont marqué ces êtres dont les genoux sont devenus cagneux à force de rester dans la même position ; chaque personnage est d'abord l'accumulation des instants qu'il a vécus, et que le spectateur doit pouvoir saisir : l'expéditeur Pfeifer, si propret, est, à ne pas s'y tromper, un ancien tisserand[9]. Et on sait les difficultés qu'ont à affronter les metteurs en scène de *La Cerisaie*[10].

---

8. D'après A. ANTOINE, « *Mes souvenirs* » *sur le théâtre libre*, Paris, 1921, p. 166 (note du 2 mars 1890).
9. *Les Tisserands*, acte I, début.
10. Voir plus haut, chap. IV, p. 82.

Ainsi, la microstructure du texte naturaliste tend à dépendre étroitement d'une macrostructure extra-textuelle : non seulement la « tranche de vie » doit avoir elle-même une certaine épaisseur, mais elle ne peut non plus couper les liens avec ce qui la précède. L'écrivain peut alors être tenté de faire de la description d'une situation immobile l'essentiel de son propos, et c'est le cas limite d'*Une belle journée*. Mais il s'y refuse, en général : parce qu'il a volontiers une conception biologique de la société : une société est, à l'image d'un organisme vivant, un lieu où quelque chose est toujours en train de circuler ; parce que l'évolution lui paraît un facteur essentiel de la condition humaine ; enfin, aussi, parce qu'il ne dispose pas, ou plus, ou pas encore, des moyens d'expression littéraires susceptibles de rendre compte de l'immobilité ou d'un certain type d'immobilité : pas plus « mon commencement est ma fin » que « ma fin est mon commencement » ne saurait caractériser le texte naturaliste, dont le scripteur n'est ni un Robbe-Grillet ni un Guillaume de Machault[11] ! Et cela vaut sans doute non seulement pour l'écriture mais aussi pour le fond de ce qui est raconté ou montré : « Il me déplaît que Des Esseintes soit aussi fou au commencement qu'à la fin », écrit Zola à Huysmans dans la lettre, déjà citée, où il commente *A rebours*.

L'écrivain naturaliste s'assigne donc comme tâche de montrer des *modifications*. Le titre d'un roman contemporain pourrait effectivement servir aussi bien à *Maison de poupée* qu'à *La Cerisaie* ou *Au Bonheur des Dames*. Mais à la différence du roman de M. Butor centré sur le processus même de *la* modification et qui s'achève par la perspective d'un livre à faire — celui qu'on vient de lire ? — les ouvrages de ses prédécesseurs aboutissent à la constatation d'une rupture, de la désagrégation d'un ordre ancien (et dont le héros n'est qu'un élément) qui va céder la place à une nouvelle dis-

---

11. Voir les réflexions de J. Ricardou, *Le Nouveau Roman*, Le Seuil, 1973, p. 59-61.

tribution. Pour en arriver là, l'écrivain naturaliste a dû mettre en œuvre toute une stratégie qui n'a que très peu de points communs avec les procédés de l'actuel Nouveau Roman ou du théâtre contemporain. En effet, respectant toujours scrupuleusement une chronologie linéaire, il est souvent amené à procéder par reprise d'éléments identiques ou semblables, dont il modifie certains facteurs : le texte, romanesque ou dramatique, se déroule alors comme une suite de mises en situation successives d'un ou de plusieurs personnages confrontés avec des éléments d'un environnement lui-même en mutation. *Maison de poupée* a été souvent considérée comme une pièce à coup de théâtre, provoqué par le changement subit de comportement de l'héroïne ; or on remarque que Nora refait pratiquement, dans l'acte II, le chemin qu'elle a parcouru dans l'acte I, rencontrant les mêmes personnes, se débattant au milieu des mêmes problèmes : toutefois elle descend à un degré plus profond dans l'attente de l'horreur (et du miracle). C'est que la progression de l'intrigue importe peu ; en revanche Ibsen procède à une série de déplacements, parfois peu prononcés, dans les multiples heurts auxquels il soumet son héroïne dès son entrée en scène, à l'intérieur du terrain qu'il s'est donné, et qui reste le même jusqu'à la fin : le salon de la famille Helmer ; mais ce salon lui-même se modifie suivant le moment du jour qui est choisi par l'auteur. A la limite on aboutit à une sorte de kaléidoscope, où l'auteur décide de proposer des visions différentes en modifiant la place ou l'apparence de tel ou tel élément.

Deux œuvres à la structure en apparence aussi différente que *Nana* et *Les Tisserands* pourraient ici servir d'illustration de la façon dont le procédé peut être poussé à l'extrême. Dans le roman de Zola on peut montrer que l'écrivain dispose les événements qu'il rapporte dans trois ensembles de 4, 4 et 5 chapitres respectivement (plus un chapitre de conclusion), et que dans chaque ensemble le lecteur retrouve des éléments semblables, de chapitre à chapitre : ces éléments sont susceptibles de prendre des significations qui s'inversent dans la suite du texte, mais ils sont autant de points de passage obligés dans lesquels le lecteur doit à chaque fois se repérer[12]. Quant à la pièce de G. Hauptmann, sa structure même fait problème, et les critiques qui en traitent reviennent presque toujours sur les mêmes points, que ce soit pour attaquer ou défendre l'auteur : s'agit-il d'une pièce en cinq actes ou de cinq « pièces en un acte » ? quelle est l'intrigue et comment — si elle existe ! — progresse-t-elle ? y a-t-il une action dramatique ? Effectivement cette pièce, à la fois chef-d'œuvre et œuvre d'exception dans le théâtre naturaliste, ne participe en rien à une construction dramatique connue. Pièce sans héros, sans conclusion, peut-être même sans signification, promenant les personnages apparemment au hasard des humeurs de certains d'entre eux, *Les Tisserands* déroutent le spectateur qui cherche vainement à mesurer la montée de l'atmosphère révolutionnaire et s'inquiète de voir la représentation finir sur la mort, par une balle perdue, de celui-là même qui semblait incarner la soumission à l'ordre établi alors que le mouvement insurrectionnel se développe. Or il nous faut nous demander si, comme pour *Nana*, il n'est pas nécessaire de renoncer à une poétique de la progression pour adopter une poétique de la répétition, et si, d'autre part, le recours à l'Histoire n'est pas au bout d'une pièce qui n'est pas close avec la fin de la représentation. Dans cette perspective, on peut découvrir, dans la construction des *Tisserands*, deux blocs successifs : dans le premier (actes I, II, III) le spectateur découvre la société dans laquelle vivent les tisserands : les fabricants (et leurs acolytes), les tisserands eux-mêmes, les autres membres du corps social (paysans, aubergistes, représentant) ; dans cette première étape une certain équilibre, toujours précaire (un tisserand peut-il ne pas mourir de faim, un fabricant peut-il ne pas tenir compte de la concurrence ?), est établi, et les trois mondes — pour reprendre une expression

12. Voir le détail de la démonstration dans La leçon d'Histoire de « Nana » : structure romanesque et instruction du lecteur, *Cahiers de l'UER Froissart*, n° 5 (automne 1980), p. 73-80. Les treize essais de ce *Cahier* sont tous consacrés à Zola.

zolienne — se connaissent, ont des contacts entre eux. Le
second bloc (actes IV-V) montre au contraire la brisure de ce
système de relations et, pour le rendre sensible, G. Hauptmann fait repasser le spectateur par des lieux semblables à
ceux du premier bloc, afin de lui permettre de mesurer les
différences : l'acte IV le ramène dans la maison de Dreissiger,
comme au début de l'acte I, mais avec cette différence que le
décor représente le cabinet particulier et non plus la pièce où
les tisserands livrent leur travail ; cette fois fabricants et tisserands ne se rencontrent pas : l'un des temps forts, du point
de vue dramatique, de cet acte, est le moment où, après la
fuite de Dreissiger et de Pfeifer, la scène reste vide, tandis
que l'émeute gronde de plus en plus près ; puis c'est le
silence, avant qu'arrivent, d'abord craintifs et respectueux,
bientôt de plus en plus amusés et bruyants, les tisserands
exploités et terrorisés du Ier acte. Le Ve acte est, dans son
décor, l'exacte réplique de l'acte II : c'est la même misère, les
mêmes problèmes de vie quotidienne, la famille Hilse est
confrontée aux mêmes difficultés que la famille Baumert ;
mais G. Hauptmann introduit ici aussi d'importantes modifications sur ce fond commun, dont la plus visible est bien
entendu l'attitude résignée du vieil Hilse. Ainsi le spectateur
peut avoir l'impression qu'avec les actes IV et V il assiste à
un recommencement de la pièce, étant entendu que certains
éléments constitutifs ont été modifiés (mais pas tous), tout
comme le lecteur de *Nana* a l'impression, aux chapitres V et
IX, de recommencer, en retrouvant l'héroïne dans son théâtre, un nouveau parcours à travers la société-bordel du
second Empire. Et de même que la *vraie* fin de *Nana* ne
réside pas dans la mort de l'héroïne mais dans le fait que le
« cri désespéré » qui monte du boulevard des Capucines :
« A Berlin ! à Berlin ! à Berlin » ne restera qu'un cri et ne se
réalisera pas dans l'Histoire (et aucun lecteur français de 1880
n'a besoin qu'un écrivain le lui dise !), de même au IIIe acte
des *Tisserands* ne correspond *rien* dans le drame de Hauptmann : la réponse, elle aussi, se trouve dans l'Histoire (et
aucun spectateur allemand de 1894 n'a besoin qu'un écrivain

lui dise quelle elle a été !). *Les Tisserands* n'ont pas, comme on l'a souvent déclaré, un cinquième acte « en trop » : ils ont un sixième acte « en moins », celui que l'Histoire a écrit.

L'une des structures dominantes du texte naturaliste pourrait donc être la répétition, non pas tant au sens de leitmotiv (qu'on rencontre toutefois, en particulier chez Zola) que de reprise, avec modifications, d'un ensemble donné. On voit tout de suite à quels reproches s'exposent les écrivains qui composent ainsi : celui de la monotonie, et de son corollaire, l'ennui, que de nombreux critiques n'ont pas manqué de soulever, surtout à propos des descriptions, partie obligée du roman naturaliste. Zola juge la question assez intéressante pour s'en expliquer dans *Le Voltaire* en 1880 et, en particulier, défendre ses « cinq tableaux du même décor, vu à des heures et dans des saisons différentes » qui terminent chacune des parties d'*Une page d'amour* : la justification de ce qu'on a senti comme « caprice d'artiste d'une répétition fatigante » réside dans les « institutions symphoniques et humaines » de l'auteur[13] : aucun élément n'est indifférent, aucun élément n'est semblable à lui-même ; Monet n'a pas une autre conception quand il peint ses « Cathédrale de Rouen » ou ses « Gare Saint-Lazare »...

Il reste que la monotonie menace l'écrivain naturaliste qui veut toujours « compléter et déterminer », « avoir le drame humain réel et complet »[14]. Pour éviter ce danger l'écrivain peut recourir à l'emploi d'un personnage « fonctionnel » dont le rôle est précisément de faire jaillir les lignes de faiblesse ou de rupture dans la société dans laquelle il évolue. E. M. Bleich a étudié ce procédé dans le drame naturaliste allemand et lui a donné le nom de *Bote aus der Fremde* (le messager venu d'ailleurs), mais on peut tenter de l'étendre à l'ensemble du mouvement naturaliste. Bleich constate en effet, en s'aidant de l'étude de treize drames, que l'une des

13. *Le Roman expérimental*, p. 234-235.
14. *Ibid.*, p. 231-232.

caractéristiques formelles du naturalisme au théâtre est la présence d'un personnage qui vient de l'extérieur pour jouer un
rôle plus ou moins actif dans le conflit, ouvert ou latent, qui
met aux prises deux groupes en présence au début de la
pièce : cet *outsider* prend normalement le parti du groupe le
plus faible, qu'il aide par le message dont il est porteur, et,
une fois la catastrophe arrivée (qui n'est pas sans affecter
souvent précisément le parti faible), il repart. Il jouerait ainsi
le rôle de catalyseur dans un conflit qui semble n'attendre
que sa seule présence pour éclater.

Les exemples les plus typiques sont fournis par le théâtre
de G. Hauptmann. *Avant l'aube* en offre le modèle le plus
pur : Alfred Loth, homme cultivé et intransigeant, ouvert aux
idées de progrès (ce qui lui a valu, avant d'aller vivre aux
Etats-Unis, de connaître la prison à vingt et un ans), va faire
une enquête sur les mineurs de Silésie et retrouve un ancien
camarade d'études, Hoffmann, établi dans une famille de
parvenus sans éducation et passablement alcooliques. Sur
cette donnée, Hauptmann greffe l'amour de la jeune Hélène,
belle-sœur de Hoffmann, pour Loth, qui fait figure de libéra-
teur. Les deux jeunes gens se fiancent mais, averti par le
Dr Schimmelpfennig des dangers que présente l'hérédité
chargée de sa fiancée, Loth part en secret, « avant l'aube »,
et Hélène, abandonnée, se tue pendant que son père, ivre,
s'égosille lamentablement. Loth n'a finalement fait que
passer, mais ce bref passage a suffi pour exaspérer des anta-
gonismes latents, déjà présents et tendus comme des ressorts
avant son arrivée, mais qui manquaient d'une cause précise
pour apparaître dans toute leur force. Une structure identique, même si elle se manifeste dans un cadre plus intimiste,
est à la base d'*Ames solitaires* : l'étudiante en médecine Anna
Mahr, femme émancipée, vient, presque malgré elle, perturber la vie du couple Vockerat, jusqu'au moment où, par son
départ volontaire, elle conduit Johannes Vockerat à se tuer.

Alfred Loth, Anna Mahr traversent ainsi une société qui
ne les attendait pas et qui semble peu faite pour les accueillir.
Héros plutôt « positifs », en tout cas doués d'une forte per-

sonnalité, et, de toute façon, jouant les premiers rôles dans le drame, ils ne sont pourtant pas les personnages réellement intéressants. Johannes Vockerat et Hélène Krause, et leurs rapports avec leur famille et leur entourage respectif, sont plus au centre de l'analyse proposée par l'auteur, et c'est la prise de conscience de ces personnages d'abord quelque peu passifs et leur évolution qui retiennent en grande partie de l'attention du spectateur, que peut rebuter le ton un peu prêcheur du messager venu de la ville ou de l'université. Loth et Mahr sont restés, à la fin de la pièce, à peu près tels qu'ils étaient au début, plus mûrs sans doute, mais fidèles à leurs conceptions initiales : sans être les interprètes de l'auteur, ils lui servent à démonter les mécanismes des sociétés qu'ils parcourent.

On voit l'intérêt d'un tel personnage, ou d'une telle fonction, comme moyen scientifique d'expérimentation — comme « pierre de touche » — et comme moyen littéraire d'animer une situation dont il s'agit de montrer quel déséquilibre profond elle recèle, sous un apparent équilibre. Le *Bote aus der Fremde* est un moyen d'ouvrir l'œuvre : il ne s'agit plus de décrire un conflit psychologique entre plusieurs personnages d'une société close, ou de montrer comment un ou plusieurs personnages sont exclus ou s'excluent (par la mort, par exemple) d'une société — modèles bien représentés aux époques classique et romantique —, mais de chercher à utiliser un véritable prisme, dont les mouvements permettent de décomposer la réalité qui se projette à travers lui. Le *Bote aus der Fremde* contribue ainsi incontestablement à éviter que l'œuvre ne se ferme sur elle-même sous prétexte d'avoir épuisé la réalité qu'elle décrit : en fait cette réalité est inépuisable, parce que l'interprétation qu'on peut en fait est elle-même inépuisable.

Si G. Hauptmann offre d'excellents exemples du maniement de cette structure, il n'est pas le seul naturaliste à en faire usage ; Ibsen l'utilise également, dans *Les Soutiens de la société*, *Le Canard sauvage*, et l'œuvre de Zola témoigne de l'utilité du procédé : Octave Mouret dans *Pot-Bouille*, Denise

Baudu dans *Au Bonheur des Dames*, peut-être et surtout
Etienne Lantier dans *Germinal* sont autant de personnages
que l'auteur amène de loin pour les introduire dans un milieu
nouveau, où, aussitôt, vont se manifester tensions, chocs,
ruptures. Il faut toutefois noter que Zola accorde aussi beaucoup d'attention à l'évolution propre de ces *outsiders* que
parfois il finit même par intégrer au milieu qu'ils ont contribué à transformer (par exemple, Denise, qui considère
— chapitre XIV — qu'être venue au Bonheur des Dames et
vouloir en partir n'est rien que naturel, et qui finit par épou-
ser Mouret — mais le roman s'arrête quand même sur son
départ...). Un autre emploi, en un sens plus large, peut être
repéré dans *Pierre et Jean*, de Maupassant : le mécanisme est
ici plus subtil, car le rôle du « messager » est tenu par un
mort, que Pierre s'acharne à vouloir réintroduire dans la vie
de la famille ; mais ce messager, le père naturel de Jean, est
trop puissant, et il réussit, en fin de compte, à expulser
Pierre, qui s'embarque pour un voyage perpétuel et renonce à
toute stabilité personnelle : à la fin du roman, c'est Pierre qui
est devenu le messager dont on redoute qu'il vienne perturber
l'équilibre retrouvé, et qu'on réussit à maintenir ailleurs. Il
est vain de se demander, comme certains critiques des années
90, ce que Pierre « va devenir » : la question n'est pas à
poser en termes psychologiques ou narratifs, mais en termes
fonctionnels : son avenir est ailleurs que dans un espace
romanesque.

Le *Bote aus der Fremde* est le dévoileur par excellence, et,
pour remplir son rôle auprès du lecteur, ou du spectateur, il
doit aussi être un voyeur, dans tous les sens du terme, dont
l'être intime, au fond, compte peu : il n'est qu'un prisme,
que l'écrivain peut déplacer à son gré. Il semble exister un cas
limite de ce personnage qui doit être à la fois marginal, toujours en retrait, et capable de côtoyer tous les milieux, tous
les mondes : le domestique. On sait la place que tiennent les
bonnes dans *Pot-Bouille*, mais Zola n'a jamais écrit le
« roman du domestique », qui n'a même jamais figuré parmi

ses projets, pour autant qu'on le sache. Car le domestique n'est pas perçu comme inscrit réellement dans une classe sociale : littérairement, il reste un comparse, héritier de ces valets de Molière, Lesage voire Beaumarchais, qui dupent, trompent, volent, aident leurs maîtres dans une intrigue échevelée — quand ils ne sont pas réduits au rôle d'une Flipote, dont la vie littéraire s'inscrit entre « Allons, Flipote, allons », et « marchons, gaupe, marchons ». *Germinie Lacerteux* est surtout, se veut surtout, comme en témoigne la préface, un roman du peuple et une étude clinique et non une monographie de la servante. Tchékhov donne certes assez de relief au personnage de Firs *(La Cerisaie)*, à qui il laisse le mot du rideau après lui avoir fait constater qu'il est finalement entre deux vies (passée et future) dont aucune ne lui appartient (« Voilà que la vie est passée... on dirait que je n'ai pas encore vécu »), mais, outre qu'on peut s'étonner d'entendre le gâteux Firs s'élever, à cette seule occasion, à une considération aussi élaborée, le personnage vaut surtout par ses interventions intempestives qui rappellent qu'il est, au fond, la meilleure incarnation d'un passé qu'on croyait aboli, et qui le rattachent à la tradition littéraire du valet de comédie.

Un seul écrivain de la mouvance naturaliste semble avoir décidé de pousser jusqu'à ses conséquences ultimes le cas que l'on peut faire du domestique dans une perspective d'analyse de la société : O. Mirbeau, avec *Le Journal d'une femme de chambre* (1900). L'exécution du roman montre à l'évidence que Mirbeau n'a pas cherché à justifier la fiction de l'avant-propos (« Ce livre [...] a été véritablement écrit par Mlle Célestine R..., femme de chambre ») : le temps du récit *(Erzählzeit)*, scandé par les références chronologiques inscrites au début de chaque chapitre, exclut que ce journal ait pu être « réellement » écrit. L'intérêt de l'œuvre n'est pas là : il est de montrer à l'œuvre le regard du domestique, qui déshabille les personnes rencontrées. O. Mirbeau a lui-même souligné ce que signifie l'emploi d'un tel héros :

« Un domestique, ce n'est pas un être normal, un être social... C'est quelqu'un de disparate, fabriqué de pièces et de morceaux qui

ne peuvent s'ajuster l'un dans l'autre, ce juxtaposer l'un à l'autre...
C'est quelque chose de pire : un monstrueux hybride humain... [...]
L'âme toute salie, il traverse cet honnête monde bourgeois et rien
que d'avoir respiré l'odeur mortelle qui monte de ces putrides cloa-
ques il perd, à jamais, la sécurité de son esprit, et jusqu'à la forme
même de son moi... »[15].

Transposé dans une perspective fonctionnelle, ce texte
montre l'extraordinaire plasticité du personnage, et donc son
utilisation possible dans un roman d'analyse où tout est passé
au crible : il est d'autant plus caractéristique que, quelques
lignes plus loin, Mirbeau fasse écrire à son héroïne ces mots
qui sonnent comme un rappel de la condamnation de toute
intrigue mais qui n'en sont pas moins paradoxaux si on se
réfère à toutes les turpitudes que Célestine ne cesse de rapporter : « Arrivera ce qui pourra... Mais il n'arrive rien...
Jamais rien... Et je ne puis m'habituer à cela. »
Pourquoi Mirbeau apparaît-il comme seul à avoir écrit un
tel roman du domestique ? Peut-être parce que le procédé est
trop voyant ? parce que ce genre est, à l'instar d'*A rebours*,
épuisé en un seul volume ? Peut-être aussi parce que le
domestique n'apparaît aux écrivains que réductible à une
fonction d'observateur mais privé de toute initiative. A la
limite il pourrait même présenter une image négative de l'écrivain naturaliste lui-même, collectionnant les anecdotes, recueil-
lant les confidences. Mirbeau le souligne : le domestique n'a
pas de moi, de personnalité et donc aucune indépendance ; or
ce sont autant de manques que l'écrivain doit à tout prix
éviter.
Mirbeau conclut son roman en transformant Célestine en
patronne qui, à son tour, se plaint des bonnes qu'elle
emploie : le futur reste ouvert pour elle, la domesticité n'a
pas d'avenir autre que la répétition. Le domestique est un
personnage qu'on trouve dans de nombreux textes naturalistes (ne serait-ce que parce qu'il fait partie de la société)

15. O. Mirbeau, *Le Journal d'une femme de chambre*, éd. Livre de
Poche, p. 187.

mais il lui est difficile d'accéder au rang de héros, parce
qu'alors il devrait cesser d'être domestique. Il est bien venu
d'ailleurs, mais on ne le remarque pas, et il n'a aucun message à délivrer : le regard n'est pas tout, il faut aussi dire/
dévoiler le sens. L'œuvre de Mirbeau est bien un cas limite :
l'écrivain doit prendre la relève et « ajouter » quelques
accents à un témoignage prétendu original[16]. Au fond, c'est
toujours lui qui vient d'ailleurs et délivre le message.

16. *Ibid.*, p. 7 : Mirbeau prétend avoir revu le manuscrit de Célestine R...

CHAPITRE VII

Marques de la fiction,
appel de l'Histoire

« Dis-moi [...], si cette histoire est vraie, d'où vient que tu la connais donc tout entière presque dans le moindre détail, et pourquoi diable est-ce qu'elle t'énerve tant ? [...] — Eh bien, mon Dieu, [...], parce que c'était moi, le ' brave type ' — autrement je m'en moquerais complètement ! »

T. MANN, *La Chute [Gefallen]* (1894).

Analyse cruelle et logique du texte sont deux exigences de la poétique naturaliste qui ont du mal à s'accorder, car elles mettent en jeu l'une une méthode, l'autre une rhétorique ; de plus, elles se heurtent, l'une et l'autre, à ce qu'il faut bien appeler la mise en œuvre d'une *fiction*, quelque réticence que le naturalisme ait à concéder au préalable le caractère fictionnel des œuvres produites. Pourquoi et par où commencer, pourquoi et par où finir sont des questions toujours sous-jacentes aux œuvres naturalistes, et qui suscitent bien des embarras à leurs auteurs. Outre le problème du titre, dont on a vu l'importance[1], il est en effet deux difficultés majeures que rencontre tout texte fictionnel : celles qui proviennent du contact du fictionnel et du réel, contact qui ne s'établit que pour être traversé par le lecteur ou le spectateur aux deux

---

1. Voir plus haut, chap. V, p. 95 sqq.

extrémités du temps de la lecture ou du temps du spectacle. L'*incipit* (l'ouverture) et la *clôture* d'un texte sont les moments les plus nets où apparaissent les marques de la fiction.

Certes, toute ouverture d'un récit fictionnel est délicate pour l'auteur qui, comme le remarque justement J. Dubois, « est contraint d'établir le lieu de son énonciation et le protocole de sa lecture » ; et l'universitaire belge poursuit : « A cet endroit, le texte réaliste rencontre deux exigences difficilement conciliables. D'un côté, il se doit de mettre la fiction en train, d'en instaurer l'appareil (sujet, personnage, décor, instance narrative...). De l'autre, il vise à produire les garanties de l'authenticité de son dire, en faisant référence à un hors-texte et en masquant le caractère fictif de son geste initial »[2].

Une étude systématique et exhaustive des *incipit* de romans et de nouvelles naturalistes exigerait une accumulation de textes reposant sur une documentation elle-même quasi complète. Il ne peut être question, dans le cadre de cet ouvrage, que d'une sélection ; les considérations qui suivent s'appuient donc sur un corpus restreint : les *incipit* (entendu comme première phrase du texte, jusqu'à la première ponctuation forte) de romans et de nouvelles naturalistes français : Alexis, Céard, Daudet, Goncourt, Hennique, Huysmans, Lemonnier, Maupassant, Zola — soit une cinquantaine de textes. La réunion de ces textes, qui vont de quelques mots (« Désirée battit des mains », *La Conquête de Plassans*, ou « Deux heures du matin sonnèrent », *Les Sœurs Vatard*) à un long paragraphe (comme celui qui ouvre *Le Nabab*), n'est pas sans faire surgir, ici et là, des variations sur le modèle qui répugnait tant à Valéry — « La marquise sortit à cinq heures », voire des modulations qu'on attribuerait volontiers à G. Ohnet ou au Grant de *La Peste* : qu'on lise le début du *Ventre de Paris* ou de *L'Argent*[3] !

    2. J. DUBOIS, Surcodage et protocole de lecture dans le roman naturaliste, *Poétique*, 16 (1973), p. 491.
    3. C. DUCHET, qui cite *Le Maître de Forges* et *La Peste*, ne concède aux vingt *incipit* des *Rougon-Macquart* que la « trace de certains clichés » dans Idéologie de la mise en texte, *La Pensée* (1980), p. 103.

Il faut reconnaître que nombre de romans naturalistes ne manifestent aucune recherche particulière d'originalité : un narrateur extérieur et invisible commence un récit en mettant en place des éléments soit purement fictionnels soit renvoyant à un hors-texte connu, ou supposé connu, du lecteur. Chacun des vingt *Rougon-Macquart* commence sur ce modèle, à la seule exception, peut-être, du volume initial, *La Fortune des Rougon*, qui fait appel à un « on » qui peut représenter un interlocuteur plus ou moins fictif. L'auteur s'arrange pour fournir plusieurs repères stables à commencer par la présence d'un ou plusieurs noms propres, qui permettent d'identifier le « héros » de la fiction qui commence et le lieu où cette fiction s'inscrit. Il est en effet remarquable que la plupart des romans et nouvelles naturalistes attirent d'emblée l'attention de leurs lecteurs sur un être humain, ou sur une action, une situation qui renvoie directement à un être humain. Sans doute on trouve des débuts dont l'homme est absent : *Le Rêve, Charlot s'amuse* et surtout *Un mâle* — précisément le roman naturaliste qui peut-être est le moins « civilisé » de tous : « Une fraîcheur monta de la terre et tout à coup le silence de la nuit fut rompu », mais ils sont l'exception ; car, même quand le nom, ou le surnom, du héros n'est pas donné, même quand il n'est pas désigné par un déictique qui le distingue, par exemple, des autres membres de la même catégorie socioprofessionnelle (« Le garçon mit sa main gauche sur la hanche, [...] », *A vau l'eau*), même quand il n'est qu'un être anonyme (« Dans la plaine rase, sous la nuit sans étoile, d'une obscurité et d'une épaisseur d'encre, un homme suivait seul la grande route de Marchiennes à Montsou, [...] », *Germinal*), la présence de l'humanité est affirmée : une veilleuse allumée derrière un livre *(Une page d'amour)*, un dîner au ministère de la Guerre *(Chérie)*, une collectivité comme le quartier de Picpus *(Une belle journée)*, un nom de rue, une ville ; toujours l'humain est en cause.

Le premier personnage à être nommé est un personnage purement fictionnel, que la pratique courante du lecteur lui permet d'ailleurs d'identifier aisément comme tel : Chanteau,

le gros Victor (« La fin de Lucie Pellegrin »), Jacques Marle,
Georges Duroy, etc., sont immédiatement classés dans leur
registre d'êtres de papier. En revanche les précisions géographiques qui accompagnent très souvent cette nomination instaurent un espace où se mêlent le réel et l'imaginaire ; sans
doute, ici, aussi, les habitudes du lecteur français lui
permettent-elles d'identifier à coup sûr le lieu de l'action
quand il s'agit de Paris même et surtout si le nom de la ville
n'est pas écrit : où peut se trouver le « quartier de Picpus »
(Une belle journée), « l'angle noir du faubourg et de la rue
des Ecluses-Saint-Martin » *(Charlot s'amuse...)*, ou bien la
boutique du « marchand de vin du boulevard extérieur »
(« La fin de Lucie Pellegrin »), sinon à Paris ? Quand on lit
la première phrase de *La Curée* : « Au retour, dans l'encom-
brement des voitures qui rentraient par le bord du lac, la
calèche dut marcher au pas », on n'imagine pas qu'il puisse
s'agir d'un autre lac que celui du « Bois » (employé absolument par Zola quelques lignes plus loin), c'est-à-dire du lac
du Bois de Boulogne, à l'ouest de Paris... Mais dans d'autres
cas le doute est permis : existe-t-il, quelque part en France,
un « Marchiennes » et un « Montsou », reliés l'un à l'autre
par une route ? Y a-t-il des « gorges d'Enval » *(Mont-Oriol)*,
un « château de Lourps » près de « l'interminable route qui
mène de Brays-sur-Seine à Longueville » qui conserverait, de
surcroît, quelques portraits de la famille des Floressas des
Esseintes ? L'auteur naturaliste inaugure volontiers son récit
en plaidant le vrai pour imposer le faux : rien n'est plus facile
que d'aller à Nice en passant par la porte de Rome ! c'est fai-
sable à condition de quitter Plassans par le sud : on trouve
alors, à droite, l'aire Saint-Mittre *(La Fortune des Rougon)*...

Répondant à l'avance aux questions « qui ? » et « où ? »,
l'incipit naturaliste s'efforce aussi de devancer l'interrogation
« quand ? » en insérant le récit dans une continuité *déjà en
train*. En effet il est rare, pour ne pas dire exceptionnel, de
trouver un marquage temporel délibérément historique à la
façon de *L'Education sentimentale* (« Le 15 septembre 1840,

vers six heures du matin, [...] ») : on ne peut guère citer que
Le Rêve ou *Sébastien Roch*. On peut au premier abord s'en
étonner : la datation temporelle précise ne devrait-elle pas
être un des points de passage obligés du discours naturaliste ?
En fait, l'écrivain préfère ne pas poser d'emblée une datation
historique et s'efforce de résoudre cette question plus tard, et
de façon plus subtile ou détournée (par exemple le lecteur de
Nana, qui, du reste, sait que cette œuvre s'inscrit dans une
chronique du second Empire, doit attendre presque la fin du
premier chapitre pour apprendre, au détour d'une conversation entre Muffat et La Faloise, que la première de *La
Blonde Vénus* a lieu quelques jours avant l'ouverture de
l'Exposition universelle du Champ-de-Mars) ; car il s'agit
d'abord pour lui de faire état d'une continuité et, éventuellement, de la marque d'une rupture dans cette continuité.
L'ouverture des vingt *Rougon-Macquart* est, à cet égard,
caractéristique : dans quinze cas la première phrase contient
au moins un imparfait ou plus-que-parfait de durée qui vise à
introduire le lecteur dans un procès dont le moment initial
n'est pas donné, ce qui crée une contamination entre-temps
« réel » (hors du texte) et temps « fictionnel » ; d'autres marques formelles soulignent volontiers ce mélange des temps :
l'adverbe « encore » *(Son Excellence Eugène Rougon, Nana)*,
l'expression « au retour » (qui renvoie, bien évidemment, à
un « à l'aller » non dit : *La Curée*), l'emploi de l'article
défini pour désigner un objet ou un lieu que le lecteur est
ainsi convié à distinguer de tous les autres de la même catégorie mais sans savoir pourquoi le romancier distingue précisément « la calèche », « la veilleuse », « le fiacre », « la
plaine », « la chambre », « le camp » ou « la salle ». Quant
à trois des cinq autres *incipit*, ils désignent un geste précis qui
n'est que la fin d'un processus engagé bien avant : c'est le
type « Désirée battit des mains » *(La Conquête de Plassans)*,
un peu plus développé dans les deux ouvertures, tout à fait
parallèles, de *La Faute de l'abbé Mouret* et de *La Bête
humaine*.

La pratique de Zola, qui recourt à des procédés extrême-

ment traditionnels, permet de bien voir à quel point le début
du texte naturaliste désire dissimuler son caractère fictionnel.
D'autres écrivains, plus soucieux de recherches formelles, ont
essayé d'autres solutions qui visent au même but : commencer abruptement, *in medias res.* Ainsi Huysmans : « Leurs
cigares charbonnaient et puaient comme des fumerons » *(En
ménage)* : le texte est lisible, mais ne permet pas d'identifier,
sinon de façon purement hypothétique (des hommes à la fin
d'un repas ?), ceux dont il est question. Ou E. de Goncourt :
« La femme allait-elle être condamnée à mort ? » *(La Fille
Elisa)* : le style indirect libre, immédiatement identifiable
comme tel (et d'ailleurs souligné par la reprise de la même
phrase, deux pages plus loin, après un « panoramique » sur
le public), plonge d'emblée le lecteur dans la conscience de
quelqu'un qui a assisté à un procès dont le résultat va être
donné. Mais le recours à un procédé purement narratif et
impersonnel ne permet pas de disposer d'une gamme d'ouvertures très diversifiées.

C'est pourquoi il faut examiner une seconde grande catégorie d'ouvertures naturalistes : celle qui consiste à commencer par l'inscription et la restitution d'une parole vivante, en
train de se tenir : l'exclamation ou, surtout, le dialogue. Il
peut s'agir d'une très légère variation du modèle décrit précédemment : le début de *Pierre et Jean*, « ' Zut ! ' s'écria tout
à coup le père Roland qui depuis un quart d'heure demeurait
immobile, [...] » n'est qu'une variante stylistique destinée à
choquer le lecteur (au moins celui de 1888) ; de même l'ouverture de *Marthe* est conçue par Huysmans comme continuité (« disait Ginginet ») et comme actualité (« Tiens, vois-
tu, petite... »). On trouve le même type d'ouverture chez
Daudet *(Jack)* ou P. Alexis (« Les femmes du père Lefèvre »).
Mais ce sont sans doute les Goncourt qui ont poussé le plus
loin le procédé, qu'ils étendent à l'ensemble de leurs textes
qui, de ce fait, tendent à s'échapper du genre romanesque[4].

4. Voir plus haut, chap. IV, p. 86.

Cette façon de faire donne évidemment une assez grande vivacité au début du texte, mais l'absence de toute indication scénique met parfois en évidence le caractère « artificiel » (c'est-à-dire un peu choquant pour un lecteur habitué aux canons du genre romanesque) d'un procédé qui vise effectivement à la surprise : dans le début dialogué de *Renée Mauperin*, qui touche différents sujets de la vie mondaine d'une jeune fille, rien ne fait attendre la phrase « Ceci était dit dans un bras de la Seine, [...] » ; rien n'avait permis au lecteur d'imaginer que les deux interlocuteurs sont en costume de bain, « accrochés à une corde amarrant un des gros bateaux qui bordaient la rive de l'île ».

D'autres types d'ouverture (autres que le récit impersonnel et la reproduction directe d'une parole prononcée) sont possibles, mais se rencontrent, semble-t-il, moins fréquemment chez les écrivains naturalistes. P. Alexis et P. Mirbeau recourent, par exemple, au journal intime : le texte commence par une date, suivie des réflexions faites à la première personne, ou renvoyant à un je énonciateur (« Le Journal de M. Mure », *Le Journal d'une femme de chambre*). Mirbeau use d'ailleurs de la première personne indépendamment de tout recours à un journal intime : le récit est, dès le début, pris en charge par un je qui raconte sa vie, parfois en remontant à sa naissance *(Le Calvaire, L'Abbé Jules)* ; cette perspective est rare dans le roman, mais plus fréquente dans la nouvelle : le seul exemple qui se rencontre chez Huysmans est celui de « Sac au dos », et Maupassant, comme d'ailleurs Tchékhov, est assez coutumier du procédé. De même, c'est dans la nouvelle qu'on découvre le plus souvent un autre type d'ouverture, qui est tout à fait semblable à une didascalie d'œuvre dramatique : une phrase nominale posant le décor. M. Céard commence ainsi sa nouvelle des *Soirées de Médan* : « Dix heures du matin, un jour de la fin d'octobre, à Paris, pendant le siège ». On note que l'originalité du procédé est essentiellement formelle : le contenu de la phrase (et le contexte général du recueil où se trouve la nouvelle, en quatrième position) ne permet aucun doute sur la temporalisation mise en place : il s'agit d'octobre 1870. Mais chez un Tchékhov on trouve très fréquemment des ouvertures du genre : « Un dimanche à midi », « Une calme nuit d'août », « Un lieu de villégiature par une nuit noire » : la nouvelle permet peut-être une plus grande liberté, ou une plus grande désinvolture par rapport à la recherche d'un début « soigné ».

Quel que soit le type d'ouverture choisi, le texte naturaliste « à lire » joue finalement sur la dialectique continuité/rupture. Il essaie ainsi d'échapper à la loi peut-être la plus fondamentale du genre romanesque : l'extraordinaire. « Une histoire est toujours extraordinaire »[5]. *Le Roman expérimental* s'insurge contre une telle fatalité : « Hélas ! non, le roman naturaliste contemporain n'est pas banal ; il ne l'est pas assez. » Mais il faut comprendre Zola et l'utilisation qu'il entend faire du banal, car s'il n'érige pas la banalité en règle, il ne refuse pas absolument le mot : « Il est difficile de spécifier ce qui est banal. On répondra que ce qu'on voit tous les jours est banal ; et si, en le voyant tous les jours, on ne l'a pas assez regardé, et si on en tire des vérités superbes et inconnues ! »[6]. La perspective est claire : il s'agit de mettre en évidence un fait qui n'est probablement pas décelable *à première vue* : Zola prend à ce propos un exemple scientifique parlant : l'analyse de l'air de Gay-Lussac. Dans ces conditions, on comprend que l'incipit naturaliste tende non pas à révéler un fait extraordinaire mais à pointer ce qui, dans l'ordinaire, retient l'attention de l'écrivain qui, avec le prisme de l'écriture, suscite à son tour l'intérêt du lecteur. Si on doit maintenir que « l'extraordinaire est un signe inaugural posé par le texte »[7], il faut à nouveau souligner que l'extraordinaire cesse d'être l'écart par rapport à une norme pour devenir l'analyse cruelle d'une normalité. *L'incipit* natu-

---

5. Voir les commentaires de C. Grivel, *op. cit.*, p. 73-76, sur cette proposition de base.
6. *Le Roman expérimental*, p. 256.
7. C. Grivel, *op. cit.*, p. 74.

raliste le plus pur serait alors celui des nouvelles de Tchékhov qui a été signalé plus haut, qui est aussi le moins *littéraire*, le moins « écrit », le plus banal. Car *l'incipit* concentre probablement le plus des difficultés entraînées par le passage à l'écriture : écrire, c'est choisir ; or l'écrivain naturaliste est confronté à une totalité. Aussi la formule cachée de l'incipit romanesque naturaliste la plus courante pourrait être définie comme suit : « En tant qu'écrivain, j'attire votre attention sur le comportement banal de tel(s) personnage(s) manifesté dans un processus événementiel engagé depuis un certain temps et dont je vous donne quelques composantes, géographiques, temporelles, sociales. »

Le ton de l'incipit naturaliste est celui du rapport, quand il n'est pas celui de la reproduction pure et simple de paroles prononcées ou écrites. C'est un ton sérieux, qui est bien éloigné de la désinvolture d'un Voltaire ou d'un Diderot quand ils inaugurent leurs récits. Contrairement à la plaisante ouverture de *Jacques le Fataliste et son maître*, où l'auteur imagine des questions pour n'y pas répondre, l'ouverture naturaliste fournit des réponses à des questions qui ne sont pas exprimées ; mais elle ne fournit pas *toutes* les réponses, et ne s'efforce pas toujours de devancer les questions. Si l'étude des *incipit* ne se limite plus à la première phrase, mais s'étend, de façon plus ou moins arbitraire, aux premières pages, on remarque en effet que s'opère très souvent une mise en place d'éléments qui concentrent l'intérêt du lecteur sur un découpage assez net de l'ensemble des possibles du récit. Ici encore les *Rougon-Macquart* forment un corpus intéressant en raison de leur homogénéité : plus que les deux modèles thématiques mis en lumière par J. Dubois (attente/marche-pénétration)[8], il semble intéressant de noter que les lignes ou les pages qui suivent immédiatement la première phrase sont constituées par une expansion d'un ou de plusieurs des éléments de cette phrase, qui en est, en général, le sujet grammatical. Jusqu'à *Nana* inclus, Zola paraît ne retenir

8. Art. cité, note 2, p. 128.

qu'un élément, choisissant tantôt le personnage nommément désigné (la Teuse, Désirée, Germaine), tantôt l'objet, petit ou grand, qui est la marque d'une activité humaine (la calèche, la salle du théâtre des Variétés) ; à partir de *Pot-Bouille*, en revanche, l'attention du lecteur est attirée sur différents aspects du texte initial, comme si l'auteur voulait davantage intégrer l'un à l'autre le personnage et son environnement. Mais, de toutes façons, le lecteur doit attendre plus ou moins longtemps pour avoir un dossier presque complet, c'est-à-dire comprenant aussi les antécédents des personnages. Si, chez Zola, le premier chapitre (qui est assez long) finit d'ordinaire par donner ces éléments, on sait que les Goncourt, qui composent volontiers des chapitres assez courts, consacrent souvent le deuxième chapitre à un tel retour en arrière.

L'entrée en fiction dépend pour une part de la disposition d'esprit du lecteur quand il s'agit précisément d'un texte à lire, qu'il peut prendre, abandonner, reprendre quand il veut. Au théâtre les données sont différentes, et la mise en condition du spectateur fait partie des éléments qui déterminent le passage au monde fictionnel : la dimension collective du spectacle, la solennité de la levée du rideau, la séparation nette entre la salle et la scène (favorisée par l'emploi de l'électricité et une nouvelle architecture des salles) sont autant de marques qui indiquent nettement l'entrée dans la fiction. Le dramaturge a donc, de ce point de vue, moins à ruser ; en revanche, devant toujours actualiser les événements, il est confronté au problème délicat de la création, ou de la suggestion, d'une épaisseur temporelle. Pour l'étude des *incipit* des pièces naturalistes il sera aussi fait appel à un corpus restreint : il sera composé de textes dus à des Allemands : Halbe, Hartleben, G. Hauptmann, Hirschfeld, Holz, Rosenow, Schlaf ; des Russes : Gorki, Tchékhov, L. Tolstoï ; un Norvégien, Ibsen ; et un Suédois, Strindberg. A la quinzaine de textes étrangers ainsi rassemblés, on peut joindre *Les Corbeaux*.

Une première constatation s'impose : au lever du rideau,

le spectateur se trouve, dans chaque cas, devant la reconstitution précise d'un cadre de vie. Tous les auteurs cités accordent une grande importance au décor, toujours soigneusement, voire minutieusement décrit, quand il n'est pas représenté sous forme de plan *(Avant l'aube)*. Dans la plupart des mises en scène le spectateur peut avoir l'impression d'être en-deçà du « quatrième mur » invisible, d'autant que la quasi-totalité des pièces constituant le corpus ont une première scène située à l'intérieur d'une maison. L'espace scénique ainsi découpé est donc d'abord un lieu clos, intime, un « intérieur ». Pour souligner l'importance de l'environnement, il n'est pas rare que certains dramaturges le présentent d'abord *vide (Maison de poupée, Ames solitaires, La Cerisaie)* ; d'autres inaugurent l'action avec des jeux de scène muets : le personnage en scène peut dormir ou sommeiller, bâiller, soupirer, travailler (par exemple à réparer un licol — *Puissance des ténèbres* — ou faire cuire quelque chose — *Mademoiselle Julie* —, tricoter — *Oncle Vania*). On peut prendre comme exemple type le début d'*Union libre* de M. Halbe (1890). Après avoir décrit le décor (une chambre de travail meublée confortablement) et le personnage en scène (Ernest Winter, de taille moyenne, blond, aux gestes nerveux, yeux gris-bleu), l'auteur précise : « Winter est assis, étendu dans l'un des sièges de couleur verte ; il lit. Il pose soudain son livre et écoute. N'entendant rien il appuie la tête en arrière sur le dossier et s'étend de façon encore plus confortable et détendue. Bâillement sonore : A-a-a-ah ! Bruit de sonnette à l'extérieur. On entend des portes s'ouvrir et se fermer, et des bruits de voix. On frappe à la porte de Winter. » Une telle ouverture pourrait en effet se retrouver avec quelques légères modifications, dans la plupart des pièces naturalistes : le spectateur surprend le personnage à un moment où celui-ci continue une action déjà engagée depuis un temps difficile à apprécier et cette action est d'ordre banal ; l'atmosphère ainsi créée est perturbée par des bruits extérieurs à l'espace scénique (souvent, d'ailleurs, un bruit de sonnette : *Maison de poupée, Hanna Jagert*), puis par l'entrée d'un personnage.

On voit donc que l'espace scénique délimité par le décor est, autant que faire se peut, agrandi et que le spectateur est contraint de prendre en compte aussi ce qui est hors de scène.

En effet, continuité, ou prolongation, est le maître-mot de l'*incipit* dramatique comme de l'*incipit* romanesque. Non seulement continuité temporelle — à la limite les acteurs doivent avoir commencé à jouer *avant* le lever du rideau — mais aussi continuité spatiale : le plateau de scène ouvre sur d'autres lieux, qu'on aperçoit plus ou moins ou qu'on reconstitue : les ouvertures sont des éléments essentiels du décor naturaliste, non seulement parce qu'il faut bien que les acteurs puissent entrer et sortir, mais surtout parce qu'elles élargissent l'angle de vue, la perspective. De là, outre les indications précises sur le nombre et l'emplacement des portes et des fenêtres, et sur le paysage qu'on peut voir à travers, voire sur la hauteur d'un muret (*Les Mères*, de G. Hirschfeld), les jeux de scène permettant au spectateur de savoir sur quoi donne telle ouverture : les premières paroles que Piotr prononce au début de *Puissance des ténèbres* sont le commentaire de ce qu'il vient de voir par la fenêtre, Nora laisse ouverte la porte qui mène à l'antichambre puis va écouter à une porte qui est vite identifiée comme celle du bureau de son mari (« Ah ! il est chez lui ») ; le metteur en scène de *La Cerisaie* doit faire sentir au public qui contemple la « chambre des enfants » que « dehors il fait froid ; gelée blanche » — bien que les fenêtres soient fermées. Cette importance des portes et fenêtres ne va pas, naturellement, sans poser de problèmes techniques : il faut en particulier un décor solide, où on puisse éventuellement faire claquer les portes ! En 1888 encore Strindberg s'emporte contre l'abus des toiles (et des toiles peintes) dans les décors et assure avoir cherché à éviter, dans *Mademoiselle Julie*, les « ennuyeuses sorties par la porte, d'autant qu'une porte, au théâtre, est en toile, tremble au moindre choc et ne peut servir, par exemple, à exprimer la colère d'un père de famille qui, après un mauvais dîner, sort en la faisant claquer ' à faire trembler la maison ' (au théâtre, elle se balance) »[9].

Il est plus difficile de faire prendre conscience au spectateur de l'épaisseur temporelle. Le dramaturge naturaliste peut choisir d'attirer son attention sur un groupe, plutôt que sur l'environnement seul ou un personnage intégré à cet environnement. Plusieurs débuts nous montrent en effet des petits groupes saisis à un moment où ils continuent de vaquer à leurs occupations : tel est le début des *Social-aristocrates* (A. Holz), de *Dégel* (M. Halbe) qui montre quatre personnages achevant une collation, des *Trois sœurs*, ou encore des *Corbeaux*, où les différents membres de la famille se livrent à divers jeux de scène jusqu'à ce que Mme Vigneron demande à Judith de s'arrêter de pianoter. La plus grande réussite, dans ce domaine, est certainement l'ouverture des *Tisserands*, difficile à régler pour le metteur en scène, où vont et viennent un grand nombre de personnages et où doit s'exprimer la routine de l'examen et du paiement des pièces livrées ; G. Hauptmann prend en effet l'action à un moment où l'expéditeur Pfeifer, après vérification de la qualité et du poids, fait payer son dû à une femme : nous sommes donc à la fin d'un processus, peut-être compliqué encore par le fait que, pour une raison ou une autre (avances antérieures à déduire ? mauvaise qualité ? poids insuffisant ?), Neumann ne verse pas la rétribution prévue (la suite de la scène révélera que le salaire maximum pour une pièce est de 12 groschen et demi ; comme Neumann paye 16 groschen et 2 pfennigs, et qu'il s'exclame avec impatience, en voyant que la femme ne bouge pas : « eh bien ! qu'est-ce qu'y ne va pas encore ? », on peut conclure que Pfeifer, réglant deux pièces, a dû opérer des réductions) ; toujours est-il que le spectateur prend contact avec la fin d'un mouvement, qui d'ailleurs ne doit pas se détacher particulièrement de l'ensemble des comportements des tisserands présents dans la pièce.

9. « Préface » de *Mademoiselle Julie*, L'Arche, p. 17. COCTEAU connaît encore le même problème en 1938 *(Les Parents terribles)*.

En fin de compte, toute pièce d'obédience naturaliste pourrait débuter avec comme devise la première réplique des *Bas-fonds* : « Et après ? », c'est-à-dire par une question qui n'a de sens que si on connaît ce qui a été dit *avant* ; c'est le type même de la question à laquelle le spectateur est dans l'incapacité absolue de répondre : le déroulement du spectacle échappe à son contrôle, il n'y a pas continuité entre la scène et la salle. On retrouve ainsi les principales caractéristiques de l'incipit romanesque : l'ailleurs (par rapport au lecteur) s'impose avec force, et c'est au lecteur-spectateur de trouver en quelque sorte lui-même la position qu'il entend prendre face à la fiction qui lui est présentée.

Cet appel implicite au lecteur-spectateur n'est pas pure clause de style ou banalité applicable à la quasi-totalité des œuvres littéraires. En effet, l'ouverture du texte à lire ou à entendre, dans une perspective naturaliste, reconnaît (sans la souligner : Brecht n'est pas encore intervenu pour théoriser l'effet de distanciation) une distance entre le texte et celui qui en prend connaissance, et la suite du texte ne va pas normalement solliciter un désir d'identification à un personnage ; certes le texte naturaliste est tout à fait susceptible d'éveiller une sympathie qui peut se vouloir — en vain — active : le lecteur de *L'Assommoir* n'a-t-il pas tendance (même lors d'une nouvelle lecture) à « souhaiter » que Coupeau ne glisse pas du toit... ? quel spectateur n'est pas enclin à soutenir le Dr Stockmann *(Un ennemi du peuple)* dans sa lutte contre ceux qui gardent à tout prix le (dés)ordre établi, et même à s'imaginer comme lui à la fin de la pièce, affirmant une solitude difficile mais riche d'avenir (et la mise en scène peut aisément jouer sur ce désir du spectateur) ? Mais quelque puissante que se montre la fiction, elle reste fiction, jusqu'au moment où le spectacle, ou la lecture, est achevé. Dans quel état les écrivains veulent-ils laisser alors ceux qui ont lu ou vu représenter leur œuvre ? Y a-t-il une théorie, ou une pratique, naturaliste de la clôture du texte (de la représentation) ?

Maupassant peut ici servir de guide. Dans son essai sur

« Le roman » (« Préface » de *Pierre et Jean*) il évoque le romancier idéaliste et ses procédés de composition : « Le plan de son roman n'est qu'une série de combinaisons ingénieuses conduisant avec adresse au dénouement. Les incidents sont disposés et gradués vers le point culminant et l'effet de la fin, qui est un événement capital et décisif satisfaisant toutes les curiosités éveillées au début, mettant une barrière à l'intérêt, et terminant si complètement l'histoire racontée qu'on ne désire plus savoir ce que deviendront, le lendemain, les personnages les plus attachants » : nous avons l'anti-portrait du romancier naturaliste ; aussitôt après Maupassant présente le romancier qu'il préfère, celui qui « prétend nous donner une image exacte de la vie » ; or il est caractéristique que, pour ce faire, il n'envisage pas du tout les problèmes de la même façon ; en particulier il ne traite pratiquement pas du dénouement : il se contente de dire qu'un tel romancier « prendra son ou ses personnages à une certaine période de leur existence et les conduira, par des transitions naturelles, jusqu'à la période suivante »[10].

En effet, le lecteur ou le spectateur peut être souvent tenté de dire, une fois le texte terminé, une fois la fiction terminée : « la vie continue » plutôt que « la vie reprend » ; rien ne s'arrête, en dépit de l'arrêt du texte, lequel semble ainsi déborder. Maupassant lui-même semble avoir donné une sorte de modèle avec *Une vie*, en laissant dire à Rosalie, comme mot de la fin : « La vie, voyez-vous, ça n'est jamais si bon ni si mauvais qu'on croit. » Mais de quelle vie s'agit-il ? de celle des personnages, tout aussi fictive que leur existence de héros de papier et d'encre, ou de celle du lecteur-spectateur ? L'ultime phrase d'*Une vie* entretient la confusion : prononcée par un être fictionnel, elle peut être reprise à son compte par le lecteur réel. D'autres clôtures naturalistes sont de la même espèce : qu'on songe au « Faut-il être bête pour se tuer ! » que crie l'infirme Chanteau à la fin de *La Joie de vivre*, ou à la petite provocation à laquelle se livre

10. MAUPASSANT, *Pierre et Jean*, Classiques Garnier, 1959, p. 8 et 9.

Huysmans à la fin de « Sac au dos » : « Je suis chez moi, dans des cabinets à moi ! et je me dis qu'il faut avoir vécu dans la promiscuité des hospices et des camps pour apprécier la valeur d'une cuvette d'eau, pour savourer la solitude des endroits où l'on met culotte bas, à l'aise. »

La confusion vie du lecteur-spectateur/vie des personnages est toutefois d'abord un effet de texte : elle suppose que la fiction soit assez forte, que l'intérêt du texte soit assez grand pour que le lecteur-spectateur se sente partie prenante du milieu que le texte lui a présenté : on retrouve ici la sympathie évoquée plus haut. Elle n'est cependant pas absolument nécessaire pour admettre ou constater ce qui est une des marques de la clôture naturaliste : une fin *ouverte*. Si l'*incipit* du texte naturaliste est d'abord continuité, la fin en est d'abord ouverture : le texte est pris entre deux « embrayeurs » plus ou moins dissimulés, le premier inaugurant la fiction en la renvoyant à un avant-ailleurs du texte, le second la clôturant en renvoyant à un après-ailleurs. La question est bien, pour le spectateur-lecteur, de savoir si et où il veut se placer dans l'espace qui s'ouvre à lui.

Il peut choisir de rester spectateur, mais alors il court le risque d'attendre la fin, à l'instar de ces critiques angoissés devant le sort de Nora, qui harcèlent Ibsen de questions ; mais l'auteur, précisément, refuse de livrer *la* fin de l'histoire. Une attitude identique est décelable chez les critiques allemands effarés de voir leurs compatriotes lire avec passion des romans de Zola ou de Maupassant et qui ne comprennent pas qu'on puisse vraiment s'intéresser à des œuvres qui devraient laisser le lecteur sur sa faim : que devient Pierre Roland ? quelle va être la vie conjugale de Denise et Octave Mouret ? Il faut noter à cet égard que le fait même de poser une telle question après avoir lu la dernière ligne d'*Au Bonheur des Dames* témoigne que l'annonce du mariage qui vient clore le texte ne ressemble en rien à la fin traditionnelle des contes ou des comédies de boulevard : le roman de Zola sollicite le lecteur, en exigeant de lui qu'il ne se contente pas de finir une lecture. Zola use d'ailleurs du procédé avec peu de discrétion, lorsqu'il achève, avec *Le Docteur Pascal*, la série des *Rougon-Macquart* ; l'ultime phrase en est : « Et, dans le tiède silence, dans la paix solitaire de la salle de travail, Clotilde souriait à l'enfant, qui tétait toujours, son petit bras en l'air, tout droit, dressé comme un drapeau d'appel à vie. » Tout semble y être : la coordination avec tout ce qui précède, le silence de l'écrivain-homme de science qui devient l'absent du texte, la présence de l'humanité dans sa fonction de transmission de la vie, un geste du bébé qui ne devrait être qu'un réflexe, dépourvu en apparence de signification, mais porteur de quelque chose que l'avenir, peut-être, permettra de comprendre, enfin le mot ultime, le maître-mot de Zola : *vie*.

Le dernier chapitre du *Docteur Pascal* n'est pas exempt d'un certain pathos sentimentalo-romantique, voire d'un vague souffle messianique. Zola met vraiment les points sur les *i* : l'enfant inconnu devient le porteur de tous les espoirs, de toutes les inquiétudes du tournant du siècle : « Que disait-il, le petit être [...] ? Peut-être ne disait-il rien, peut-être mentait-il déjà [...] ! » Dans un plan détaillé du roman on trouve une esquisse de la fin qui montre que Zola avait un moment pensé aller assez loin dans le symbolisme du « Messie de demain » : l'enfant (anonyme, dans le texte publié) y portait le nom de *Victor*, faisait figure de nouveau Rédempteur plus que d'Antéchrist ; surtout, Zola se posait un problème : « Conclure aussi sur le relèvement de la France après 70. Qui sait si cet enfant ne sera pas le général attendu ? Mais faire cela est très délicat. Ma série n'étant que l'histoire du second Empire, il serait bon de mettre cela. Le fait pour montrer la république assise et réparant le mal, est à trouver »[11]. L'ultime chapitre du *Docteur Pascal* ne répond qu'en partie aux préoccupations que Zola s'exprimait à lui-même : on ne trouve nulle allusion à un général Revanche quelconque (du rêve de gloire militaire ne subsiste, peut-être, que le mot

---

11. « Notes et variantes » relatives au *Docteur Pascal, Les Rougon-Macquart*, Bibl. de la Pléiade, t. V, p. 1666.

« drapeau », qui se trouve déjà dans le dossier préparatoire)
et même, très curieusement, la « jeune République », loin de
réparer le mal, n'est présente qu'en la personne du sous-
préfet qui vient rendre hommage à Félicité Rougon.

Toutefois la perspective de Zola est claire : d'une histoire
lue il faut passer à l'Histoire, celle qui se fait, celle qui
s'écrit. La fin des *Rougon-Macquart* est écrite au *passé* : il
faut, le volume fini, réintégrer le présent. Et c'est au lecteur
de le faire ! En effet le destinataire de l'œuvre naturaliste est
appelé à devenir un acteur dans le drame humain qui continue à se dérouler. Comme P. Cogny a raison de le souligner
à propos du chemin que *Germinal* fait parcourir : « De l'histoire sanglante des mineurs de *Germinal* on passe à l'*Histoire* »[12]. Le « on » ne peut être que le lecteur, tout lecteur
qui lit jusqu'au bout le roman de Zola. Mieux : la clôture
n'est pas seulement « point de départ d'un nouveau roman » :
Etienne Lantier n'est et ne sera jamais qu'un *actant* dans un
système de signes, tandis que le lecteur concret, réel, peut
devenir *acteur*, agissant. Le texte s'arrête au moment où le
lecteur doit prendre la relève.

Il est alors possible de revenir sur les analyses, proposées
plus haut, de *Nana* et des *Tisserands*[13]. La structure du texte
naturaliste ne peut être une structure exclusivement littéraire :
un élément important, peut-être essentiel, du texte est sa
« contemporanéité », c'est-à-dire que, comme l'indiquent
régulièrement les indications de mise en scène : « l'action se
passe de nos jours », « Zeit : Gegenwart ». Il faut alors se
demander quel est le véritable sujet du roman ou de la pièce :
et ne serait-ce pas l'Histoire en train de s'écrire ? Le départ
de Nora est celui d'une femme qui veut devenir un être
humain *(et menneske)* et transformer une simple vie commune *(samliv)* en une véritable union *(ekteskap)* : devant ce

12. P. Cogny, Ouverture et clôture dans « Germinal », *Les Cahiers naturalistes*, n° 50 (1976), p. 70.
13. Cf. plus haut, chap. VI, p. 117-120.

désir qui ne se réalisera que hors de la scène, le spectateur, la spectatrice peuvent-ils rester indifférents ? Le « grand souffle désespéré » qui est monté jusqu'aux fenêtres de la chambre du Grand Hôtel — domaine du réel réinterprété — où gît le cadavre en décomposition de Nana — domaine fictionnel —, il ne tient peut-être qu'au lecteur, héritier, quoi qu'il en ait, du second Empire, de le reprendre et de le transformer en un élan vers l'amélioration de la communauté sociale où il vit. La « véritable histoire de Nana » ne consiste pas dans la recherche des sources et dans la vie des courtisanes illustres ; « le sujet philosophique est celui-ci : Toute une société se ruant sur le cul »[14]. La question est de savoir si cette « société » est uniquement celle du second Empire, et si 1870 marque, ou non, une coupure... Surgit alors une autre question : si le texte naturaliste tire une grande partie de son intérêt du fait qu'il traite de l'Histoire en train de se faire, est-il susceptible de conserver quelque valeur quand le lecteur n'est plus un contemporain ?

Il reste que la clôture du texte naturaliste, et, par là, l'ensemble de la structure de ce texte, ne peuvent être séparés de l'effet de lecture ou de l'effet de spectacle. Le lecteur-spectateur ne peut rien contre l'arbitraire du début d'un texte, il peut beaucoup après la nécessité de la fin. A l'arbitraire du début, de l'entrée en fiction, il n'a pu que répondre par avance, par un autre arbitraire : celui d'acheter ou d'emprunter le livre, de se procurer une place au théâtre. Certes, des éléments de décision ont joué : la réputation de l'auteur, le ton de la critique, la publicité faite (et on sait que Zola et Ibsen, entre autres, sont habiles à provoquer leur public !), mais le lecteur-spectateur reste désarmé devant l'angle d'attaque de l'auteur, qui choisit son terrain et son écriture. Une fois le texte commencé, en revanche, le destinataire peut, à son tour, choisir de le mener à son terme en l'actualisant par la lecture complète ou l'assistance au spec-

14. Zola, dans l'ébauche de *Nana, Les Rougon-Macquart*, Bibl. de la Pléiade, t. II, p. 1665.

tacle de bout en bout, et, lorsque cette actualisation est
achevée, il peut encore choisir d'essayer de prendre à son
compte le hors-texte (historique) auquel le texte a fait appel et
essayer même — pourquoi pas ? — de le modifier.

Tous les textes naturalistes n'aboutissent pas à une telle
conclusion, c'est-à-dire à un tel appel. Car certains écrivains,
tout à fait conscients de la présence de l'Histoire, éprouvent
comme une peur devant elle, qu'ils traduisent pour une
bonne part en choisissant des héros médiocres, à qui il
n'arrive jamais rien, sinon une aventure médiocre qu'il faudrait effacer. Ce sont les héros de Céard, bien entendu, ceux
d'*Une belle journée* ou de cette pièce au titre évocateur *Les
Résignés* (jouée au Théâtre libre le 31 janvier 1889), et surtout ceux de Maupassant : la réplique finale d'« En famille »
traduirait bien l'état de l'être écrasé par un système oppressif
que ne lui laisse plus d'autre ressource que de chercher des
excuses : « Qu'est-ce que je vais dire à mon chef ? » Mais si
on sait s'arranger pour être du côté des profiteurs la conclusion peut être une résignation d'une autre sorte : le couple
Milvain de *New Grub Street (La Nouvelle Bohême)* se laisse
glisser dans un état de jouissance du présent où toute vision
d'avenir semble bannie : « ' Ah, le monde n'est-il pas un
endroit merveilleux ? — Pour les riches. — Oui, pour les
riches. Comme j'ai pitié des pauvres diables !... Joue n'importe quoi. Ce serait mieux encore si tu voulais chanter, mon
rossignol. ' Anny se mit donc à jouer d'abord, puis à chanter, et Jasper, au fond du canapé, s'abîma dans une solitude
peuplée de rêves »[15]. Le *dreamy bliss* où Jasper s'enfonce est
l'exact parallèle de la « pitié aiguë » qu'éprouve Mme Duha-
main : dans l'un et l'autre cas une période de vie a été contée,
et par-delà les vicissitudes de l'intrigue, tout a retrouvé sa
place. « La vie a passé » soupire le vieux Firs à la fin de *La
Cerisaie* : tout le monde, dans la fiction comme dans la réalité, n'a pas le désir ou la volonté de faire en sorte qu'elle
continue, c'est-à-dire qu'elle change.

15. G. GISSING, *La Nouvelle Bohême*, PUL, 1978, p. 455.

Le texte naturaliste est bien un morceau de fiction découpé dans du réel ; à ce titre il peut apparaître comme un fragment, mais qui n'a rien de commun avec le fragment romantique : « Pareil à une œuvre d'art, un fragment doit être totalement détaché du monde environnant, et clos sur lui-même comme un hérisson » ; cette célèbre définition de l'*Athenaeum*[16] ne saurait évidemment convenir en aucun cas à un épisode naturaliste : la clôture du texte tend à se nier en tant que clôture, car le lecteur doit orienter le texte, sans craindre d'avoir à s'y piquer. Le texte naturaliste semble être le lieu même de la confusion, dans laquelle on ne peut s'empêcher de croire que l'écrivain ne mette d'ordre qu'arbitraire, à l'image, peut-être de la vie. La logique du texte trouve son prolongement et son achèvement dans la place que décide de prendre le lecteur-spectateur : y a-t-il une logique de l'Histoire ?

---

16. Texte de 1798, cité d'après Ph. LACOUE-LABARTHE - J.-L. NANCY, *L'Absolu littéraire*, Le Seuil, 1978, p. 126.

CHAPITRE VIII

Turbulences de l'écriture

« Les naturalistes, ces gens [...] qui
veulent que tous les romans soient écrits
en argot. »

Tout le monde, d'après ZOLA,
(*Le Roman expérimental*, « Les
documents humains »).

Le naturalisme, ou les « gros mots » : la mise en relation
des deux séries était déjà banale à force d'être répétée dès
l'émergence du mouvement. Le même V. Hugo, qui se van-
tait d'avoir mis le bonnet rouge au vieux dictionnaire, refuse
de se livrer à ce qu'il nomme la « gamme descendante » de la
réalité exprimée par le langage, en assurant qu'on ne peut pas
continuer indéfiniment, sauf à atteindre, par-delà la mal-
propreté puis l'obscénité, on ne sait quel abîme sans fond[1].
L'image de Hugo est frappante : elle suggère qu'il y a une
hiérarchie dans la langue, susceptible d'être découpée en
niveaux stylistiques à la façon de l'ancienne rhétorique, celle-
là même que Hugo en personne avait combattue ; et les naturalistes choisiraient de préférence dans les registres les plus
« bas ». Or ce n'est nullement en ces termes que les écrivains
en cause posent le problème : ils partent plutôt d'une exigence de communication entre l'auteur et le destinataire, et le
langage doit se prêter, tant bien que mal, à cet impératif ; de

1. Voir J.-H. BORNECQUE et P. COGNY, *Réalisme et naturalisme*,
Hachette, 1958, p. 116.

ce fait on ne trouve que rarement chez eux une réflexion sur
la langue en tant que telle, à la différence de certains de leurs
contemporains comme Mallarmé ou S. George : il n'est pas
question de laisser entière initiative aux mots, bien que le
culte du mot ne soit pas totalement absent des préoccupations
d'un Zola comme d'un Holz, sans oublier, bien entendu, les
Goncourt ou Ibsen.

Dans quelle mesure la langue doit-elle être mise au service
d'une analyse littéraire du réel ? Il faut signaler d'emblée que
Zola est, de tous les écrivains concernés (sauf son reflet
Alexis à qui le masque de « Trublot » permet précisément de
se délecter des « gros mots »), celui qui est le moins préoccupé de répondre à une telle question ou même de l'abor-
der de front. Il suffit de rappeler certaines positions de
l'auteur de *Germinal* : accusé d'y avoir fait parler les mineurs
comme des ouvriers parisiens, il se contente d'affirmer : « Si
j'avais écrit mon roman dans le patois du Nord, je doute que
personne ait jamais consenti à me lire » ; d'ailleurs il avait,
dès 1878, critiqué Léon Cladel, coupable à ses yeux d'avoir
eu « l'intention de rendre littéralement le langage et les
mœurs des paysans du Quercy » : le résultat est « une œuvre
bâtarde », « un galimatias poétique ». On le sait : pour Zola
les questions de « rhétorique » sont subalternes, peut-être
parce qu'il se sent trop englué de romantisme et qu'il recule
— chose rare chez lui ! — devant l'effort qu'il faudrait
accomplir pour promouvoir une façon d'écrire réellement
nouvelle : dans le style romantique qu'il continue à voir
vivre, il voudrait se contenter de « porter la hache, ouvrir les
clairières, arriver à une clarté plus large. Moins d'art et plus
de solidité. Un retour à la langue si carrée et si nette du dix-
septième siècle. Un effort constant pour que l'expression ne
dépassât pas la sensation »[2] ; on peut s'étonner de lire sous
une telle plume l'appel à un *retour* au XVIIᵉ siècle...

2. *Les Romanciers naturalistes, Œuvres complètes*, éd. du Livre précieux, [s.d.], t. XI, p. 247.

De fait l'œuvre de Zola apporte peu d'innovations dans le domaine de l'écriture. Tout au plus doit-on rappeler qu'il est capable d'imaginer jusqu'à 133 titres pour *La Bête humaine*, et que lui, qui livre une anecdote sur l'importance que Flaubert donnait au nom de Bouvard[3], a pesé les Richaud-David, les Goiraud-Mourlière, les Goiraud-Bergasse, et, ayant enfin arrêté le patronyme Rougon, lui a adjoint Chantegreil, Malassigne, Lapeyre, Vialat, Burat, Sardat, Machart, avant de fixer le double nom Rougon-Macquart. Mais Zola reste timide devant toute suggestion qui, même pour une plus grande vraisemblance, lui ferait quitter le domaine de l'utilisation traditionnelle de la langue ; si le romancier de *L'Assommoir* commet — une fois ! — une incartade à ses principes en allant puiser un vocabulaire argotique chez Delvau et chez Poulot, celui de *Nana* demeure indifférent à l'observation de Céard qui lui signale que l'Isaac du *Sacrifice d'Abraham* (*Nana*, chap. IV) doit dire « *Ja* papa » et non « *Oui* papa », « puisque la chose est contée en langage alsacien »[4] : Zola maintient le « oui », alors même qu'il précise que personne n'a compris. La vraisemblance, voire le sens du réel sont ici secondaires par rapport au principe de communication avec le lecteur. Flaubert s'était montré moins pusillanime en introduisant tout un discours en espagnol dans *L'Education sentimentale* (III, 1).

En effet il ne manque pas d'écrivains naturalistes qui n'hésitent pas à introduire des formes étrangères, dialectales ou populaires dans leur texte, quand ils font parler ou écrire leurs personnages : les héros de *Maggie, A Girl of the Streets* s'expriment dans une langue incorrecte, dont la prononciation est rendue par la graphie de l'auteur ; G. Hauptmann conserve encore beaucoup de traits dialectaux dans la version « approchée du haut-allemand » qu'il donne des *Tisserands*, d'abord rédigés en silésien ; les bérolinismes abondent dans

---

3. *Ibid.*, p. 145.
4. Lettre de CÉARD à Zola, 28 oct. 1879.

La Famille Selicke. Ibsen accorde une attention particulière
aux niveaux de langue de ses personnages, et fait entrer en
ligne de compte le vocabulaire, la syntaxe, l'intonation :
autant d'éléments qui sont d'ailleurs de nature à poser des
problèmes aux traducteurs[5] ; mais il faut toutefois noter que
le dramaturge norvégien, comme Zola, a toujours mis
l'accent sur le fait qu'il voulait être compris et a pris une
position très modérée dans le problème de la réforme du norvégien, qui agite alors l'intelligentsia d'un pays qui aspire à se
libérer de tout lien de dépendance avec le Danemark[6].

L'introduction d'éléments linguistiques non canoniques ne
doit évidemment pas être portée au crédit du seul naturalisme. Dans de nombreuses littératures le dialecte a droit de
cité ; mais il n'est pas sûr que le naturalisme ne tente pas,
dans ce domaine aussi, de modifier l'emploi qui en est fait.
Car, avant lui, le dialecte est utilisé dans une perspective
comique, au théâtre tout particulièrement : on sait l'usage
qu'Aristophane fait des parlers béotien, dorien ou laconien,
et le récit de « Piarrot » dans le *Dom Juan* de Molière produit toujours un effet de rire assuré ; le dialecte, d'ailleurs le
plus souvent réduit à quelques gros traits, sert alors à marquer la différence par rapport à la norme, à l'instar d'une
langue étrangère : qu'on pense au « carthaginois » (d'ailleurs
peut-être authentique !) de Hannon dans le *Poenulus* de
Plaute, au « turc » et au « latin » de Molière ! Quand
l'intention n'est pas comique, on a affaire à une poésie qu'on
peut appeler populaire, et qui vise le plus souvent à trans-
mettre de vieilles manières de s'exprimer : contes, chansons,
poèmes. Dans ce domaine aussi, de nombreuses littératures,
surtout dans leur phase romantique, ont abondamment pratiqué les tournures dialectales plus ou moins authentiques. Au

---

5. Voir à ce sujet les remarques de M. GRAVIER, *Ibsen*, Seghers, 1973,
p. 138-140, et de E. HAUGEN, *Ibsen's Drama*, Univ. of Minnesota Press,
1979, p. 99-101.
6. E. HAUGEN, *op. cit.*, p. 100, qui cite cette déclaration d'Ibsen : « Je ne
donnerai pas mon appui à la liquidation d'une littérature au développement
de laquelle j'ai moi-même contribué. »

total on peut donc admettre que, comme dans la littérature
néo-héllénique des années 80, « il existait une note qui déjà
était comme une préfiguration d'un certain réalisme. Quelque
chose comme une petite tradition en train de se former »[7]. Ce
que C.-Th. Dimaras dit de la Grèce pourrait être étendu à la
plupart des littératures européennes : le naturalisme n'innove
pas beaucoup en admettant les dialectes, mais il tente d'opérer un déplacement.

Pour essayer de l'apprécier correctement, il faut sans
doute essayer de se détacher d'une perspective trop nettement
française : la politique linguistique menée depuis des siècles
tend à éliminer les dialectes et les langues autres que le français, ou à les confiner au domaine du spectacle folklorique (et
les réactions de Zola sont tout à fait typiques à ce sujet !).
On ne doit donc pas s'étonner si les marques du réel qui proviennent d'un emploi particulier d'une langue sont rares,
même chez les naturalistes. Il faut citer Maupassant — mais
le recours au dialecte normand ou auvergnat va presque toujours de pair avec une intention comique (« Tribunaux rustiques », « La Bête à Mait' Belhomme », *Mont-Oriol*) et on
doit relever que l'auteur de « Petit soldat » fait parler entre
eux ses deux héros bretons (dont il précise qu'ils habitent près
de Vannes) comme des normands ! A côté de Maupassant il y
a E. de Goncourt qui prend les choses davantage au sérieux
et tend, un peu, à jouer les ethnographes ; il ne s'agit toutefois que de quelques notations, comme celles des récits de la
vieille Lizadie : simplesse, brimbelles, trisser, tremoulants
(*Chérie*, chap. XV), le « Dà » lorrain du maréchal Haudancourt et du père Taboureur *(Chérie)* ou de la fille qui recrute
Elisa *(La Fille Elisa)* ; quelques mots ou phrases en anglais
dans *La Faustin* ; sans oublier la lettre du « fusiller » Tanchon (*La Fille Elisa*, chap. XLIV) reproduite avec son orthographe originale. E. de Goncourt est certainement un observateur très attentif, capable d'attraper les caractéristiques d'un

---

7. C.-Th. Dimaras, Réalisme et naturalisme en Grèce. L'offre et la
demande, *Synthesis*, II, 1975, p. 162.

langage : si ombrageux, parfois à tort, qu'il ait été sur le chapitre des emprunts dont il se prétend victime, on peut lui faire crédit quand il remarque que la phrase par laquelle les prostituées de *L'Assommoir* (chap. XII) raccrochent leurs clients (« Monsieur, écoutez donc... ») « se dit dans le quartier Saint-Honoré, mais non sur la Chaussée-Clignancourt » (*Journal*, 17 déc. 1876). Avec E. de Goncourt nous sommes sur la voie de la recherche de ce qu'on appellerait aujourd'hui des ethnotextes, documents identifiés avec le maximum de références.

Effectivement, comme l'étude des sous-titres avait déjà permis de le remarquer, le récit ethnographique est une orientation presque inévitable du naturalisme. Bleibtreu lui reconnaît une place de choix dans le réalisme tel qu'il l'entend dans sa *Révolution littéraire* : il est vrai qu'il entend par là plutôt des études sur la psychologie des peuples qu'une reproduction exacte de la langue réellement utilisée. Mais l'ethnographie semble être au bout des perspectives naturalistes. On pourrait même penser que la reproduction du document brut représente une solution adéquate : les romanciers du XVIIIᵉ siècle ont usé et abusé du procédé, particulièrement en publiant de prétendues correspondances ou de prétendus mémoires ou confessions qui, parfois, ont trompé un temps certains lecteurs (comme *La Nouvelle Héloïse*). Or on doit constater que les naturalistes ne recourent que très peu à de telles pratiques. Ainsi le roman épistolaire est une forme apparemment totalement absente des écrits naturalistes, sauf à compter, peut-être, *Les Pauvres gens* de Dostoïevski (1846) ; davantage : le texte des lettres que reçoivent ou écrivent les personnages ne figure que très rarement *in extenso* ou même en extrait ; à la lettre du fusillier Tanchon on peut joindre celles de Coriolis et de Garnotelle dans *Manette Salomon* ou de Juliette de Sémilland dans *Chérie*, celles bourrées de fautes d'orthographe dont Holz et Schlaf parsèment le début de leur nouvelle « Premier jour de classe », ou les deux lettres que Reardon et sa femme échangent au chapitre 27 de *New Grub Street* : or, précisément, dans le roman de Gissing, les lettres

jouent un grand rôle tout au long du récit, depuis la lettre
reçue par Jasper Milvain au début du premier chapitre
jusqu'à celle qui lui parvient à la fin du dernier ; jamais elles
ne sont reproduites (par exemple, dans le chap. 16, outre les
allusions à deux lettres écrites et reçues antérieurement au
moment de la scène décrite, deux lettres arrivent, qui ont
l'une et l'autre un rôle important : seul un résumé est proposé). De même, on ne trouve qu'occasionnellement des articles de journaux, intégralement ou en extraits : les articles de
Fauchery (*Nana*, chap. II et VII) ne sont que résumés, tandis
que dans *Les Maia* on relève la transcription d'un article
ordurier destiné à faire chanter Carlos da Maia (*Les Maia*, II,
chap. V). Enfin, il n'y a que peu d'exemples de recours au
journal intime : la nouvelle d'Alexis, « Le journal de
M. Mure », *Le Journal d'une femme de chambre* (qui,
comme on l'a vu, n'a aucun souci de vraisemblance par rapport à l'acte d'écriture), quelques chapitres du *Nabab* (et en
contrepoint ironique : les mémoires de Passajon ne sont pas
plus vraisemblables que ceux de Célestine !) ou de *Chérie*,
quelques textes de Maupassant.

Les faits semblent patents : les romanciers naturalistes,
pour qui le *document humain* a tant d'importance, hésitent à
intégrer·à leur fiction les marques écrites qui en paraissent les
manifestations les plus saisissables. C'est peut-être parce que,
décidément, la recherche d'un effet de réel n'est pas ce qui les
préoccupe le plus. J. Rousset définit ainsi un avantage de la
forme du roman épistolaire : « cette prise immédiate de la
réalité présente, saisie à chaud, permet à la vie de s'éprouver
et de s'exprimer dans ses fluctuations, au fur et à mesure des
oscillations ou des développements du sentiment »[8]. En dépit
du mot « réalité », une telle formule définit une pratique
presque entièrement aux antipodes du naturalisme : celui-ci
en effet exige une mise à distance, donc refuse de s'en rapporter uniquement aux fluctuations des sentiments d'un per-

8. J. ROUSSET, Le roman par lettres, *Forme et signification*, J. Corti,
1962, p. 68.

sonnage. Ainsi le *document humain* n'est nullement, en tout cas pas exclusivement, la transcription mécanique des documents produits par les hommes.

Il arrive toutefois que ce genre de documents soient utilisés et reproduits tel quel. E. de Goncourt se révèle, ici aussi, un pionnier, ou un chercheur. Le chapitre LV de *La Fille Elisa* comprend la reproduction du tableau tarifé des suppléments de cantine achetables par les détenues, et le chapitre CV et dernier de *Chérie* est tout entier constitué par le faire-part de décès de l'héroïne, document auquel il ne manque même pas le nom et l'adresse de l'imprimeur, ce dont certains critiques ne manquèrent pas de se gausser ; dans ce dernier cas le roman se clôt donc sur un effet de réel qui fait sortir l'héroïne de la pure fiction, mais peut-être, en fin de compte, pour l'y mieux maintenir aussi, puisque c'est sa mort qui renvoie à l'Histoire : née en 1851, un an avant Nana, elle meurt, comme l'héroïne de Zola, peu de temps avant la fin de l'Empire dont elle constitue, comme l'héroïne de Zola, une pierre de touche. Aux vociférations martiales qui retentissent à la dernière ligne de *Nana* fait écho le faire-part du maréchal de Haudancourt : du point de vue formel qui est le nôtre ici il apparaît que Goncourt est beaucoup plus moderne ou progressiste que Zola ; la même technique se retrouve chez d'autres romanciers : l'année de *Nana* J. Claretie parsème ses *Amours d'un interne* de la reproduction d'une lettre dont il respecte la présentation « originale » (chap. V), d'une affiche de spectacle (chap. VII), de formulaires d'hôpital (chap. VIII et XVI). Ils sont là sur la voie des montages auxquels le XXe siècle habituera ses lecteurs.

Le dernier roman d'E. de Goncourt, *Chérie*, est sans doute celui où l'écrivain s'oriente le plus délibérément vers des recherches d'ordre formel. Outre le faire-part de décès déjà mentionné, on y trouve aussi un chapitre (chap. XXXIII) censé reproduire le « règlement de vie », divisé en six parties, que l'héroïne rédige à la veille de sa première communion : l'auteur intervient dans ce document en interposant une série

de huit lignes de points entre la fin de la première partie et le
début de la septième. Même procédé typographique au chapitre XXXIV (apparition des règles) : cinq lignes de points.
L'auteur et son frère se manifestent directement au chapitre
XLIV pour rompre le récit et renvoyer, vaguement, à un
autre texte ; un rébus et son explication se trouvent au chapitre XLIV ; le chapitre LXVI est tout entier formé par l'énumération des bals d'hiver de Paris (3 pages) ; deux séries de
descriptions, introduites par la même formule banale (« Là se
voyaient... ») et rédigées dans un style de commissaire-
priseur, occupent l'essentiel du chapitre LXIX ; un paragraphe entier du chapitre LXXIX est constitué par une liste
des spectacles parisiens. Les chapitres eux-mêmes sont de longueur très variable, de quelques lignes à une dizaine de pages,
ce qui est un type de composition romanesque qui a toujours
été prisé par les Goncourt. A certains moments on n'est pas
loin de l'écriture qu'affectionneront les nouveaux romanciers
français de la deuxième moitié du XXᵉ siècle.

Mais c'est probablement du côté du naturalisme allemand
qu'il faut chercher les tentatives les plus vigoureuses d'un
renouvellement de la forme par un travail sur le matériau
même qu'utilise l'écrivain, la langue. A. Holz est celui à qui
la postérité a accolé la notion de « naturalisme conséquent »,
et qui, de fait, a tenté de reprendre les choses là où Zola les
a, selon lui, laissées, c'est-à-dire en accordant toute son attention aux « conditions de reproduction » du réel par l'art et au
maniement qu'en fait l'artiste. L'apport théorique de Holz
est à chercher surtout dans un court opuscule publié en 1891,
L'Art. Son essence et ses lois, où l'auteur décrit le parcours
intellectuel qui l'a mené à réfléchir sur l'art et à proposer
quelques réflexions. La présence de Zola (dont Holz n'a
découvert l'œuvre critique qu'en mars 1887, lors d'un court
séjour à Paris) est manifeste tout au long de l'ouvrage, en
particulier dans les pages, rédigées en français, sous le titre de
« lettre ouverte à M. Emile Zola », où Holz coud bout à
bout des phrases de l'écrivain français. L'ambition de Holz

procède d'ailleurs d'une démarche parallèle à celle de Zola ; celui-ci part de C. Bernard et veut, à son exemple, transformer un art en science, Holz souhaite suivre l'exemple de Marx et rendre possible, « pour l'activité *artistique* de l'humanité, une science semblable à celle qui, à peu près depuis Marx, est à notre disposition pour l'activité *économique* dans les rapports de production »[9], afin de passer d'un « savoir sur l'art » à une « science de l'art ».

Pour y parvenir, Holz part de l'hypothèse qu'il n'y a qu'une différence de degrés, et non de nature, entre un tableau de Rubens ou de Michel-Ange et un gribouillage d'enfant sur une ardoise. Devant ce gribouillage où il ne reconnaît rien (dromadaire ? plante grimpante ? carte ?), il appelle le jeune dessinateur, qui lui répond que c'est un « zoldat » *(ein Suldat)*. L'enfant n'a donc pas atteint son but, en raison de son incapacité à tout reproduire exactement : il manque quelque chose pour que le « zoldat » devienne un soldat identifiable par tous et on peut écrire la formule : « gribouillage = soldat - x » autrement dit :

« œuvre d'art = morceau de nature - x »

ou encore :

« art = nature - x »[10].

Jusqu'ici, Holz estime qu'il a parfaitement suivi Zola ; la différence qu'il souligne est que ce dernier a cru devoir faire intervenir, à ce moment, le « tempérament » ; or, l'x de Holz ne saurait être le tempérament, car, continuant son raisonnement, Holz remarque que, s'il avait eu une boîte de crayons de couleur, le même gamin (donc doué du même tempérament) aurait sans doute produit un dessin plus aisément identifiable. Holz arrive ainsi à la formule :

« L'art a tendance à redevenir la nature. Il la devient en proportion des conditions de reproductions en cause et de l'habileté à les utiliser »[11].

9. A. HOLZ, *Die Kunst*, 1891, p. 96.
10. Voir *ibid.*, p. 106-113.
11. *Ibid.*, p. 117.

Holz prétend qu'une telle phrase renverse toute l'esthétique antérieure, d'Aristote à Taine ; les exégèses les plus
variées en ont été proposées : une chose est incontestable : la
tentative de Holz l'entraîne effectivement sur le terrain de la
forme, c'est-à-dire le conduit à s'interroger sur la façon dont
la langue — qui est la « condition de reproduction » de
l'écrivain — peut servir à rendre, ou à redevenir la nature.

C'est là un problème que Zola n'avait pas totalement
évacué ; au terme de sa campagne d'un an dans *Le Figaro*, il
aborde la question du « progrès dans les lettres » pour affirmer que le génie de l'artiste n'est pas susceptible d'une évolution à travers les âges (Homère a autant de génie que Shakespeare) : « mais ce qui progresse à coup sûr, ce sont les
moyens matériels de l'expression et les connaissances exactes
sur l'homme et la nature. » Toutefois, dans la suite de son
article, Zola ne prend ses exemples de perfectionnement des
moyens d'expression que dans la musique et, accessoirement,
la peinture : en littérature précise-t-il « notre langue [...] n'est
pas un instrument plus commode » qu'autrefois, et le progrès
ne peut vraiment venir que d'une meilleure méthode d'investigation de la nature. Il n'est probablement pas indifférent que
Holz, de son côté, soit parti d'un dessin, et non d'un texte ;
les « conditions de reproduction » sont effectivement bien
différentes suivant qu'on dispose d'une ardoise et d'une craie
ou d'une boîte de crayons de couleur et d'un papier ! Mais si
on applique à l'art d'écrire les conclusions qu'on peut tirer de
l'art de peindre, il faut alors travailler non seulement *avec* la
langue mais encore *sur* la langue, car c'est elle qui est le
« moyen matériel de l'expression » par excellence de l'écrivain : Brunetière avait vu juste lorsqu'il avait décelé, chez un
Daudet, une sorte de désir de concurrencer la peinture ou de
lui emprunter ses procédés[12].

Il faut en tout cas reconnaître à Holz ce mérite : il a été
conséquent avec ses propres conclusions. Si on essaie de préciser la part qui a été la sienne dans la collaboration avec

12. Voir plus haut, chap. IV, p. 92.

J. Schlaf qui a produit le recueil de *Papa Hamlet* (publié antérieurement à l'opuscule sur *L'Art*), on constate qu'il est surtout responsable de l'expression, tandis que Schlaf fournit la matière du texte. L'aboutissement de telles recherches est le « style seconde par seconde » *(Sekundenstil)* qu'un contemporain, H. Hart, présente ainsi dans ses *Souvenirs* : « Il [= Holz] développait son point de vue en prenant l'exemple d'une feuille tombant d'un arbre. L'art ancien n'a rien su rapporter d'autre, à son sujet, que le fait qu'elle descende, en tourbillon et en se retournant, jusqu'au sol. L'art nouveau décrit ce phénomène de seconde en seconde ; il décrit comment la feuille, présentement éclairée par la lumière de tel côté, brille d'un éclat rouge, tandis qu'elle apparaît gris sombre de l'autre ; la seconde suivante, c'est le contraire : l'art décrit comment la feuille tombe d'abord verticalement, puis est poussée de côté, puis retombe à plomb, l'art décrit — ah Dieu sait ce qu'il a encore à rapporter. Je l'ai oublié »[13]. N'est-ce pas très proche des pratiques du Nouveau Roman français ? Le souci de l'écriture qui anime Holz le conduira en tout cas toujours plus loin — vers la poésie, par laquelle il avait d'ailleurs commencé sa carrière littéraire : en 1899, il publie sa *Révolution poétique*, un recueil d'articles et de pamphlets et il travaille sans arrêt à un gigantesque poème, *Phantasus* (premier cahier : 1898 ; édition intégrale : 1925), œuvre demeurée inachevée, où la manipulation dont le langage est l'objet ne peut se comparer qu'à *Ulysses*, comme *Papa Hamlet* peut évoquer *Berlin Alexanderplatz*. On comprend que W. Emrich, ardent défenseur d'un auteur qui n'a jamais connu grand succès, essaie de proclamer la modernité de Holz non en le mettant sur le même plan que Zola, mais en le plaçant aux côtés des Hofmannsthal, Joyce, Broch, Musil : « Sa brochure [...] *L'Art* ne traçait pas un programme naturaliste — comme telle elle fut toujours mal comprise — mais elle touchait le problème central de tous les

---

13. H. HART, cité dans E. RUPRECHT, *Literarische Manifeste des Naturalismus*, Stuttgart, 1962, p. 199.

courants artistiques modernes qui allaient suivre [...] c'est-à-
dire la question de la spécificité des lois qui régissent, dans
chaque domaine, le matériel artistique, les mots, les sons, les
couleurs, les lignes, etc. »[14].

A. Holz hérault de la modernité est-il réellement incompatible avec un A. Holz hérault du naturalisme conséquent ? La
question ne doit pas être éludée. Il est facile de se gausser de
la formule « scientifique » de Holz sur les « conditions de
reproduction » et de son x qu'il prétend réduire ; mais serait-
il aberrant de rapprocher de son essai la pratique des Goncourt telle que la définit R. Ricatte au terme de son étude sur
l'œuvre romanesque des deux frères :

> « Leurs romans sont une sorte de musée clandestin. Tantôt ils
> dépeignent une scène entière comme si c'était une toile de leurs maî-
> tres préférés : la pensée du chef-d'œuvre communique à leur style un
> je ne sais quoi d'amoureusement dévot, une enveloppante continuité
> qui montre qu'ils sont passés du pittoresque au sacré ; en même
> temps, entre l'effet d'art ainsi obtenu et la réalité prosaïque, se pro-
> duit un décalage qui favorise le rêve [...]
>
> « D'autre part, lorsque les Goncourt s'inspirent des techniques
> picturales qu'ils ont eux-mêmes pratiquées, une concurrence fébrile
> s'établit entre leur description et l'aquarelle réelle ou imaginaire où
> ils ont, au préalable, transposé le motif. Les formes s'exaspèrent en
> mouvements, les teintes se précisent jusqu'aux nuances les plus indis-
> cernables ; et comme, malgré tout, du résultat plastique au résultat
> littéraire, il subsiste toujours un déficit irréductible, les Goncourt
> tâchent de le combler par des comparaisons d'une précision si raf-
> finée qu'elles travestissent en un spectacle rare la plus commune des
> sensations »[15] ?

Ici encore le lien avec la peinture frappe : l'écriture
devient le substitut du pinceau et du crayon ; mais surtout ne
comprend-on pas mieux la formule de Holz quand on suit
R. Ricatte dans sa mise en évidence d'un « déficit irréductible » ? n'est-ce pas là aussi la lacune qui inquiète Holz et
qu'il entreprend, lui aussi de combler ? Tout devient spec-

---

14. A. EMRICH, *Protest und Verheissung*, Francfort/M.-Bonn, 1960,
p. 155.
15. R. RICATTE, *La Création romanesque chez les Goncourt*, A. Colin,
1953, p. 461-462.

tacle, tout peut être montré à n'importe quel moment du temps, à n'importe quelle seconde. La variété et la mobilité du réel sont telles que toutes les ressources de tous les arts d'imitation sont nécessaires pour en rendre compte.

Nombre d'écrivains naturalistes pourraient être qualifiés de « romanciers de l'instantané », expression que J. Dubois applique aux Goncourt, à Daudet, à Vallès, et à Loti. Leur but est bien de décomposer la réalité en autant de touches qu'il est nécessaire pour que le lecteur la recompose, une fois qu'il est arrivé à la fin de la description. Même chez Zola on relève ce procédé, utilisé parfois de façon scolaire : Denise et ses deux frères, dès leur arrivée à Paris, sont fascinés par le magasin de nouveautés et l'œil du lecteur est contraint de s'arrêter avec eux sur les étalages du Bonheur des Dames dont ils font le tour. Il est évident que l'écrivain est confronté à une difficulté due au matériau qu'il emploie : le langage, dans son utilisation normale, présente une succession, et non une simultanéité ; le temps de l'écriture et, surtout, celui de la lecture, sont nécessairement inscrits dans une durée qui range le début de la description dans le passé : le lecteur ne peut pas ne pas être influencé par l'ordre dans lequel on lui a présenté les différents éléments d'un objet donné à voir à travers une écriture. C'est toute la structure du texte naturaliste qui est ainsi, à nouveau, mise en cause.

On peut être tenté de suivre l'analyse que P. Bourget propose, en 1883, du « style de décadence » et de l'appliquer à l'écriture naturaliste. Bourget écrit : « Un style de décadence est celui où l'unité du livre se décompose pour laisser la place à l'indépendance de la phrase, et la phrase pour laisser la place à l'indépendance du mot »[16]. Nietzsche, qui reprend et paraphrase ce texte dans Le Cas Wagner (1888), l'utilise pour l'auteur de la Tétralogie, mais cite précisément les Goncourt comme une référence possible pour le comprendre : comme

16. P. BOURGET, Essais de psychologie contemporaine, Paris, 1883, t. I, p. 25.

eux Wagner dégage de petites vérités qu'il essaie de rendre *visibles*, transformant ainsi l'art en quelque chose de spectaculaire. Une cinquantaine d'années après G. Lukács reprend le texte de Nietzsche pour souligner justement l'éclatement de la composition qui, selon lui, caractérise Zola. Indépendamment de tout jugement de valeur on peut penser que des œuvres comme celles des Goncourt et de Holz et Schlaf ouvrent la voie à un style qui répond à ces caractéristiques : l'unité n'est pas à chercher dans un tout harmonieux qui explique chaque partie, elle n'est pas donnée par l'artiste, elle est à reconstituer à partir d'une atomisation de la réalité (Nietzsche parle d'une « anarchie des atomes »). Le naturalisme, effectivement, conduit à un éclatement du langage lorsqu'il est poussé jusque dans ses dernières conséquences et il n'a plus rien à voir avec une utilisation « neutre » de la langue.

L'écriture naturaliste est une écriture artificielle, parce qu'elle est une écriture artistique. Loin d'y voir nécessairement un échec — « aucune écriture n'est plus artificielle que celle qui a prétendu dépeindre au plus près la Nature » (R. Barthes), ou encore : « ce style [= celui de Zola] est aussi rapidement périmé que celui des Précieux » (R.-M. Albérès) — il faut au contraire souligner que l'écrivain naturaliste n'est pas du tout étranger à la question du travail *sur* la langue : A. Holz peut être rangé parmi les précurseurs des grands écrivains de la modernité que cite W. Emrich précisément *parce qu'*il est dans le droit fil du naturalisme ; Holz a bien compris que le langage fait partie d'un donné « social » qu'il faut travailler à l'instar des autres éléments du réel et qu'en conséquence le naturalisme ne vient pas le réduire à une simple fonction de duplication à la façon d'une photographie : l'écrivain doit travailler avec lui, et sur lui.

Le naturalisme n'est pas la reproduction du réel « tel quel » ; il ne peut pas l'être par le fait même du passage à l'écriture. Lorsque Maupassant évoque les idées de Flaubert sur le style, il souligne qu'elles sont inséparables de sa théorie de l'observation : l'écrivain a toujours l'initiative de ce qu'il propose au lecteur et ce qu'il offre est toujours son interprétation. Si Flaubert « croyait au *style*, c'est-à-dire à une manière unique, absolue, d'exprimer une chose dans toute sa couleur et son intensité », et non pas à « des styles comme une série de moules particuliers dont chacun porte la marque d'un écrivain et dans lequel on coule toutes ses idées »[17], c'est que tout procède de la qualité de l'observation, de la façon dont l'écrivain cherche à percevoir l'originalité absolue de tout phénomène, si mince soit-il. Le style de l'écrivain ne peut être banal, voilà une formule que le naturalisme, en fin de compte, ne remet pas en cause.

Faut-il alors envisager que le naturalisme puisse gagner un domaine qui semble se situer totalement hors des perspectives qu'on lui reconnaît traditionnellement, celui de la poésie ? Zola assigne d'ailleurs ingénument aux poètes une place qui n'a rien pour les flatter : « Je ne pousse pas mon raisonnement, comme certains positivistes, jusqu'à prédire la fin prochaine de la poésie. J'assigne simplement à la poésie un rôle d'orchestre ; les poètes peuvent continuer à nous faire de la musique, pendant que nous travaillerons »[18]. Autrement dit Zola conserve aux poètes la place que C. Bernard laissait à l'ensemble des écrivains, à la grande indignation de Zola.

Ailleurs Zola se déclare pourtant convaincu que la méthode expérimentale « triomphera partout, [...] et même en poésie ». On le voit guetter les possibles manifestations d'un poète naturaliste. Lorsqu'en février 1878 il publie, dans *Le Messager de l'Europe*, une étude sur « les poètes contemporains », il commence par condamner l'ensemble de la production poétique, coupable d'être demeurée « stationnaire » depuis V. Hugo, et d'être même « d'essence stationnaire », souligne la « folie de la forme » de Mallarmé, « poussée »

---

17. MAUPASSANT, préface aux *Lettres de Flaubert à G. Sand* (1884), reproduite dans les *Chroniques*, 10/18, t. III, 1980, p. 111.
18. « Lettre à la jeunesse » (21 mai 1879), reprise dans *Le Roman expérimental*.

jusqu'à ce point où une cervelle se fêle », avant d'en venir à
celui qui écrit la pièce « restée, jusqu'à ce jour, le drapeau du
naturalisme en poésie » : « Le Petit épicier », dans le recueil
Les Humbles (1872) de F. Coppée ; il accorde également
quelques éloges à J. Richepin pour sa *Chanson des gueux*,
mais qui confond audace et vérité, avant de signaler « des
pièces très caractéristiques, annonçant une tendance naturaliste chez beaucoup de débutants ». Parmi ceux-ci il compte
Maupassant, à qui il accorde une revue littéraire exceptionnelle (« D'habitude, je n'aime pas à m'occuper des poètes »)
à propos de *Des Vers*, en mai 1880 : « Maupassant est certainement un des premiers poètes qui aideront à l'évolution
nouvelle. »

En dépit des espoirs et des appels de Zola — qui, de
toutes façons, se préoccupe assez peu d'une possible poésie
naturaliste —, la moisson poétique du naturalisme français
est pauvre pour ne pas dire nulle. L'histoire du naturalisme
allemand ne connaît pas le même vide ; en effet elle présente
toute une série de textes qui non seulement ont joué un rôle
historique important, jusqu'à aujourd'hui mais dont certains
font encore partie de l'héritage littéraire vivant (comme « le
travailleur », de R. Dehmel). Leur contemporain, S. Lublinski,
l'avait remarqué : les jeunes révolutionnaires allemands des
années 85 « ont commencé par la poésie lyrique, suivant la
bonne coutume allemande »[19]. De fait les créateurs de langue
allemande réagissent à l'intérieur de la tradition germanique :
une révolution littéraire est aussi, et peut-être avant tout, une
révolution poétique : la grande année inaugurale du naturalisme allemand est 1885, où paraissent l'anthologie *Moderne Dichter-Charaktere (Personnalités poétiques modernes)*
accompagnée de deux préfaces à visée théorique, et *Das Buch
der Zeit. Lieder eines Modernen (Le livre du temps. Chants
d'un moderne)* d'A. Holz (l'ouvrage est daté de 1886 mais
paraît en 1885) ; on peut encore ajouter que cette même année

19. S. LUBLISNKI, *Die Bilanz der Moderne*, Berlin, 1904, p. 60.

1885 voit publier le *Lyrische Tagebuch (Journal lyrique)* de C. Bleibtreu, les *Proletarier-Lieder (Chants de prolétaires)* de M. von Stern, le *Poetische Skizzenbuch (Livre d'esquisses poétiques)* de K. Henckell (l'un des auteurs d'une introduction aux *Moderne Dichter-Charaktere)*, des *Armeleutslieder (Chants des pauvres gens)* de O. Kamp, et enfin, de W. Arent, l'éditeur de l'Anthologie citée plus haut, *Aus tiefster Seele (Du plus profond de l'âme)*. Sans doute peut-on se demander, avec le recul, s'il s'agit vraiment d'une « révolution de la poésie lyrique », et qu'il faudrait porter au compte du naturalisme ; il y a dans ces productions poétiques beaucoup de naïveté et d'enthousiasme pour le monde moderne, et encore plus un usage traditionnel et conventionnel de la versification et même de la thématique que les jeunes écrivains prétendent combattre. La poésie, manifestation la plus pure de la littérature dans la tradition germanique, est de toutes façons un lieu de contradiction pour les écrivains allemands. Lorsque C. Bleibtreu rassemble différents articles pour bâtir sa *Révolution littéraire* (1886) il peut juxtaposer des déclarations sur l'avenir promis à une « vraie poésie », qui sache prendre en compte les préoccupations du monde contemporain, et affirmer qu'un « gaillard véritable n'importune l'univers avec sa poésie lyrique que tout à fait *accessoirement*, à côté de ses travaux plus importants »[20]. La plupart des écrivains allemands suivent d'ailleurs la voie évoquée par Bleibtreu ; leur intérêt se porte sur la prose et le théâtre ; la poésie, à la limite, sert un peu d'exutoire individuel à des créateurs qui, plus qu'ailleurs, sont tributaires d'une tradition qui valorise le génie poétique ; dans ces conditions il ne faut pas s'étonner si la « révolution poétique » se limite, le plus souvent, à prendre quelques thèmes plus ou moins nouveaux : les auteurs en question sont finalement beaucoup moins hardis en poésie qu'en prose ; il suffit de comparer le poème d'A. Holz sur la « Grande ville au matin » (« Grossstadtmorgen ») paru dans l'anthologie d'Arent, et les nou-

---

20. *Revolution der Literatur*, Tübingen, Niemeyer, 1973, p. 13 et 69.

velles de *Papa Hamlet* ! En France, le phénomène est encore
plus net : le recueil de Fèvre et Desprez, *La locomotive*
(1883), n'est qu'une très pâle mise en œuvre des procédés
classiques les plus éculés, alors que les mêmes auteurs sont
capables de publier, l'année suivante, *Autour d'un clocher*.

Le naturalisme reste évidemment tributaire, comme tout
art du langage, de la problématique ou de l'équilibre fond/
forme. Les tentatives purement poétiques montrent elles-
mêmes à quel point les écrivains en question ont été tentés de
valoriser la nouveauté du fond, ne pouvant se résoudre à
remettre vraiment en cause la forme. Mais inversement on ne
peut nier que les recherches formelles n'aient été au centre
des préoccupations de certains prosateurs (dont Zola, il faut
le souligner à nouveau, ne fait pas partie). L'écrivain naturaliste ne se propose nullement de *reproduire le réel*, il souhaite
plutôt mettre la langue au service d'une présentation orientée
d'une réalité découpée suivant différentes perspectives. Dès
lors il est évident que l'écriture naturaliste est artificielle, à
entendre au sens où elle est un artefact — mais ne peut-on le
dire de toute écriture, de toute parole (entendue au sens saus-
surien d'actualisation de la langue) ? Le paradoxe que
R. Barthes croit soulever en reprochant à l'école naturaliste
(ou à l'écriture réaliste : pour lui c'est tout un) de n'être pas
neutre, mais fabriquée, n'existe pas. On peut penser que la
valeur stylistique de certains écrivains représentatifs de cette
tendance est nulle, on ne peut nier qu'ils aient cherché à utiliser la langue en fonction de leur démonstration ; et d'ailleurs
Barthes lui-même insiste sur ce qu'il croit être la nouvelle
fonction de l'écrivain naturaliste : « fournir une Littérature
qui se voit de loin », ce qui implique qu'il y ait des marques
formelles permettant une telle identification. Il y a une poétique du naturalisme, qui ne se réduit nullement à une néga-
tion de tout souci formel.

Très lucidement, G. Lukács, un des pourfendeurs les plus
impitoyables du naturalisme, avait perçu que le mouvement
qu'il critiquait n'était pas un aboutissement, plus ou moins

So, Luckács says that depriving substance of a meaning must impute "meaning" to the author.

dévoyé, de pratiques héritées de Balzac, mais qu'il était porteur d'avenir — et c'est précisément cet avenir que redoute Luckás. Il constate en effet que la *Weltanschauung* de l'auteur est le seul élément stable et continu qui permette de donner un sens à ce qu'il décrit, car l'écriture naturaliste exclut que les choses représentées possèdent en quelque sorte d'elles-mêmes, clairement indiquées pour le lecteur et précisément parce qu'elles sont « représentées » (inscrites dans une écriture), une « signification poétique ». Que fait l'écrivain naturaliste, selon Lukács ? Il suggère que ce qu'il représente a un sens : « Certes la chose ne prend pas pour autant une signification poétique réelle, mais on la lui impute. La chose se transforme en symbole. On peut voir ici clairement de quelle façon la problématique poétique du naturalisme devait produire forcément des méthodes formalistes de figuration »[21]. Le naturalisme s'ouvrant sur le formalisme, par le relais du symbole qui en est un des éléments constitutifs, voilà peut-être l'apport le plus précieux de la critique de Lukács. Flaubert aussi avait su trouver une formule pour ramasser toute son admiration pour *Nana* : « Nana tourne au mythe sans cesser d'être une femme, et sa mort est michel-angesque ! » (lettre du 15 février 1880 à sa nièce Caroline).

Le naturalisme ne recourt pas au symbole, ne retrouve pas le chemin d'une nouvelle mythologie, *malgré* ses positions théoriques mais bien *parce qu'*il est conséquent avec lui-même. Le train fou de *La Bête humaine*, le son de la corde qui se rompt, le silence, puis les lointains coups de hache de *La Cerisaie*, la balle perdue qui foudroie le vieil Hilse à la fin des *Tisserands*, la course désespérée de Carlos et de João pour attraper le tramway qui fuit à la dernière page des *Maia*, le chant d'Amy qui berce un Jasper qui n'habite plus « New Grub Street » : autant de symboles qui concentrent en eux tout un livre — tout un monde. Ils ne sont lisibles ou déchiffrables que parce qu'ils arrivent à la fin d'un texte où le lecteur a été sans cesse sollicité. Dans l'évolution littéraire,

21. G. LUKÁCS, *Problèmes du réalisme*, L'Arche, 1975, p. 150.

le naturalisme se caractérise bien entre autres par la mise en cause des genres littéraires ; mais s'il souhaite volontiers confondre les genres, il ne confond pas pour autant l'écriture et le réel, comptant que le lecteur et le spectateur sauront, en faisant la part de l'un et de l'autre, discerner ce qui, dans l'œuvre littéraire, est interrogation sur le réel, et, peut-être plus encore, sur le rapport de l'homme au réel. La poétique du naturalisme s'achève en reprenant sans cesse la question toujours posée « de savoir comment se comportent les hommes, dès qu'ils sont en société »[22].

22. *Le Roman expérimental*, éd. citée, p. 73.

TROISIÈME PARTIE

Communications

CHAPITRE IX

Le métier d'écrivain

> « La littérature ou, mieux, le produit
> littéraire est aujourd'hui une marchandise
> comme une autre, et les lois économiques
> des prix et des transactions s'appliquent
> aussi au produit littéraire, comme au livre
> en général. »
>
> W. SCHERER, *Poetik* (1888).

L'écrivain naturaliste s'intéresse aux hommes qui vivent
en société, mais il est lui-même un des éléments de cette
société. Cette constatation d'apparence si banale conditionne
toute l'idée qu'un Zola se fait de sa profession : tirant toutes
les conséquences, l'auteur du *Roman expérimental* opère une
rupture, peut-être plus nette qu'aucune autre, avec la conception traditionnelle de *l'homme de lettres*. L'écrivain est un
homme de son temps : c'est en tant que tel que Zola considère qu'une des composantes essentielles de la vie sociale
dans la France du XIXᵉ siècle est la possession de ressources
propres, de l'argent gagné par une activité productrice : écrire
pour le public est un travail, une profession qui, à l'instar des
autres, mérite une juste rémunération.

La critique et l'histoire du naturalisme ont accordé assez
peu d'attention aux propos que Zola reprend dans *Le Roman
expérimental* sous le titre « L'argent dans la littérature » :
peut-être ces pages gardent-elles, aujourd'hui encore, une
vertu corrosive. Zola y rompt, avec une brutalité voulue, avec
toute une conception élevée, ou désincarnée, de la littérature.

Faute d'études sur ce point, on ignore quel fut véritablement
l'impact de ces articles sur les contemporains ; il n'est pas sûr
que beaucoup de critiques n'aient pas choisi le silence, tant le
sujet et la façon de le traiter ont pu apparaître comme dépla-
cés. Il faut toutefois relever qu'en Allemagne les articles de
Zola ne restent pas sans échos ; il est notable que la *Neue
Freie Presse*, quotidien viennois, publie ces textes dans ses
éditions des 4, 5 et 8 mai 1880 : c'est la première fois que ce
journal publie un texte de Zola, et cette publication, posté-
rieure à celle du *Messager de l'Europe* (mars), devance celle
du *Voltaire* (23-30 juillet) ; elle déclenche une polémique
entre critiques allemands : quand P. Lindau, dans la *Gegenwart*, estime qu'effectivement l'écrivain doit pouvoir s'assurer une situation matérielle convenable, on voit aussitôt
E. Mausbach, dans les *Blätter für Literarische Unterhalt-
ungen*, répliquer que la littérature ne doit avoir strictement
rien à faire avec une quelconque question d'argent.

L'étude de Zola est historique, elle retrace à grands traits
l'évolution de la condition de l'écrivain français depuis Mal-
herbe jusqu'au moment où Zola écrit son essai : tandis que
l'homme de lettres du XVIIe siècle n'est, au mieux, qu'un
parasite, celui de 1880 est un homme libre : la raison de cette
évolution est simple : « C'est l'argent, c'est le gain légitime-
ment réalisé sur ses ouvrages qui l'a [l'écrivain actuel] délivré
de toute protection humiliante, qui a fait de l'ancien bateleur
de cour, de l'ancien bouffon d'antichambre, un citoyen libre,
un homme qui ne relève que de lui-même. [...] L'argent a
émancipé l'écrivain, l'argent a créé les lettres modernes »[1].
Cet hymne à l'argent se double d'une déclaration de foi en la
démocratie dont « l'avènement [...] a lieu dans les lettres » :
l'écrivain selon Zola est celui qui travaille et qui a, au départ,
une chance égale à celles de tous ses confrères ; à lui de
savoir l'exploiter et de vivre de son travail.

Il est certain que de telles déclarations vont à l'encontre
de toute une tradition occidentale fondée sur le mépris du

---

1. *Le Roman expérimental*, éd. citée, p. 200-201.

gain qui serait, ou devrait être, inhérent au poète. Pindare, déjà, accablait de sarcasmes Simonide de Céos, coupable d'avoir, le premier, vendu ses vers. Les structures aristocratiques de l'Europe moderne ne contribuent sans doute pas peu à maintenir l'écrivain dans un statut particulier qui exclut de poser le problème en termes de valeur marchande : dans la France d'avant la Révolution on ne déroge pas en publiant un ouvrage. L'avènement de la bourgeoisie modifie sensiblement les données, et il n'est pas étonnant de trouver dans les deux pays où la classe bourgeoise est la plus entreprenante, l'Angleterre et la France, les premiers indices d'une nouvelle attitude de l'écrivain face à la question financière. C'est au début du XVIIIe siècle qu'on trouve les premiers écrivains à vivre régulièrement de leur plume. En 1767, Diderot essaie de clarifier les problèmes de la commercialisation des œuvres littéraires, dans sa *Lettre historique et politique à un magistrat sur le commerce de la librairie* : l'écrivain et l'éditeur (le « libraire ») sont des propriétaires qui passent contrat et vendent ; en 1777 Beaumarchais est un des principaux instigateurs du « Bureau dramatique », dont le but est de défendre les droits des auteurs. Et si la monarchie absolue avait su fonder l'Académie française, la monarchie bourgeoise voit se constituer la Société des gens de lettres (1838) qui évolue dans le sens d'une association qui défend les intérêts matériels de gens exerçant une même profession. Dans les pays à structure féodale il en va autrement : dans l'Empire allemand comme dans la Double-Monarchie austro-hongroise le mécénat, les cercles et cénacles restent des éléments importants de la vie littéraire, bien que se manifestent, et précisément sous l'action d'éléments qui se tiennent au contact de l'évolution naturaliste, autour des années 1880-1890, les signes avant-coureurs d'une modification du rôle de l'écrivain : de la notion de *Dichterberufung* on est en train de passer à celle de *Schriftstellerberuf*.

Pour être libre et indépendant, l'écrivain doit être fort. Zola, qui, personnellement, ne doute guère de sa force,

engage l'écrivain dans un processus d'intégration à la société
où il vit en proposant une nouvelle stratégie où l'écrivain
gagne son indépendance en gagnant sa vie et en défendant les
intérêts de sa profession ; pour ce faire, il ne doit pas hésiter
à recourir à un des moyens dont disposent les professionnels
d'une même branche : l'association. En effet les écrivains
naturalistes infléchissent le « groupe », une des manifestations traditionnelles de la vie littéraire en moment de crise,
dans un sens d'intégration sociale : du cénacle regroupé
autour d'un chef à vocation charismatique, destiné autant à
se protéger du monde extérieur qu'à s'imposer à lui, on tend
à passer à une association de professionnels unis par les
mêmes intérêts, qui devient un relais de la vie sociale. Sans
doute le groupe naturaliste conserve des traits traditionnels ;
il n'échappe pas, par exemple, au goût de la provocation : on
peut citer le célèbre dîner Trapp (16 avril 1877) et la publication des *Soirées de Médan* en France, ou le manifeste qui
figure à la première page de *Die Gesellschaft*, lancée le
1er janvier 1885, en Allemagne, où il est déclaré que le but est
l'émancipation des revues littéraires et de la critique par rapport à la tyrannie des « demoiselles de pensionnat » et des
« vieilles filles des deux sexes ». Mais alors que ceux qui suivent l'actualité littéraire en cette fin de XIXe siècle essaient de
juger la tentative naturaliste suivant les critères usuels : un
petit groupe de jeunes gens en colère qui se rebellent contre
leurs prédécesseurs, réunis autour d'un chef, exubérants et
excessifs, qui finiront bien par s'assagir... — les naturalistes
refusent d'être un groupe littéraire comme les autres.

Zola, le premier pourtant, à ce qu'il semble, à s'être
référé en France à un « groupe d'écrivains naturalistes »
d'ailleurs tout à fait fictif à la date où l'auteur de *Thérèse
Raquin* publie la deuxième édition de son roman, a toujours
protesté contre l'assimilation du naturalisme à une école
regroupée autour d'un chef. Il est incontestable que ni les
Médanistes, ni même les membres de l'association allemande
« Durch ! » (« En avant ! »), fondée en 1886, n'ont connu
une organisation et une structure fondées essentiellement sur

la dévotion à l'égard d'un maître ; K. Günther avance d'ailleurs l'hypothèse qu'un autre groupe allemand, plus informel, qui se réunit autour des frères Hart à partir de 1882 à Berlin doit son existence et sa cohésion à la médiocrité de la personnalité de ses instigateurs[2]. A la différence d'un E. de Goncourt, qui essaie, dans son grenier, de perpétuer la tradition ancienne et qui va jusqu'à fonder une Académie, Zola essaie de mettre en place une association à la fois plus souple sur le plan strictement littéraire et plus solide dès qu'il s'agit d'intérêts professionnels. Elu président de la Société des gens de lettres (avril 1891), Zola ne conçoit nullement l'exercice de sa fonction comme la simple jouissance d'un honneur : il intervient pour défendre les intérêts moraux et *matériels* de la profession ; « Mon Dieu ! il ne faut pas avoir peur des mots, et c'est bien vrai : nous défendons les gros sous de nos membres », proclame-t-il le 25 octobre 1891 lors d'une des premières interventions publiques suscitées par sa nouvelle fonction (lors d'une cérémonie à la mémoire d'E. Gonzalès, un des fondateurs de la Société). Il existe un terme pour désigner le genre d'associations auquel pense Zola, et celui-ci l'emploie dans le discours d'hommage à Gonzalès avant de le reprendre à la fin de son mandat, dans sa « Nouvelle Campagne » : la Société des gens de lettres doit être le *syndicat* de la profession.

Zola ne manque pas de se plaindre d'avoir des possibilités d'action très limitées dans la défense de sa profession. Dans la plupart des autres pays européens, à l'exception du Royaume-Uni, la situation est encore plus difficile. Dans l'Empire allemand comme dans la Double-Monarchie austro-hongroise, la tradition féodale, liée au mécénat, est toujours de mise : on connaît le *Münchener Dichterkreis* liée à la personne du roi de Bavière, Maximilien II puis Louis II, ou l'institution pour écrivains nécessiteux, alimentée par les cassettes princières, qu'est la *Schillerstiftung* ; il existe aussi des associations amicales qui sont surtout des confréries : le

---

2. Voir K. GÜNTHER, *Literarische Gruppenbildung im Berliner Naturalismus*, Bonn, Bouvier, 1972, p. 49, 133.

Tunnel über der Spree. Un Th. Fontane, en qui on voit
volontiers la réussite du romancier réaliste bourgeois, est
encore convaincu, en 1886, que le mécénat princier est au
fond le seul moyen de promouvoir les belles-lettres, et il
évoque avec nostalgie l'âge d'or du Versailles de Louis XIV
et du Weimar de Charles-Auguste. Il n'est pas facile, dans ces
conditions, de mettre en place une institution qui transforme
des relations de type féodal en relations d'affaires ; ce n'est
qu'en 1878, après quelques tentatives avortées qui remontent
à 1848, que se fonde, à Leipzig, l'*Allgemeiner Deutscher
Schriftsteller-Verband* ; au 31 décembre 1881, l'association
compte 267 membres : parmi ceux-ci, peu de grands noms
(écrivains célèbres à cette date ou écrivains reconnus depuis),
mais les noms de jeunes qui bataillent en faveur du renouveau littéraire, comme Bleibtreu, M.-G. Conrad. Indice
caractéristique : en 1881, l'Association décide de changer
d'organe officiel ; jusqu'alors c'était la conservatrice *All-
gemeine literarische Correspondenz* qui jouait ce rôle, désormais dévolu au *Magazin für die Literatur des In- und Auslandes*, la revue la plus ouverte à la modernité, le premier
périodique de langue allemande à avoir publié un article de
Zola. Cette même revue, en 1884-1885, revient sur le problème de l'argent dans la littérature, tandis qu'en 1885 est
fondée une publication, la *Deutsche Schriftsteller-Zeitung*,
entièrement consacrée aux questions de la profession. En
même temps des écrivains s'interrogent sur leur situation dans
la société : les frères Hart, Bleibtreu, C. Alberti... Les premiers, en particulier, se rendent bien compte que les droits
d'auteur, les conventions relatives à la traduction, sont aussi
des problèmes *littéraires* fondamentaux.

L'écrivain de la fin du XIXᵉ siècle est confronté à des
problèmes qu'il ne peut plus résoudre seul ; le développement des communications entraîne un élargissement du
commerce international du livre. Un critique allemand estime
à environ 100 000 le nombre de volumes de Zola (en langue
originale) qui ont été importés par l'Allemagne de 1889 à

1892[3]. Les traductions jouent un rôle encore bien plus important ; or, la protection est encore pratiquement nulle dans les années 80, et ne fait l'objet que de quelques conventions bilatérales : Ibsen n'est guère protégé, lui qui écrit dans une langue à diffusion très restreinte, contre les traductions et adaptations allemandes qui, au début de sa célébrité, servent de textes de base pour une grande partie de l'Europe (en 1890 encore Antoine entre en contact avec *Les Revenants* par l'intermédiaire d'une traduction française d'une traduction allemande !). Dans ce contexte les négociations qui conduisent une dizaine d'Etats à signer la Convention de Berne (9 oct. 1886) sont d'une importance capitale pour la vie littéraire internationale. On voit en effet s'affronter plusieurs conceptions, non seulement de la propriété littéraire, mais aussi de la littérature. Pour un des négociateurs français, L. Lavollée, « le droit de traduction ne doit être considéré que comme un démembrement du droit de reproduction ou comme une forme spéciale du droit de reproduction » étant donné qu'après tout, « dans les rapports internationaux, c'est toujours la traduction qui est le mode normal de reproduction » ; en revanche le représentant d'un petit Etat comme la Suède, de Lagerheim, plaide pour qu'on facilite l'accès aux œuvres des « grandes nations » et donc qu'on ne rende pas les traductions plus onéreuses, et par là même plus rares[4]. La protection obtenue pour les écrivains par la Convention de Berne marque certes un progrès : l'article 5 prévoit une protection de dix ans sans qu'un délai minimum soit indiqué, mais elle est limitée aux ressortissants des Etats de l'Union ; or les seuls grands pays signataires sont l'Espagne, la France, l'Italie, le Royaume-Uni, la Suisse. Par la suite des avenants amélioreront la situation des écrivains, et d'autres Etats signeront la Convention.

3. F. MAUTHNER, dans le *Magazin für die Literatur des In- und Auslandes*, 2 juil. 1892, p. 433-434.

4. Voir Ch.-L. MAGNIN, La Convention de Berne et l'évolution du droit d'auteur international, *Etudes sur la propriété industrielle littéraire artistique*, Paris, Sirey, 1960, p. 275-276.

Si l'écrivain, dans la défense de ses droits au plan international, fait volontiers cause commune avec son éditeur, il a dû d'abord discuter parfois âprement avec son partenaire. Les écrivains, et les naturalistes au tout premier rang, essaient d'en finir avec les contrats qui transfèrent le droit de propriété à un éditeur pour une période plus ou moins longue quand elle n'est pas perpétuelle : en juin 1879, dans une lettre à Mme Charpentier, Flaubert a cette expression révélatrice : « Le livre [= *L'Education sentimentale*] m'appartient à partir du 10 août prochain » ; la phrase rend bien compte de la véritable cession en toute propriété qu'acceptaient généralement les écrivains. Zola, engagé depuis 1872 dans un processus semblable avec l'éditeur Charpentier (qui, moyennant un versement mensuel de 500 francs à l'auteur, a l'entière possession, pendant dix ans, des deux romans que Zola s'engage à fournir chaque année), ne doit qu'à la rigueur morale de son éditeur de voir ce traité modifié dans le sens d'une association aux bénéfices. D'autres écrivains n'ont pas la même chance, et Zola ne manque pas de les soutenir : en 1896, à l'issue du procès intenté par P. Bourget à son éditeur Lemerre, il se félicite du jugement (Lemerre a été condamné, par le tribunal de commerce, à communiquer à Bourget les pièces établissant le chiffre des exemplaires fabriqués et vendus) qui établit surtout que le contrat qu'un éditeur et un auteur passent ensemble est bien un contrat de participation et non un contrat de confiance. Zola conclut : « La propriété littéraire est une propriété, et le travail littéraire doit être soumis aux lois qui règlent actuellement l'exploitation de tout travail, quel qu'il soit » (Auteurs et éditeurs, *Le Figaro*, 13 juin 1896).

Qu'est-ce donc qu'un écrivain naturaliste ? Il ne semble pas qu'il faille aller le chercher dans les personnages d'hommes de lettres qui apparaissent dans quelques œuvres. Sans doute, on peut citer des noms : Charles Demailly, André Jayant *(En ménage)*, Durtal, Jasper Milvain *(La Nouvelle Bohême)*, João da Ega *(Les Maia)*, Eylert Lövborg *(Hedda*

Gabler), Gehrke *(Les Sociaux-aristocrates)*, sans oublier Pierre Sandoz ; mais le lecteur ou le spectateur ne voient guère ces écrivains travailler, et la fiction n'est ici qu'un redoublement inutile : il faut appliquer aux naturalistes leur propre méthode et les observer dans la vie[5].

Deux écrivains dominent la littérature européenne vers 1885 : le dramaturge Ibsen, le romancier Zola. Ils ne se rencontrèrent jamais et s'exprimèrent peu l'un sur l'autre (Zola incite toutefois Antoine à monter *Les Revenants*) : il n'empêche que leurs carrières et leurs façons de comprendre leur métier d'écrivain sont étonnamment semblables, et qu'on peut, à partir des éléments communs, élaborer une sorte de portrait type de l'écrivain naturaliste. Issus de familles assez aisées qui connaissent cependant des difficultés (ruine, mort du père), ils ne font, non sans mal, que des études secondaires, et se forment ensuite, pour une bonne part, en autodidactes ; ils connaissent la misère, parfois profonde, travaillent comme apprenti ou petit employé, puis collaborent à des journaux ; après des premières œuvres fortement marquées par le romantisme, ils s'orientent vers l'étude de la réalité contemporaine et, au bout de quelques années, deviennent mondialement célèbres ; très au fait des problèmes de protection des droits d'auteurs, ils sont en relations d'affaires avec leurs éditeurs respectifs (F. Hegel, G. Charpentier) qui, de leur côté, savent exploiter au mieux les œuvres qui leur sont remises suivant un rythme très régulier : Ibsen et Zola ont en effet un même rythme de travail (un travail régulier chaque matin, avec, pour chaque œuvre, l'élaboration de plus en plus précise d'esquisses et de plans) ; le sens de la réalité contemporaine conduit les deux écrivains à produire des œuvres qui touchent au vif certains problèmes sociaux brûlants, mais ils assurent ne pas s'être engagés politiquement et refusent encore plus de militer pour une cause politique : ni

---

5. L'ouvrage de H. LINDUSCHKA, *Die Auffassung vom Dichterberuf im Deutschen Naturalismus (La Conception du métier d'écrivain dans le naturalisme allemand)*, Francfort/M., P. Lang, 1978, 374 p., accorde la place la plus importante à l'œuvre fictionnelle.

Maison de poupée, ni *Germinal*, qui traitent de deux questions importantes que le XIXᵉ siècle commence à voir poser avec acuité : l'émancipation des femmes, l'émancipation des travailleurs, n'entraînent de la part de leurs auteurs une quelconque profession de foi féministe ou socialiste (ni l'un ni l'autre ne fut membre d'un parti). En fin de compte, le propriétaire de Médan et le capitaliste de Christiania, que leurs œuvres ont enrichis l'un et l'autre, apparaissent comme deux *bourgeois* qui ont réussi, comme deux *self-made men*. On est décidément bien loin de l'érudit et du lettré qui est le parangon de l'écrivain selon Sainte-Beuve (et que décrit Zola au début de « L'argent dans la littérature ») ; en revanche la carrière imaginaire du pseudo-Bjarne P. Holmsen, telle que la décrit le pseudo-traducteur B. Franzius dans son « Introduction » à *Papa Hamlet*, coïncide, au moins en ce qui concerne les débuts, avec celles d'Ibsen et de Zola.

Dans ce parallèle proposé, on peut s'étonner d'une absente de marque : la *littérature* ! C'est que l'écrivain norvégien et l'écrivain français ont aussi en commun un même projet : intégrer l'activité littéraire à la vie sociale et, par là, refuser le problème de ce qu'on appellerait aujourd'hui la *littérarité*. Ils sont tous deux les promoteurs d'une écriture dont les qualités se nomment transparence, simplicité, clarté, reproduction de la langue usuelle. Dans les conseils qu'il prodigue à ses acteurs, metteurs en scène ou traducteurs, Ibsen n'est jamais las de rappeler, à l'époque de sa pleine création naturaliste, que le dialogue doit être naturel ; Zola voudrait au théâtre « un résumé de la langue parlée » et loue les romanciers naturalistes d'avoir « déjà écrit d'excellents modèles de dialogues ainsi réduits aux paroles strictement utiles ». Mais Zola pousse encore plus loin l'analyse qu'il fait de la place de la littérature dans la vie sociale, puisqu'il écrit cette phrase étonnante : « J'ai *négligé* jusqu'ici la question de la *forme* chez l'écrivain naturaliste, *parce que* c'est elle *justement* qui *spécialise* la littérature »[6] ! phrase éton-

---

6. *Le Roman expérimental*, éd. citée, p. 92 (souligné par moi).

nante, en effet, qui semble indiquer que Zola ne veut pas traiter de ce qui est la caractéristique propre de la littérature. Mais n'est-ce pas une façon d'exprimer le refus d'une spécialisation, d'une autonomie absolue de la littérature ?

L'écrivain naturaliste est bien l'homme de la communication ; il ne se contente pas d'écrire, poussé par son seul génie, il entend aussi mêler étroitement vie littéraire et vie sociale, en entendant par cette dernière la vie de toute la société, et non plus seulement celle de quelques salons ou cercles. Et puisque l'œuvre littéraire se définit aussi par sa valeur marchande, il faut tenir compte des lois du marché et de données comme la libre-concurrence, le prix des livres, la concession de certains monopoles... En avril 1883 la maison Hachette refuse de diffuser *Une Vie* dans les bibliothèques de gare, où elle jouit de l'exclusivité : Maupassant proteste, entre en campagne jusqu'à faire intervenir un parlementaire, et finit par obtenir qu'Hachette revienne sur sa décision. Un peu plus tard, dans l'Allemagne de 1884, O. Welten, l'un des jeunes naturalistes allemands, mène une campagne contre les bibliothèques de prêt et les cabinets de lecture, qu'il accuse de prendre des lecteurs potentiels aux écrivains : c'est un échec. Ibsen s'arrange avec son éditeur pour faire sortir la nouvelle pièce, qu'il produit à peu près régulièrement tous les deux ans, à un moment très favorable pour la vente, un peu avant les fêtes de fin d'année. La publicité de type moderne fait ses premières armes dans le domaine littéraire : on sait combien les contemporains ont été effarés par le lancement de *Nana* dû à Laffitte, le propriétaire du *Voltaire*, qui publie le roman en feuilleton.

Le journal, et non plus seulement ou de préférence la revue, devient en effet un élément essentiel de la vie littéraire. La plupart des écrivains naturalistes publient leurs œuvres d'abord dans des quotidiens et négocient, quand ils le peuvent, des traductions dans des périodiques étrangers. La presse étant devenue un pouvoir, les écrivains naturalistes essaient de l'utiliser à leur profit. Les attitudes, ici, ne sont pas monolithiques. On voit, en particulier, réapparaître, chez les naturalistes français le rêve des cénacles de l'époque précédente : avoir une revue « à soi ». On connaît l'aventure de *La Comédie humaine*, ce journal que devaient diriger Huysmans et Céard, et qui a failli commencer à paraître à la fin de 1880. Le fait que la tentative de ce journal naturaliste ait finalement échoué, comme échoue, juste après, la tentative de lancement d'une revue plus modeste rédigée par les auteurs des *Soirées de Médan*, n'a d'ailleurs peut-être pas été une mauvaise chose pour le naturalisme : car fonder une revue « naturaliste » c'est perpétuer le ghetto de la littérature et s'exposer à un échec encore plus retentissant : le sort de *Réalisme*, l'éphémère revue de Duranty (1856-1857), menace effectivement tout périodique qui, se voulant de combat, ne s'attache qu'un petit nombre de lecteurs et disparaît très vite. Les naturalistes allemands connaissent les mêmes problèmes : des nombreuses revues lancées autour des années 80 ne réussissent à s'implanter et à vivre que celles qui ont une conception assez large de leur public. Un M. G. Conrad fait d'ailleurs preuve de prudence en refusant d'accoler l'expression « organe du naturalisme » à *Die Gesellschaft* qui commence à paraître en janvier 1885, contrairement aux souhaits d'O. Welten qui voulait une prise de position plus nette. Et si cette revue, d'abord hebdomadaire puis mensuelle (ce qui la coupe davantage de l'actualité immédiate et permet des articles de fond plus réfléchis), réussit à s'imposer, c'est en grande partie, parce qu'elle fait preuve d'une grande modération dans ses jugements littéraires : très orientée vers la recherche d'une littérature de la germanité, elle donne, plus ou moins consciemment, des gages à une opinion publique lente à ébranler. A l'inverse, le bref passage de K. Bleibtreu à la rédaction en chef du *Magazin für die Literatur des In- und Auslandes*, où il suit une politique très agressive, se solde par une baisse considérable de l'audience de la revue. Le recours à la presse implique toute une stratégie : il ne faut pas se contenter de proclamer des idées auxquelles on tient, il faut savoir comment et quand les faire passer, et avec quel support.

C'est ce que Zola a compris. Son activité de journaliste, qui est considérable, est loin de se limiter à une activité strictement littéraire. Bien entendu, l'auteur du *Roman expérimental* est un critique et un théoricien littéraire. Mais il brouille les cartes, là aussi, en faisant éclater les cadres figés de l'écriture journalistique de son temps[7]. On constate que Zola tend à utiliser la place qu'on lui offre pour autre chose que ce à quoi ses lecteurs s'attendent : il fait de la littérature là où on parle habituellement de politique, et de la politique quand il devrait s'agir de littérature... Il suggère une nouvelle façon d'écrire dans le journal, où les genres traditionnels — la rubrique politique, la chronique « parisienne », la revue littéraire et artistique — seraient confondus. Bien plus tard, au moment de l'affaire Dreyfus, Zola continuera à appliquer la même stratégie : se comportant, envers et contre tout (et, en particulier, contre ses « amis politiques »), en homme de lettres, il viendra compliquer les données du problème autant par son comportement durant son procès qu'en écrivant « J'accuse », au point que l'exil en Angleterre lui évite, sans doute, d'échapper à la prison, mais permet aussi aux politiques restés sur place de reprendre, avec leurs méthodes, la direction de l'affaire.

L'attitude constante de Zola est d'accepter, ou de rechercher, le terrain d'où il pourra se faire entendre. Il refuse de se situer en dehors de l'action, comme il refuse de se situer dans un lieu immuable et protégé. L'écrivain est un homme qui doit se déplacer : en cela encore Zola essaie de rompre avec une certaine attitude romantique qui fait du poète le phare, autant et plus que le témoin, de son temps. Pas de tour d'ivoire, pas de prophétisme à temps et à contre temps. Mais un souci constant de livrer bataille là où c'est possible, là où il y a des chances de victoire, c'est-à-dire en utilisant aussi le terrain de l'adversaire : puisque *Le Voltaire*, journal républicain, se révèle, à l'usage, incapable de laisser Zola s'exprimer

---

7. Voir l'analyse précise d'A. Pagès, La topographie du discours, *Les Cahiers naturalistes*, n° 54, 1980, p. 174-184.

librement sur la République, Zola n'hésite pas à utiliser *Le Figaro*, journal de tendance nettement conservatrice, pour y « faire une campagne » et s'y créer une « tribune retentissante » ; en 1895-1896 il récidive dans une « nouvelle campagne ». Entre-temps il a conseillé à Céard de publier, toujours dans le quotidien de F. Magnard, un article sur les problèmes de la censure ; devant le refus de son confrère il lui écrit : « J'avais tort de croire que la grande publicité du *Figaro* vous tenterait » (lettre du 5 nov. 1884).

L'écrivain devient pleinement un homme public, tout en voulant assurer son indépendance envers quelque pouvoir que ce soit. Dans ces conditions il est fatal qu'il s'expose à de nombreux heurts avec ceux qui, dans un pays, ont la responsabilité de ce qu'on appelle l'ordre. L'histoire du naturalisme est aussi, pour une longue part, l'histoire de procès, de saisies, de débats sur la censure, d'interdictions... Les exemples sont nombreux, célèbres ou moins connus : les menaces contre *Des Vers* de Maupassant, l'interdiction de la pièce *Germinal*, le procès fait à Desprez pour *Autour d'un clocher*, celui intenté à L. Descaves pour *Sous-offs*... On sait les démêlés de G. Hauptmann avec les censures, prussiennes ou autres, qui s'occupent des *Tisserands* : la pièce, publiée en 1892, jouée au Théâtre libre de Berlin le 26 février 1893, ne connaît une première représentation publique que le 25 septembre 1894, à la suite de quoi l'empereur Guillaume II abandonne sa loge du Deutsches Theater, lieu de la représentation ; et ce n'est que le 6 novembre 1901 que la pièce est autorisée en Saxe. La pièce de L. Tolstoï, *Puissance des ténèbres*, que le Théâtre Alexandrinski avait commencé à monter en 1886, est interdite de représentation en Russie jusqu'en 1895. En Norvège, l'ouvrage de Hans Jaeger *Fra Kristiania-Bohêmen (Scènes de la Bohême de Christiania)* est saisi dès la publication (1885) et son auteur condamné ensuite à deux mois de prison ; *Albertine*, de Christian Krogh, 1886, est saisi le lendemain de la parution. Le journal danois *København* est inculpé, en 1891, pour avoir publié *Bel Ami*. Des responsa-

bles de bibliothèques sont condamnés à Dresde en 1883 pour
avoir prêté des livres de Zola... Et il serait possible d'allonger
la liste de ces manifestations d'humeur du pouvoir politique,
qui semblent atteindre à un degré encore jamais connu. Des
organes politiques sont amenés à débattre du naturalisme, de
Zola, des écrivains qu'il influence : le 21 février 1895 la
chambre des députés prussienne débat sur *Les Tisserands* ; le
8 mai 1888 la Chambre des Communes s'interrogeait sur la
littérature pernicieuse, représentée, notamment, par des traductions d'œuvre de Zola, et exprimait ses craintes devant la
« démoralisation de la littérature ». Déjà le 30 mai 1883, le
secrétaire d'Etat Bödiker avait stigmatisé, au Reichstag,
l'influence détestable de Zola sur les écrivains allemands...

Les interventions du pouvoir se font le plus souvent au
nom de la morale, parfois aussi pour des motifs politiques
explicites. C'est que peut-être le naturalisme est un des courants de pensée qui concourent à remettre en cause l'autorité,
peut-être toute autorité établie ; de plus, l'écrivain naturaliste
compte beaucoup sur le lecteur et le spectateur. Cette intervention dans la vie publique ne peut évidemment laisser le
pouvoir politique indifférent, de même que l'écrivain ne peut
éviter de se poser le problème de ses relations avec l'autorité.
C'est naturellement dans ce domaine que les positions des
écrivains apparaissent le mieux dépendantes du contexte
socio-politique où ils vivent. Si Zola, citoyen de la République française, peut exiger la liberté, K. Bleibtreu, sujet de
l'Empire allemand, ne peut demander que de la « considération » dans son pamphlet *Révolution littéraire* (1886) : tout le
monde ne peut crier avec plus ou moins d'impunité contre la
censure.

Sur un autre problème voisin l'unanimité n'est pas faite :
l'Etat doit-il subventionner la littérature ? Pas de « prix de
Rome littéraire » ! s'insurge E. Zola ; « le patronage de
l'Etat est et sera toujours funeste à l'art ! » assure Maupassant ; « nous ne mendions, auprès de Bismarck et sa Prusse,
aucune subvention d'Etat et je ne sais quel intérêt pour la littérature » soutient Bleibtreu ; mais d'autres naturalistes alle-

mands comme Alberti ou les frères Hart essaient de faire instituer une sorte de mécénat étatique. Ibsen n'est pas indifférent à la rente à vie que lui a attribuée le Parlement norvégien dès 1866, et qu'il essaie de faire revaloriser...

En fait, il s'agit d'une question de rapport de forces, où la tactique peut jouer son rôle, mais où, surtout, l'écrivain doit faire preuve de combativité. L'écrivain naturaliste doit se montrer fort et sûr de soi. « L'argent dans la littérature » : « il faut le déclarer avec netteté : les faibles, en littérature, ne méritent aucun intérêt. [...] Les faibles succombent, malgré les protections ; les forts arrivent en milieu des obstacles » ; ce n'est pas là autosatisfaction du propriétaire de Médan ! En juin 1877, en pleine bataille, pas encore gagnée, de *L'Assommoir*, il assurait déjà : « La force est tout, dans la bataille des lettres. Malheur aux faibles ! Ceux qui tombent ont tort de tomber, et c'est tant pis si on les écrase. Ils n'avaient qu'à savoir se tenir debout » (« Un prix de Rome littéraire »). Bien plus, dès 1866, alors qu'il n'est âgé que de vingt-six ans et qu'il n'a encore pratiquement rien produit, il crie, dans la préface de *Mes Haines*, son dégoût des médiocres qui accusent les autres : « Je hais les sots qui font les dédaigneux, les impuissants qui crient que notre art et notre littérature meurent de leur belle mort. [...] Moi, je vois autrement. [...] Je n'ai souci que de vie, de lutte, de fièvre. Je suis à l'aise parmi notre génération. [...] on attend ceux qui frapperont le plus fort et le plus juste, dont les poings seront assez puissants pour fermer la bouche des autres. » Il faudrait citer toute la préface : Zola y apparaît déjà le lutteur qu'il sera toute sa vie, et on décèle sans peine l'influence du darwinisme social qui inspirera Zola constamment (*Fécondité*, 1901, est un des derniers exemples). Zola est loin d'être le seul à vanter la force, à accepter la « lutte pour la vie » ! Maupassant : « Il n'y a pas de chefs-d'œuvre ignorés. [...] Il n'y a pas de génies incompris. Il n'y a que des imbéciles prétentieux »[8]. W. Bölsche : « Le génie est donné à la naissance ; pour qu'il se

8. *Arts et artifices*, *Le Gaulois*, 4 avril 1881.

déploie il faut sans cesse pénétrer la matière, il faut une étude
perpétuelle ; si tel n'est pas le cas, le génie est une maladie
dont l'impitoyable lutte pour la vie se fait la nemesis en
l'exterminant »[9].

L'écrivain doit donc être armé pour la « lutte pour la
vie » à laquelle il s'expose du fait même qu'il vit dans une
société fondée sur une concurrence à outrance. L'un des
moyens de formation le plus adéquat, recommandé par Zola,
est le journalisme, véritable banc d'essai de l'écrivain. Dans
Les Thibault, Jacques raconte l'aveu que lui a fait un certain Jalicourt, devenu un médiocre professeur libre : venu
demander conseil à un romancier, en 1880, pour accomplir sa
propre vocation de romancier, il s'entend répondre : « N'y a
qu'un seul apprentiffave pour nous : le vournalifme ! » : le
défaut de prononciation permet d'identifier Zola. Effectivement, le mot que Martin du Gard lui prête résume tout à fait
les déclarations du *Roman expérimental* : le journalisme permet d'acquérir « plus d'énergie, plus de virilité, une connaissance plus douloureuse, mais plus pénétrante du monde
moderne ». Bien entendu Zola ne défend pas n'importe quel
journalisme, et il stigmatise, à l'occasion, la presse à scandale. Mais, à l'encontre de nombre de ses contemporains, y
compris d'assez nombreux naturalistes allemands qui sont
plus écœurés par le comportement général de la presse de leur
pays que désireux de s'y tailler une place, Zola estime que le
journalisme est une école pour l'écrivain parce qu'il permet
de se déplacer, d'aller là où est la vie. Loin de s'interroger sur
le « lieu d'où il parle » Zola se demande, et demande à ses
confrères, en quel lieu il faut se rendre pour observer la vie.
Dans un article de sa Campagne menée au *Figaro*, celui du
21 février 1881 il interroge et esquisse — quoi ? une chronique ?
un roman ? une enquête ? « Allez dans un de nos faubourgs,
[...] et promenez-vous, étudiez les maisons, montez et visitez-

9. W. BÖLSCHE, *Die naturwissenschaftlichen Grundlagen der Poesie*,
Tübingen, 1976, p. 61.

les. [...] Maintenant, tâchez de faire la part des responsabilités. » Est-ce adressé au lecteur du *Figaro*, sommé, s'il en a le courage, de quitter ses beaux quartiers ? à un futur écrivain ? à tout homme qui a le goût de la vérité ? A vrai dire, si la littérature est toujours au bout, elle n'est plus en dehors.

A condition, toutefois, qu'il y ait travail. Le mot du romancier Sandoz, à la fin de *L'Œuvre* suffit à équilibrer, à lui tout seul, l'impression de désarroi que Zola exprime dans la fin du roman et qu'il fait ressentir à Sandoz autant qu'à Bougrand. L'écrivain doit toujours craindre de se mettre au travail trop tard. Le « Allons travailler » qui clôt le texte renvoie à un ailleurs du texte : dans toute son œuvre d'imagination (par opposition aux œuvres critiques) Zola ne décrit jamais un écrivain au travail ; de Sandoz lui-même on n'entend que les tourments qu'il confie à Claude, et qui viennent de sa hantise du travail. L'idéal de l'écrivain, ce n'est plus le génie, la bohême, l'inspiration : c'est la régularité du labeur bien fait, *nulla dies sine linea*. De Zola on connaît bien les habitudes de vie rangées, exactes, presque méticuleuse. Mais Maupassant, qu'on pourrait croire incapable d'un comportement semblable, décline, par exemple, une invitation à déjeuner de son éditeur V. Havard : « J'ai pris pour règle absolue de ne jamais déjeuner dehors afin de conserver mes journées entières au travail ; et une interruption dans mes habitudes de labeur me détraque tout à fait » (lettre à Havard, 19 déc. 1881). Les habitudes du journalisme — le jour de chronique, le feuilleton à fournir régulièrement — ne sont certainement pas étrangères à l'instauration et au maintien d'un rythme régulier dans la création. Le danger existe toutefois de se laisser dévorer par le journalisme plutôt que de se former par lui : un P. Alexis est incapable de résister aux besognes au jour le jour qu'il s'impose. A force de « trubloter » comme il l'avoue à L. Descaves en mai 1884 (en juin de la même année, il fait état, dans une lettre à Zola, de 220 papiers signés « Trublot »), il publie *Madame Meuriot*, son roman dont il parle dès 1875, et qu'il commence en 1879, seulement en 1890 ; pourtant Zola ne lui avait pas ménagé les avertissements : « Je persiste dans mon idée », écrit-il à son ami en décembre 1884, « au lieu de ce canard [= *Le Trublot*. Torchon hebdomadaire à Dédéle...] qui ne vivra pas, il eût mieux valu faire dix pages de ' Madame Cœuriot ' [titre provisoire du roman] »[10]. Le journalisme met l'écrivain en contact avec la réalité en train d'évoluer ; mais l'écrivain doit être capable de la comprendre, surtout si, à l'instar de Zola, il prétend recueillir et exploiter les résultats des recherches des hommes de sciences. Aussi on ne saurait s'étonner de voir Tchékhov résumer ainsi, dans une lettre à un ami, les conditions préalables pour devenir écrivain ; il « doit avant tout devenir un observateur sagace, infatigable, et doit s'éduquer de telle sorte que cela devienne une habitude, une seconde nature. Un homme de lettres doit être aussi objectif qu'un chimiste, il doit renoncer au subjectivisme de la vie quotidienne »[11]. Pour devenir un tel observateur, plusieurs méthodes existent. On peut se former à la manière d'un scientifique : W. Bölsche peut être considéré comme le prototype de ce type d'écrivain, passionné toute sa vie de sciences naturelles, d'ailleurs autodidacte en ce domaine ; à côté de nombreux articles de critique littéraire, de plusieurs romans de son ouvrage théorique cité plus haut, et de son activité à la *Freie Bühne* puis à la *Freie Volksbühne*, qui lui permettent d'occuper un rang très honorable dans la galerie des représentants du naturalisme allemand, il publie de nombreuses études purement scientifiques. Tchékhov lui-même est médecin. De toutes façons les écrivains se documentent, sur le sujet, quel qu'il soit, qu'ils envisagent de traiter : parfois même il s'agit d'accumuler les observations, sans savoir à l'avance quel usage on fera, ou non, de telle remarque. Dans un article publié en 1885, M. Kretzer insiste sur la formation de ce qu'il appelle l'écrivain réaliste : « Pour connaître le monde réel, dans ses sommets et dans ses profondeurs, il a fallu étu-

---

10. Voir *Naturalisme pas mort*, Toronto, 1971, *passim*, en particulier p. 268 et 284.
11. Cité par S. LAFFITTE, *Tchékhov 1840-1904*, Hachette, 1963, p. 255.

dier, encore étudier, toujours étudier. L'écrivain lui aussi devrait porter sur soi son album de croquis littéraire. » On sait que Daudet avait avec lui de tels carnets, et qu'à l'instar des peintres il croquait ainsi, en quelques mots, telle ou telle scène.

Un des problèmes auxquels les écrivains naturalistes sont constamment confrontés est celui de la documentation ; ils instaurent à ce propos une pratique qui rompt avec les méthodes de travail traditionnelles. L'écrivain fait appel à de véritables fournisseurs de données. Il ne s'agit pas ici des « nègres » ou des collaborateurs chargés de récrire une pièce de théâtre ou de transformer en roman un drame : l'écrivain naturaliste a besoin d'informateurs qui lui transmettent des données. Il y a des précédents : Flaubert consulte E. Feydeau pour savoir quelle combinaison financière plausible peut faire perdre de l'argent à Frédéric Moreau. Zola systématise le procédé : Céard est régulièrement sollicité de lui fournir notes et documents, parfois fort longs, parfois même rédigés sous forme de chroniques ; le chapitre du dîner de *Nana* (chap. IV) s'appuie sur des notes que Céard a tirées de ses visites chez une demi-mondaine. Et bien d'autres collaborateurs, réguliers ou occasionnels, figurent dans la liste de ceux à qui Zola s'adresse pour les « choses vues » dont il est friand. H. Céard joue également un rôle d'informateur auprès d'E. de Goncourt et il faut noter que ce dernier, pourtant enclin à accuser Zola de s'approprier les idées d'autrui, lance une vaste enquête auprès de ses lectrices afin de composer son « étude psychologique et physiologique de jeune fille » (« Préface » de la *Faustin*, datée du 15 octobre 1881). Le résultat est la « monographie de jeune fille » que constitue *Chérie*, et à propos de laquelle l'auteur croit « pouvoir avancer qu'il est peu de livres sur la femme, sur l'intime *féminilité* de son être depuis l'enfance jusqu'à ses vingt ans, peu de livres fabriqués avec autant de causeries, de confidences, de confessions féminines » (« Préface » de *Chérie*). Il faut aussi faire une place à la tentative de collaboration de J. Schlaf et d'A. Holz qui, à l'instar, peut-être, des Goncourt, travaillent quelques années en étroite association avant de se séparer, avec, d'ailleurs, les invectives réciproques qui sont souvent d'usage dans ce cas : l'alliance de deux personnalités, qu'en forçant quelque peu on pourrait comparer l'un à Zola (Holz), l'autre à Alexis (Schlaf), réussit un temps à produire des œuvres originales (comme les nouvelles de *Papa Hamlet*). Mais on demeure loin encore, évidemment, de tentatives d'écriture collective, voie sur laquelle le naturalisme hésite à s'engager franchement.

Bardé de notes, étayé d'observations, l'esprit de critique et d'analyse toujours en éveil, l'écrivain naturaliste peut-il ou doit-il prendre position sur les faits qu'il traite ou qu'il révèle ? Il est incontestable que sur d'assez nombreux écrivains naturalistes, surtout dans leur jeunesse, le socialisme et les idées socialistes exercent une influence qui peut aller jusqu'à la fascination. En Allemagne, tout particulièrement, le parti social-démocrate (marxiste) est un réel pôle d'attraction pour les jeunes naturalistes surtout autour des années 90. Mais assez peu d'écrivains deviennent membres du parti, d'autant que celui-ci, sous l'impulsion de Liebknecht et de Mehring, se montre extrêmement réservé devant le mouvement littéraire : l'histoire, compliquée, des théâtres libres qui se fondent, se scindent, disparaissent, renaissent, à Berlin entre 1892 et 1897, en fonction de la place à accorder ou non à un lien (et de quelle nature ?) avec le parti socialiste, le montre bien. Mais, en définitive, rares sont les écrivains qui sont membres — non sans difficulté, parfois, avec les responsables — d'un parti socialiste : P. Alexis en France, W. Bölsche, B. Wille en Allemagne, G. B. Shaw en Grande-Bretagne. L'écrivain naturaliste est, de toutes façons, un allié peu sûr : la seule dépendance qu'il reconnaisse est celle qui le lie à la matière qu'il étudie, il ne saurait être question d'écrire des œuvres à thèse. Ibsen refuse absolument de voir en *Maison de poupée* une œuvre « féministe », une œuvre au service d'une cause, quelle qu'elle soit : ce n'est pas là, toutefois, la position de quelqu'un qui craint de s'engager, mais plutôt celle d'un écrivain qui refuse d'être enfermé dans ce qu'il considère comme un carcan l'empêchant d'analyser lucidement la réalité.

Il n'est pas facile, en fin de compte, à l'écrivain naturaliste de trouver sa place dans une société où il semble ne reconnaître vraiment aucune des règles de la vie politique ou littéraire. On peut déceler dans cette difficulté, paradoxale dans la mesure où cet écrivain aspire de toutes ses forces à être de son temps, une des contradictions du naturalisme. A vouloir aller sans cesse là où sont les autres, l'écrivain naturaliste finit par ne plus savoir se situer lui-même dans le monde et par laisser entendre, ou par prétendre que la république des lettres est en fin de compte la seule instance d'où on puisse porter un jugement : il finit par rejoindre la communauté idéale des génies de tous les temps. Il arrive à Zola de se laisser griser par une volonté de puissance qui lui font confondre le métier d'écrivain et une parole immortelle. S'adressant en 1880 aux hommes politiques français — « l'hôpital, la ménagerie », le lieu géométrique des scrofuleux, des crétins, des cervaux mal conformés... — il leur lance :

« Comprenez donc qu'une seule page écrite par un grand écrivain est plus importante pour l'humanité que toute une année de l'agitation de votre fourmilière. Vous faites de l'histoire, c'est vrai, mais nous la faisons avec vous et au-dessus de vous ; car c'est par nous qu'elle reste. [...] feuilletez une histoire des dernières années de la Restauration, par exemple, et demandez-vous où sont allées tant de batailles politiques et tant d'éloquence ; une seule chose surnage aujourd'hui, après cinquante ans, la grande révolution littéraire de l'époque, ce romantisme dont les chefs sont tous restés illustres, lorsque les hommes d'Etat sont déjà effacés des mémoires. Entendez-vous, petits hommes qui menez si grand bruit c'est nous qui vivons et qui donnons l'immortalité »[12].

L'emploi du « nous » est frappant : Zola se considère comme l'héritier, le pair de ces écrivains romantiques qu'il poursuit par ailleurs de ses sarcasmes, et de plus, par-delà le pastiche de Voltaire qui le transforme en un Micromegas

---

12. La haine de la littérature, *Le Roman expérimental*, éd. citée, p. 330.

moins débonnaire que celui du XVIIIᵉ siècle, il entend renouer avec le poète de la guerre de Troie. A force de vouloir aller « ailleurs », l'écrivain naturaliste risque de s'ériger en juge d'instruction sans mandat, et sans péril.

Car la question ultime à laquelle l'écrivain naturaliste, moins qu'un autre, ne peut éviter de répondre, est celle de son action possible sur la société qui est l'objet unique de son étude. Cette question prend la forme d'un dilemme, qui revêt un caractère aigu dans l'Europe du tournant du siècle, celui qui oblige l'homme à choisir entre l'intellectualité et l'action, entre l'analyse critique et la décision de modifier le dysfonctionnement d'un système. Un Ibsen, un Strindberg, un Tchékhov tiennent, avec des nuances, pour le rôle essentiellement critique de l'écrivain : à d'autres de tirer les conclusions politiques qui s'imposent. De nombreux naturalistes allemands sont plus proches de l'idée d'un art utile, qui soit appel direct à la transformation sociale, et un L. Tolstoï est aussi un bon représentant de cette tendance. Zola, quant à lui, se trouve pris au piège, partagé entre le désir d'un art intellectuel, qui ne se préoccupe pas des retombées de ses découvertes, au moins à court terme, et le rêve d'une action sur la société qui l'entoure. En fait, il ne peut se résoudre à choisir, et essaie de tenir, en même temps, les deux positions. Dans le même chapitre du *Roman expérimental* il peut en effet déclarer successivement « nous voulons [...] être les maîtres des phénomènes des éléments intellectuels et personnels, pour pouvoir les diriger. [...] nous faisons de la *sociologie pratique* » et « nous sommes des expérimentateurs *sans être des praticiens*, nous devons nous contenter de chercher le déterminisme des phénomènes sociaux, en laissant aux législateurs, aux hommes d'application le soin de diriger tôt ou tard ces phénomènes »[13]. Où est donc la vérité de l'écrivain naturaliste ? peut-être dans le fait qu'il n'est pas facile, ou même souhaitable, de n'être qu'écrivain : n'est-ce pas une nouvelle contradiction ?

13. *Ibid.*, p. 76 et 79-80 (souligné par moi).

On a pu parler, avec le romantisme, d'un « sacre de l'écrivain ». Avec le naturalisme, il ne saurait plus en être question ; il n'y a plus de « prince des nuées ». En revanche on pourra parler de consécration ou de reconnaissance. Dans la logique des considérations qui précèdent il faut en effet admettre que l'écrivain a besoin d'une reconnaissance par la société où il vit : les institutions doivent récompenser le bon citoyen. A l'époque du naturalisme, ces institutions sont en général de type bourgeois, plus ou moins teinté d'esprit féodal : c'est dans ce cadre qu'il faut sans doute comprendre les efforts des naturalistes pour acquérir les marques extérieures d'estimes de leurs concitoyens. Ces hochets se nomment, entre autres, décorations : cinq médanistes sur six sont décorés, et même le non-décoré (P. Alexis) faillit l'être. En France, l'Académie en est un autre : Zola est candidat à cette instance de consécration. E. de Goncourt fonde une Académie rivale — qui manque accueillir le malchanceux Alexis. Ibsen est peut-être celui dont la carrière manifeste le plus l'intégration progressive dans une société qui voit en lui son représentant quasi officiel : la Norvège célèbre avec éclat le soixante-dixième anniversaire de naissance du dramaturge, et lui fait des funérailles officielles à sa mort en 1906. De même un G. Hauptmann évolue vers la position de poète officiel, que lui reconnaît plus ou moins la République de Weimar. De tels exemples ne sont certes pas nouveaux dans l'histoire des lettres : elle a connu plus d'un écrivain s'éteignant « comblé d'honneurs ». Ce qui est peut-être plus neuf, ou se pratique sans doute davantage, c'est la tranquille assurance, exempte de flagornerie dans beaucoup de cas, avec laquelle les écrivains postulent à ces honneurs, dans l'obtention desquels ils ne voient rien d'exceptionnel. On n'en est plus à la formule d'un Flaubert selon laquelle « les honneurs déshonorent, la fonction abrutit ».

L'écrivain naturaliste est-il donc un bourgeois, ou le type d'écrivain que sécrète la société bourgeoise ? A en juger par l'accueil qu'il reçoit de la part des critiques installés et de la

presse en général, dans lesquels nous voyons à bon compte
des représentants éminents d'une bourgeoisie telle qu'un
Flaubert, précisément, veut la voir et la faire voir, la proposition paraît d'abord choquante. Pourtant, si on regarde l'évolution d'ensemble du XIXᵉ siècle, on peut se demander si le
décalage que les historiens constatent volontiers entre les
niveaux économique, social et mental ne jette pas quelque
lumière sur la question controversée d'une littérature bourgeoise. Le romantisme représenterait le moment où, à côté
d'une prise de pouvoir économique et, dans certains cas, politique par la bourgeoisie, la littérature continue à vivre, dans
l'ensemble (car il y a, naturellement, des exceptions), sur un
modèle aristocratique ou féodal ; le naturalisme, au contraire, manifeste l'accession de la littérature à un modèle
bourgeois, mais avec un nouveau décalage : les bourgeois
conquérants sont devenus des bourgeois arrivés, conserva-
teurs, si ce n'est déjà crispés sur leurs privilèges acquis et
donc déjà réactionnaires, sur le plan politique et socio-
économique ; ces bourgeois ont leurs écrivains à gage, comme
un Paul Heyse (qui recevra le prix Nobel), un P. Barrès,
peut-être un Kipling. Mais à côté de ces hommes de lettres
d'avance installés, ou qui aspirent à l'être, se dresse une autre
génération, qui est, en littérature, la réplique des bourgeois
conquérants qui ont arraché de haute lutte leur accès aux
postes de commande ; cette génération trouve les places déjà
prises ou déjà retenues par des gens qu'elle estime médiocres ; et elle entre en lutte contre eux au nom des principes
qui ont permis aux premiers bourgeois entreprenants de
s'imposer. Cette croyance en une dynamique de la littérature,
qui les anime, expliquerait aussi en partie que certains de ces
écrivains commencent, timidement, à regarder vers une autre
Révolution qui reléguerait la Bourgeoisie parmi les notions du
passé.

Il est d'ailleurs curieux de voir quel usage Zola fait du
mot de « bourgeois ». Tantôt il l'emploie pour stigmatiser tel
écrivain qui se croit au-dessus du reste de l'humanité : ses
sarcasmes contre Barbey d'Aurevilly (*Le Figaro*, nov. 1880)

en sont un exemple. L'auteur de *Goethe et Diderot* s'y voit
accusé de tout ignorer de l'époque contemporaine et de n'être
que le bourgeois qu'il stigmatise pourtant à longueur de
pages : « Vous avez l'ahurissement d'un bourgeois, les igno-
rances d'un bourgeois, l'obstination et le rabâchage d'un
bourgeois. Bourgeois ! bourgeois ! » Tantôt, au contraire, le
bourgeois devient pour Zola le représentant éminent de celui
qui détient le pouvoir parce qu'il a, ou a eu, la force de le
conquérir : « Depuis la Révolution, c'est [la Bourgeoisie] qui
est aux affaires et qui mène l'histoire », aussi : « Il ne faut
plus plaisanter les bourgeois », et même : « Les écrivains sont
devenus des bourgeois, ce qui n'est point un mal. » Car
l'écrivain-bourgeois auquel songe Zola dans ces deux déclarations faites en 1879 est de la race de ceux qui entreprennent,
qui conquièrent, qui progressent.

Le progrès peut-il exister *aussi* en littérature ? Zola
répond par l'affirmative dans le même mouvement qui lui
fait affirmer le progrès de l'humanité. Quelque respect qui
doive être dû à la littérature d'autrefois, Zola se refuse à
l'absolutiser et soutient, en 1881, que Homère et Shakespeare
sont certes de très grands écrivains mais « qu'à génie égal un
Homère ou un Shakespeare qui naîtrait aujourd'hui y trouve-
rait un cadre plus vaste et plus solide, et qu'il laisserait des
œuvres plus grandes ; en tout cas elles seraient plus vraies,
elles en diraient davantage sur le monde et sur l'homme » :
Zola fait cette déclaration dans la chronique d'adieu qui clôt
sa « Campagne » dans *Le Figaro*[14].

Bien des traits qui forment le portrait de l'écrivain naturaliste montrent qu'il contient une bonne partie de ceux qui
caractérisent le bourgeois. Alors, pourquoi ce mouvement de
recul de la bourgeoisie en place devant le naturalisme, qu'elle
n'a finalement pas totalement intégré, tant s'en faut ? Zola
ne fut jamais élu à l'Académie française. On peut proposer
plusieurs explications de cette défiance, qui tiennent pour une
bonne part à la difficulté de classer aisément les écrivains

14. ZOLA, *Œuvres complètes*, éd. citée, t. XIV, p. 667.

naturalistes et leurs œuvres. Il faut d'abord noter que la bourgeoisie reste attachée à une conception assez aristocratique de la littérature : elle attend peut-être un écrivain qui serait à ses gages, comme Racine pouvait l'être à ceux de Louis XIV ; de leur côté, les responsables des partis ouvriers considèrent volontiers que la démocratisation de la culture passe aussi, sinon d'abord, par l'accès de tous aux œuvres canonisées par la tradition. Il semble bien que le domaine littéraire offre une illustration de la façon dont le mental, le « troisième niveau » selon les représentants de l'histoire quantitative, évolue moins vite que les niveaux économique et social : la littérature reste et doit rester dans un lieu un peu idéal, hors de l'atteinte des contingences matérielles. A partir de là, une deuxième explication se profile : ce décalage met aux prises, comme on l'a vu, des bourgeois installés — ceux qui détiennent effectivement les postes clefs du domaine culturel — et des bourgeois conquérants, ou des aspirants-bourgeois, les écrivains naturalistes, qui estiment qu'il n'y a pas de situation acquise ; on assiste alors, presque normalement, à une lutte pour le pouvoir, institutionnalisée et soigneusement régulée en principe par le régime bourgeois, mais où les écrivains introduisent un élément, la littérature, qui n'était pas prévu comme partie active du système. On peut alors envisager encore une troisième explication, qui s'appuie sur les précédentes : dans la société bourgeoise qui s'installe à la fin du XIXᵉ siècle, l'écrivain est un de ceux qui ont conservé (ou développé ? ou acquis ?) l'élan révolutionnaire que Marx reconnaissait à la classe bourgeoise : l'écrivain naturaliste ne respecte rien *a priori*, ne respecte aucun dogme, moral ou politique. Voulant analyser scientifiquement la société humaine qui l'entoure, il est inéluctablement amené à montrer des dysfonctionnements. Cela suffit pour qu'il gêne, ou pour qu'on essaie de le récupérer. Zola a parlé de « la haine de la littérature » que manifestait la jeune République française dix ans après la chute de Napoléon III et a même écrit qu'il en venait « à regretter le grand silence de l'Empire,

lorsque [...] au moins on s'entendait penser »[15] : au moment
où une société approfondit son assise, où il s'agit de construire un système qui fonctionne à peu près, il n'est pas facile
de trouver une place pour quelqu'un qui veut observer, et ne
pas s'en laisser conter. Le droit de bourgeoisie coûte cher :
l'écrivain n'est pas toujours prêt à le payer. On sait qu'en
France une des lignes de partage sera l'Affaire Dreyfus : une
fois de plus Zola, et Alexis à ses côtés, ne se comportera pas
en bourgeois installé, et devra choisir entre la prison et l'exil :
« Nous allons décidément finir en soldats de la révolution »
écrit-il à Alexis le 11 décembre 1898 : c'est, pour l'auteur de
« J'accuse », une surprise.

15. *Le Roman expérimental*, éd. citée, p. 367.

CHAPITRE X

La part du public

> « Avant qu'on se soit remis de son
> étonnement, on reçoit un deuxième coup
> en plein visage, encore plus cynique et
> plus brutal cette fois. On s'indigne, on
> veut rejeter le livre, mais l'intérêt est
> éveillé [...]. On continue à lire [...] et
> voici qu'on commence à trouver tout à
> fait normal ce qui avait commencé par
> surprendre, par indigner, par horrifier. »
>
> P. LINDAU, critique allemand, après
> une lecture de *Nana* (1881).

> « Ce que je reproche au naturalisme,
> [...] c'est [...] d'avoir glorifié la démo-
> cratie de l'art ! »
>
> HUYSMANS, *Là-bas* (1891).

Le public des œuvres naturalistes est légion. Et d'abord il
sait lire, de plus en plus, car le taux d'alphabétisation croît
régulièrement dans la plupart des pays occidentaux : déjà
élevé, au milieu du XIXᵉ siècle, dans les pays germaniques et
scandinaves, il progresse nettement en France et en Grande-
Bretagne ; ces deux pays instituent d'ailleurs, en 1880, l'obli-
gation scolaire, ce qui ne peut manquer d'avoir des retombées, à moyen et long termes, sur le développement de la vie
sociale, et la lecture d'œuvres de fiction, qui s'appuie pour
une large part sur le support qu'offrent les journaux où se
trouvent normalement des romans et des nouvelles, devient

une activité normale, en tout cas plausible : Zola évoque en 1880 « ce grand courant de lecture qui emporte aujourd'hui la société entière ». Le nombre des lecteurs potentiels est en constante augmentation : c'est un élément nouveau à l'époque du naturalisme. Au théâtre, où le problème se pose en d'autres termes — aller au théâtre est encore participer à une réunion mondaine, et la disposition des salles, avec leurs loges et leurs foyers, contribue à maintenir cet aspect de la vie sociale —, on assiste à un effort de certains responsables pour ouvrir l'art dramatique à un plus grand nombre. En 1890 A. Antoine propose de réfléchir aux moyens de construire des salles de théâtre rationnelles « en partant tout de suite et inexorablement de ce principe : édifier une salle de théâtre pour le spectateur le plus mal placé de cette salle »[1] ; corrélativement, il fait porter son effort sur la nécessité d'offrir des places à bon marché : la politique des « théâtres libres » qui prolifèrent dans l'Europe de la dernière décennie du XIXe siècle est souvent orientée en ce sens.

Le résultat est que le public change par rapport aux générations précédentes : le nombre, le quantitatif fait irruption dans la vie littéraire. Au moment d'abandonner la vie littéraire en écrivant ce testament que veut être la « Préface » de *Chérie*, E. de Goncourt, fatigué de lutter, aigri par les insuccès, se raccrochant à « une confiance à la Stendhal dans le siècle qui va venir », essaie de conserver l'image traditionnelle du public : « Le public... trois ou quatre hommes, pas plus, tous les trente ans, lui retournent ses catéchismes du beau, lui changent, du tout au tout, ses goûts de littérature et d'art »[2] ; s'adressant obstinément à « ceux qui ont le goût le plus précieux, le plus raffiné de la prose française », il ne tient pas compte, ou ne veut pas tenir compte, de ce que le public qui pourrait être le sien vit, comme lui, « au XIXe siècle, dans un temps de suffrage universel, de démocratie, de libéralisme » (« Préface » de *Germinie Lacerteux*). Le public

---

1. A. ANTOINE, *Le Théâtre libre*, mai 1890, p. 49.
2. « Préface » de *Chérie*, G. Charpentier, 1884, p. IV.

de 1880 n'est pas seulement M. Sarcey ou M. Brunetière, c'est aussi tous ces lecteurs anonymes qui achètent des livres, vont au spectacle, et, parfois, s'enhardissent jusqu'à écrire leur admiration — ou leur colère — à celui dont ils ont lu ou vu représenter l'œuvre.

La recherche est encore mal équipée pour procéder à une véritable étude du public des écrivains naturalistes : les documents sont à la fois très nombreux, très variés et difficilement accessibles : correspondances privées, lettres envoyées aux écrivains et aux journaux, registres de commande des libraires et des éditeurs, registres d'achat et de prêt des bibliothèques publiques et des cabinets de lecture, organisations des bibliothèques privées, souvenirs, journaux intimes, etc. On peut aussi essayer de reconstituer ce qu'on tend à appeler aujourd'hui « l'horizon d'attente » du public en décryptant les discours que tiennent les critiques : ceux-ci sont pour une large part dépendants de la représentation qu'ils se font de leurs propres lecteurs, et les suivent autant qu'ils les guident ; le discours critique sur la littérature naturaliste, surtout quand elle est de provenance étrangère, laisse souvent transparaître les modèles canoniques auxquels, sans se l'avouer, rêvent des lecteurs habitués à une littérature qui ne les dérange pas.

Il n'est pas inutile de rappeler que le succès (évalué en termes quantitatifs) qu'ont remporté les naturalistes auprès de leurs contemporains est un succès de scandale, entretenu par certains écrivains eux-mêmes, mais encore davantage par la critique, prompte à s'effaroucher et, par là même, à signaler aux lecteurs potentiels que quelque chose de nouveau est en train de se passer dans la littérature qui pourrait bien être résumé par l'adjectif « brutal ». De fait, et de nombreux lecteurs, témoin P. Lindau[3], sont à même de le constater, le public se sent agressé, soumis à des chocs répétés. Mais pratiquement pas de complaisance, sauf de la part de quelques écrivains qui spéculent sur l'attrait du fruit défendu, et encore moins d'insulte : outrage aux « bonnes mœurs » peut-

---

3. Voir le premier texte placé en exergue à ce chapitre, p. 199.

être, au public jamais. Le lecteur auquel s'adresse l'écrivain naturaliste n'est pas un objet de sarcasmes : Flaubert, témoin en cela du passé, accablerait volontiers ses contemporains, quand Zola parle de la « grande lutte de l'école naturaliste avec le public » dans un article de 1876 ; dans une lettre à G. Sand (26 sept. 1874), Flaubert tonnait contre « l'esprit public » : « Jusqu'à quelle profondeur de bêtise descendrons-nous ? Le dernier livre de Belot *[Les Mystères mondains]* s'est vendu en quinze jours à huit mille exemplaires, la *Conquête de Plassans* de Zola à dix-sept cents en six mois et il n'a pas eu un article ! » Et Flaubert s'en prenait ensuite aux « idiots du lundi » qui se pâment sur une comédie de Scribe.

La lettre furieuse de Flaubert rappelle que le naturalisme n'a pas d'emblée la partie gagnée, et que les faveurs du public sont lentes à venir. Il y a toute une éducation du public qui se fait parallèlement à l'avancée du naturalisme. Les réactions successives d'un T. Fontane peuvent permettre de préciser par quelles étapes est passé un lecteur de Zola. Pour l'écrivain allemand, de vingt ans l'aîné de son confrère français, Zola est d'abord un nom, qui agace parce qu'il est entouré d'une *aura* admirative : dans la même lettre, adressée à sa femme en mars 1880, Fontane trouve que son fils Georges « va trop loin dans son admiration » pour Zola, et estime que le talent de ce dernier est immense, mais galvaudé par les recours à une thématique condamnable (Zola n'est que le peintre de la Morgue). Mais à la date où Fontane exprime en privé cette opinion, il ne connaît pas vraiment l'œuvre de l'écrivain français, à laquelle il ne pourrait d'ailleurs avoir accès que dans l'original. Ce n'est qu'en juin 1883, à un moment où des traductions allemandes sont déjà assez répandues (et Fontane semble les connaître, sinon les utiliser), que Fontane commence une lecture suivie et intensive de l'œuvre zolienne, qui lui paraît assez intéressante pour qu'il envisage d'écrire sur elle un essai, qui restera au stade de l'ébauche[4].

---

4. L'article de P. BANGE, Fontane et le naturalisme, *Etudes germaniques*, XIX, 1964, p. 142-164, donne le texte allemand de ce manuscrit.

Il importe d'abord de distinguer soigneusement l'opinion *privée* de Fontane : dans la suite des lettres qu'il envoie à sa femme, on le voit passer d'un refus presque complet, qui paraît bien reposer sur des *a priori* de lecteur qui s'est contenté de suivre les anathèmes lancés par les critiques professionnels, à une admiration, non exempte de réserves, mais qui le motive assez pour lui donner envie d'écrire à son tour un essai critique pour en finir avec les sottises écrites jusqu'alors en Allemagne. Mais le lecteur privé Fontane semble hésiter à prendre la parole en public : il accumule beaucoup de notes en vue de l'essai, et témoigne, à cet égard, d'une bonne connaissance des deux romans dont il s'occupe : *La Fortune des Rougon* et *La Conquête de Plassans*, mais ne publie pas. Or il y a dans ces notes manuscrites une partie qui mérite attention : la réécriture du début de *La Fortune des Rougon*[5] ; Fontane condense en effet en un paragraphe d'une quinzaine de lignes les cinq premières pages du roman de Zola. Le lecteur se mue ici en confrère qui essaie de savoir comment un texte fonctionne ; le travail de Fontane consiste principalement en de nombreuses suppressions d'éléments qui lui paraissent sans lien direct avec l'intrigue ultérieure du roman ou, peut-être, de mauvais goût (comme les circonstances du transfert des ossements) ; il établit d'autre part une chronologie plus stricte, et qui n'entraîne, pour son lecteur, aucun retour en arrière ou aucune réflexion visant à établir la date à laquelle le cimetière Saint-Mittre existait ; enfin il croit utile de clore son ouverture par une phrase dont on chercherait en vain l'équivalent dans l'original, dans laquelle il réinscrit le roman dans une tradition romantique : « Ce n'est que vers minuit, sous un ciel nuageux et déchiré, par un silence de mort, que s'éveillait à nouveau dans l'âme de tel ou tel l'effroi qui régnait jadis en ce lieu. » Le plus remarquable est que Fontane commente ensuite sa tentative de réécriture : il estime qu'il réussit, lui, à donner toutes les informations nécessaires, y compris l'atmosphère, tandis que Zola ne livre

5. Traduit dans *Le Naturalisme*, Colloque de Cerisy, UGE, 1978, p. 60-61.

qu'un « va-et-vient confus » et ne vise qu'à faire impression
sur le lecteur, et il conclut : « D'ailleurs, il obtient cette
impression avec infiniment plus de force que mon propre
texte ne peut le faire, et pourtant je suis d'avis que ma façon
de procéder est infiniment supérieure. » On ne saurait mieux
opposer les deux attitudes entre lesquelles Fontane se sent
partagé : en tant que lecteur, il reconnaît la force de Zola, en
tant qu'artiste, il se défend devant cette force.

C'est pourquoi il faudrait s'interroger sur les raisons qui
ont finalement poussé Fontane à ne pas publier son essai sur
Zola, d'autant qu'il a rédigé d'autres textes où il est question
de l'écrivain français, mais qui restent également dans ses
tiroirs, comme cette brève esquisse d'un compte rendu de
Trois femmes, de M. Kretzer (1886), où la première phrase
mentionne « Flaubert, Zola et le réalisme authentique ».
Fontane n'a jamais publié d'article consacré directement à
Zola ou à un écrivain naturaliste français (on connaît des
ébauches traitant de Kielland, d'Ibsen), mais Zola est aussi le
seul écrivain français (avec E. Sue) et l'un des rares étrangers
(aux côtés de Shakespeare, Scott, Kielland, Tolstoï, Tourgueniev) à figurer dans la liste des « meilleurs livres » que Fontane établit, en réponse à une enquête, en 1889, et qu'il
reprend, presque sans changements, en 1894. Ce n'est qu'au
détour d'articles publiés sur d'autres écrivains que Fontane
laisse un peu paraître ce qu'il pense de Zola, dont il n'appré-
cie guère les théories, mais qu'il place finalement assez haut.
Si le critique Fontane est assez discret, le créateur Fontane
l'est à peine moins : travaillant à son *Comte Petöfy* tout en
lisant Zola, il insère, dans le chapitre VII, une conversation
sur Zola où le comte évoque les audaces de l'écrivain français. Zola peut être cité dans les romans de Fontane (il l'est
aussi dans *Quitt*, 1891, et au début du chapitre 26 d'*Effi
Briest* — 1895 — on apprend qu'Effi a parlé de *Nana* avec
Mme Zwicker), il n'est jamais le modèle que l'écrivain Fontane suit, même lorsqu'il traite des sujets qui s'inscrivent
dans une perspective naturaliste, comme *Madame Jenny Trei-
bel* ou *Effi Briest*. C'est peut-être que l'artiste, en Fontane,

n'arrive pas à suivre exactement le lecteur : les hésitations à se prononcer publiquement sur Zola trahissent sans doute l'embarras d'un spécialiste attaché à des valeurs anciennes mais qui éprouve en même temps directement qu'une nouvelle littérature est en train de s'imposer.

Les réticences de Fontane, où il serait facile de retrouver celles d'une critique accoutumée à une conception romantique de la littérature, peuvent s'expliquer par sa position d'artiste établi, presque officiel. Mais l'accueil est tout autant mitigé chez les socialistes, par exemple, dont beaucoup s'effarouchent devant les romans naturalistes : c'est ce que montrent les débats du congrès du parti social-démocrate allemand, en 1896 à Gotha, où le naturalisme est violemment pris à partie, non seulement par les instances dirigeantes mais aussi par la base : la rédaction de la *Neue Welt (Le Monde nouveau)*, revue familiale socialiste tirant à environ 250 000 exemplaires, est accusée de publier des romans qui contiennent des passages inconvenants.

Les débats des socialistes allemands à Gotha montrent certes que des positions politiques progressistes, voire révolutionnaires, ne vont pas nécessairement de pair avec une ouverture d'esprit à des idées et des conceptions artistiques nouvelles : la littérature est peut-être un des domaines où les mentalités collectives ont le plus de mal à se modifier en profondeur. Mais il est aussi incontestable que l'attitude des écrivains est responsable, en grande partie, de la méfiance que ressentent à leur égard les organisations politiques, de gauche ou de droite. Ce n'est pas tant la question de « l'ordure naturaliste », ni même le reproche de calomnier le peuple comme dans *L'Assommoir*, qui sont en cause, que le refus obstiné des écrivains naturalistes de déclarer nettement « de quel lieu » ils parlent, de définir, à l'avance, leur position. Or la seule explication qu'ils entendent donner est qu'ils se soumettent, *à chaque fois*, à l'objet qu'ils veulent étudier et dont ils veulent dévoiler le fonctionnement en en découvrant les lois propres. On comprend dès lors la méfiance qui entoure ces écrivains : le public ne sait pas, à l'avance, de quoi ils sont

capables ; nul n'est hors d'atteinte d'une analyse méthodique
qui peut s'appliquer à tout le réel.

Pourtant la conception que l'écrivain naturaliste se fait de
son métier, qui n'est plus subordination totale et absolue à une
vocation hors du commun, implique que le lecteur trouve sa
place dans le dialogue que le naturalisme veut instaurer avec
lui. Ici encore, tout n'est pas radicalement neuf dans la pratique naturaliste : un C. Dickens essayait de se renseigner,
après la publication d'un feuilleton, sur les réactions de ses lecteurs et en particulier sur la conception qu'ils se faisaient de la
suite de l'intrigue. L'écrivain naturaliste lui non plus ne tient
pas le lecteur pour quantité négligeable, au contraire, mais il
vise autant à l'inquiéter et à le déranger qu'à le distraire, quitte
à lui laisser une part d'initiative. Dans la lettre, souvent citée,
que Céard adresse à Zola le 28 octobre 1879 pour le mettre en
garde contre le « sophisme capital » qu'il relève dans l'étude
sur « le roman expérimental », l'auteur d'*Une belle journée*
fait cette remarque, pour conclure : « Le romancier, avec vos
théories, expérimente aussi [comme C. Bernard], mais c'est le
public qui fatalement conclut à sa place, car lui [= le roman-
cier] est dans l'impossibilité scientifique d'imposer ses résultats. » Cette objection, car c'en est bien une, met l'accent sur
une qualité particulière du texte naturaliste : la place laissée au
lecteur ou au spectateur. Il s'agit de lui présenter une expérience, dont les éléments ont été sélectionnés pour leur repré-
sentativité et rassemblés dans une intention de démonstration,
mais la solution n'est pas donnée dans le texte : « J'ai choisi un
cas exceptionnel, mais instructif, [...]. Un événement [...] est
en général provoqué par toute une série de mobiles plus ou
moins profonds, mais le spectateur choisit dans la plupart des
cas le modèle qu'il saisira le plus facilement ou qui honorera le
plus ses talents d'analyste », écrit Strindberg dans la Préface
de *Mademoiselle Julie* avant d'avancer toute une série
d'explications différentes pour rendre compte du comportement de son héroïne : tout n'a pas été dit au moment où le
rideau se baisse, ni au moment où le lecteur ferme le roman.

Le destinataire d'une œuvre naturaliste jouit ainsi de plusieurs degrés de liberté possibles. L'auteur peut le laisser sur une ignorance complète de ce que va devenir tel personnage important : l'exemple le plus net est incontestablement la célèbre fin de *Maison de poupée* où le spectateur entend « le bruit d'une porte qu'on ferme à clef », qui libère Nora, mais qui empêche le spectateur, enfermé à l'intérieur de son salon avec Helmer, de savoir ce qu'elle deviendra, puisque le rideau tombe à ce moment. La critique n'a certainement pas fini non plus de commenter la fin des *Revenants*, qu'Ibsen écrit après *Maison de poupée* : Mme Alving donne-t-elle ou non le poison à son fils ? Mais l'écrivain, sans aller aussi loin, peut aussi arrêter son texte de façon apparemment arbitraire, en laissant entendre que tous les éléments sont désormais bien réunis pour recomposer la suite d'une histoire désormais bien déterminée : Huysmans est coutumier de ce genre de fin, où il laisse ses lecteurs imaginer que Folantin, André et Cyprien, la contremaîtresse des *Sœurs Vatard*, voire Des Esseintes ne feront désormais rien d'autre que recommencer ou continuer. Enfin, même lorsque la mort du personnage principal semble clore le texte d'une façon incontestable, tout n'est pas toujours complet dans ce texte, et le lecteur est parfois invité à chercher ou à trouver une réponse ailleurs que dans la littérature, dans l'Histoire : le spectateur russe qui, en 1904, assiste à la première de *La Cerisaie* au théâtre d'Art de Moscou peut se demander où réside l'avenir des personnages qu'il a vu évoluer, et, davantage, de quel côté se profile son avenir à lui, spectateur réel : toutes les solutions semblent être présentes : la fuite à l'étranger (Lioubov Andreevna) ou le refuge — provisoire ? — dans une profession (Gaev), le départ vers une vie nouvelle et nébuleuse, construite à coups de discours (Trofimov, Ania), la ruée dans le réel et dans le profit, au détriment de quelques vestiges qu'il faut abattre (Lopakhine), le refus de tout progrès, le regret du passé, l'enfermement et la mort (Firs)... Le monde de *La Cerisaie* explose au cours du dernier acte. « Nous jouons aux fiers, comme ça, les uns devant les autres, et la vie passe sans faire attention à nous.

[...] combien sommes-nous en Russie [...] à savoir pourquoi
on existe ? » déclare Lopakhine à Trofimov[6], au moment où
le spectateur entend le premier coup de hache dans la cerisaie.
La Russie est-elle décidément un verger, à l'instar de ce
verger aux cerises qu'aime tant Ania ? La pièce de Tchékhov
pourrait bien mettre en relation, à travers la scène, les deux
éléments qui sont de part et d'autre de cette scène : les spectateurs et ceux qui abattent les cerisiers. La mise en scène originelle s'inscrivait, involontairement, en creux : elle ne pouvait prévoir quelle réponse l'Histoire apporterait à tous ces
personnages qui constatent que le temps passe ; les mises en
scène dans l'Union soviétique d'après 1917 peuvent choisir de
mettre l'accent sur l'optimisme de la vie nouvelle qu'annonce
Trofimov, qui, plus qu'un éternel étudiant, est alors l'étudiant vieilli, peut-être prématurément, parce qu'il a connu la
prison pour ses idées révolutionnaires.

La part du public, dans ces conditions, est largement tributaire de celle que prend le metteur en scène, qui pose en
termes nouveaux la question même de la représentation théâtrale, de l'actualisation de la théâtralité[7]. Il serait exagéré de
porter au crédit du seul naturalisme l'apparition de cette profession nouvelle qu'est la mise en scène : A. Antoine, qu'on
peut considérer comme le prototype du metteur en scène
moderne, est tout autant fervent de pièces symbolistes que
préoccupé de quartiers de bœuf, que le hasard, plus qu'une
théorie, lui permet d'utiliser. Il n'empêche que l'époque du
naturalisme coïncide avec l'apparition d'un métier qui réside
essentiellement dans un effort de *médiatisation*, c'est-à-dire
dans une volonté de disposer le texte et le public dans des
conditions d'interrelation optimale.

Toute l'entreprise du « théâtre libre » doit être comprise
par rapport à cette volonté primordiale de trouver la juste
relation entre le spectateur et le spectacle, donc de trouver la

---

6. *La Cerisaie*, acte IV, trad. G. CANNAC et G. PERROS.
7. Voir J.-J. ROUBINE, *Théâtre et mise en scène*, PUF, 1980, p. 38 sqq.

juste place du spectateur autant que celle de l'acteur. Pour ce faire, il faut d'abord agir sur la place de l'acteur, et, paradoxalement à première vue, lui interdire de jouer *pour* le spectateur : l'illusion théâtrale a d'autant de plus de force qu'elle n'est jamais mise en cause par un appel direct, hors illusion, au spectateur. De telles directives, que défend Antoine, ne viennent pas toutes directement de lui : elles constituent déjà le fondement des principes que prône le duc Georges II de Meiningen, dont la troupe effectue de nombreuses tournées à partir de 1874, qui la mènent dans toute l'Europe, à l'exception de la France (Antoine la voit à Bruxelles en juillet 1888). L'influence des Meininger est considérable[8] : elle contribue largement à créer un nouveau public, qui ne se satisfait plus des numéros d'acteurs dans des décors passe-partout. Il se pourrait d'ailleurs que l'absence de tout contact avec la France ait privé celle-ci de l'émergence d'une dramaturgie naturaliste : Antoine note que certaines idées de Zola, que ce dernier n'a pu réaliser, se rencontrent avec celles des Meininger ; toutes vont dans le sens d'un jeu et d'une mise en scène au service du texte, ainsi médiatisé.

A l'entreprise des Meininger succède celle d'Antoine, qui la renforce. Le « Théâtre libre » est lancé en octobre 1887 (les deux premières représentations, 30 mars et 30 mai 1887, jours du « paiement des employés du gaz », n'étant encore que des spectacles isolés, des « soirées d'essai » et non inscrits dans un réel programme). Il est intéressant de suivre l'analyse qu'en mai 1890 Antoine fait de son entreprise[9] : la crise du théâtre vient de ce que « le théâtre actuel offre au spectateur *des pièces sans intérêt*, dans des *salles déplorablement agencées*, à des *prix exorbitants*, avec des *troupes sans cohésion* » ; on note que des quatre causes avancées deux sont de type technique (salle, troupe), une de type financier, une seule de type littéraire. Devant la réussite du Théâtre

8. Voir D. BABLET, *Le Décor de théâtre de 1870 à 1914*, Ed. du CNRS, 1965, p. 48-55.
9. Voir la brochure citée plus haut, note 1, p. 200.

libre, qu'il constate sans embarras, Antoine, qui déclare ne poursuivre lui-même aucun profit personnel, souhaite qu'elle ne soit pas seulement une « récompense morale » : « Il faut que matériellement, en cas de succès, [la pièce] mette [l'auteur] en posture de produire d'autres œuvres. » Le Théâtre libre offrirait ainsi aux débutants une possibilité de se faire connaître : davantage, de commencer une carrière d'écrivain. Le problème est donc posé, là aussi, non seulement en termes littéraires, mais aussi en termes financiers. D'ailleurs, dans les quelque quatre-vingts pages qu'Antoine consacre à l'avenir de son théâtre qui serait désormais ouvert au grand public, une douzaine seulement concerne les œuvres elles-mêmes ; en revanche on trouve des développements sur la disposition de la salle, la constitution de la troupe, la mise en scène, l'organisation (abonnement, succession des spectacles) et le financement. On lit aussi cette phrase, qui rappelle que le Théâtre libre est aussi, à l'origine, une parade contre la censure : « En cas de difficultés avec la censure, le Théâtre libre, reprenant pour un soir sa forme ancienne, donnera, en représentation privée, l'œuvre qui aura causé la contestation. » L'œuvre litigieuse est ainsi soustraite, de façon formelle au moins, aux interventions du pouvoir politique : il s'agit de protéger le public, autant que l'œuvre.

La brochure de mai 1890 comprend une grande part d'utopie : Antoine, en fait, vit d'expédients et accumule les dettes, et ne semble pas s'être fait trop d'illusions au moment même où il lance sa brochure : elle est provoquée par un succès, finalement un peu inattendu pour tous, de la formule des abonnements et de l'appel à des spectateurs qui s'impliquent dans leur goût pour le théâtre. Ce succès est toutefois un événement littéraire européen, qui renouvelle pour une large part la question de la relation de l'auteur dramatique à son public. Car Antoine fait école, non seulement en France : on fonde des théâtres libres à Amiens (mars 1890), à Marseille (novembre 1890), mais dans toute l'Europe : O. Brahm fonde en 1889 à Berlin la Freie Bühne, J. Grein lance à Londres l'Independant Theatre en 1891, et la première représen-

tation organisée par chacun de ces théâtres libres est constituée par *Les Revenants* d'Ibsen, tandis que le Théâtre libre de
Copenhague commence avec *Thérèse Raquin*. Partout une
même préoccupation : faire venir un public nouveau qui ne se
satisfasse plus des poncifs.

Le public a largement répondu aux appels des naturalistes : il a acheté leurs livres, assisté à leurs drames, avec un
enthousiasme variable suivant les pays et les époques, mais
dont le bilan est globalement positif. Sans doute, comme
Zola lui-même le disait devant la réussite d'un J. Verne, le
succès ne prouve rien, et il est vrai qu'un G. Ohnet est plus
vendu, à la fin du XIXᵉ siècle, que Zola ou même Daudet.
Mais on voit se profiler la perspective d'une littérature démocratique, c'est-à-dire ouverte à tous. C'est pourquoi il est en
définitive impossible et vain de chercher à définir le « lecteur
naturaliste » ou le « spectateur naturaliste ». A tout homme
qui ouvre un roman de Zola il peut arriver la même aventure
que Fontane ou P. Lindau ; il faut une condition toutefois :
qu'il soit, ou qu'il devienne fort, capable de supporter le choc
d'un texte qui ne le ménage pas.

L'histoire de la diffusion du naturalisme, de sa pénétra-
tion dans les milieux qui, au début, lui sont violemment hos-
tiles, pourrait bien coïncider avec l'émergence graduelle d'un
public qui prend de plus en plus sa part de responsabilité et
qui exige toujours davantage que la littérature le prenne au
sérieux. L'Allemagne offre un excellent exemple de ce processus. La critique allemande ne commence à s'intéresser aux
écrivains naturalistes français que vers 1875, et pour manifester aussitôt son inquiétude : si Zola, condamné généralement sans ambages pour son immoralité, concentre sur lui
une bonne partie des attaques, son confrère Daudet embar-
rasse beaucoup : les qualités qu'on doit lui reconnaître, bon
gré mal gré, sont-elles liées à des options esthétiques sus-
pectes ? Car la présence de telles œuvres ouvre surtout un
débat sur les valeurs esthétiques d'une société qui connaît une
grande expansion économique et politique (le traité de Franc-

fort a fait de l'Allemagne la plus grande puissance de l'Europe continentale), mais semble incapable de se doter d'une littérature au niveau de ses ambitions : appuyés sur une critique repliée sur Goethe et Schiller, voire Lessing, les épigones occupent le devant de la scène, mais cachent un véritable désert culturel. C'est ce désert que les naturalistes français, mais aussi Ibsen et Tolstoï, viennent en partie combler, en mettant nettement en cause le système des valeurs esthétiques allemandes dans la décennie 1880-1890. La critique allemande se bat alors autant contre les lecteurs que contre les écrivains : désemparée devant un engouement du public qu'elle s'explique mal et n'arrive pas à contrôler, elle fait preuve d'une agressivité qui est bien l'indice que le naturalisme sape les conditions anciennes de lecture ; inlassablement, elle confesse son désarroi devant des œuvres dont il lui semble qu'on ne doit pas pouvoir même les lire — mais les plus honnêtes, ou les plus lucides, de ces critiques doivent reconnaître qu'ils ont été eux-mêmes des lecteurs fascinés. A lire les reproches développés par les critiques de tous bords, les plus progressistes comme les plus réactionnaires (politiquement ou littérairement), on constate une unanimité : le naturalisme rassemble tous les manques possibles, tout ce qui exclut une œuvre de la littérature ; les griefs défilent : absence de héros positif, voire absence de héros tout court, absence d'intrigue, absence d'équilibre (entre le bien et le mal, le beau et le laid...), défaut de composition, manque de goût et de tact, et surtout disparition des trois vertus qui sont au cœur de la théorie littéraire allemande depuis Hegel : réconciliation *(Versöhnung)*, humour *(Humor)*, entendu dans une perspective de conciliation des antinomies, et transfiguration *(Verklärung)*, qui demeure un maître mot de certains critiques sociaux-démocrates. Face à une certaine transparence du roman naturaliste, la critique allemande tient ferme pour une transformation de la réalité décrite, au point d'avancer, comme Fontane dans ses notes sur *La Fortune des Rougon*, que si la vie, par extraordinaire, était bien ce que Zola dit qu'elle est cela justifierait d'autant plus le recours aux vertus transfiguratrices du « voile de la beauté ».

Le naturalisme a trouvé des appuis et des partisans en Allemagne, surtout dans la jeune génération, née autour des années 1860, mais qui restent peu nombreux, même si, comme tous ceux qui veulent faire une révolution, ils se font beaucoup entendre. Pour eux *L'Assommoir, Nana, Germinal* ne mettent pas seulement à jour les vices du second Empire français, ils montrent aussi les faiblesses de la vie culturelle du deuxième Reich, incapable de susciter de tels ouvrages. Le naturalisme lutte sur un nouveau terrain ; la bataille littéraire n'est plus limitée à des combats singuliers de spécialistes.

Le naturalisme joue le public, à la limite le tout-venant, contre le spécialiste, l'homme de l'art. Mais à chacun, de toutes façons, de trouver sa place et de prendre sa part, face à l'œuvre. Le problème que G. Strehler se pose à propos de la mise en scène de *La Cerisaie*[10] est au fond celui de tout lecteur d'un texte naturaliste. Faut-il privilégier le plan de l'illusion du réel, se laisser prendre à la reconstitution exacte de la vie de personnages qui finissent par exister à l'égal de ceux du monde réel ? Maupassant, déjà, avait remarqué que « les Réalistes de talent devraient s'appeler plutôt des Illusionnistes » (« Préface » de *Pierre et Jean*). Faut-il accorder plus d'importance à l'Histoire ? Toute la stratégie des écrivains naturalistes consiste à rappeler que texte, auteur, public sont des éléments d'un même ensemble, qui n'est pas fini : la fin des *Rougon-Macquart* n'est pas marquée par la mort du Dr Pascal, elle est à écrire sur la page blanche que constitue la vie du nouveau-né, laquelle peut se recouper, sur bien des points, avec celle du lecteur. L'œuvre naturaliste court alors le risque d'être vite démodée : elle ne peut répéter indéfiniment la même leçon d'Histoire, à moins de rejoindre la cohorte des textes plus ou moins catalogués dans un enseignement de la littérature qui a effectivement besoin d'expliquer l'état de la société au moment où l'œuvre a été écrite. Faut-il alors enfin envisager un troisième niveau, celui de l'universel, ce que G. Strehler appelle « la grande boîte de l'aventure

---

10. G. STREHLER, *Un théâtre pour la vie*, Fayard, 1980, p. 311-314.

humaine » ? L'existence de ce troisième niveau repose, on le voit bien, sur l'hypothèse banale que la grande œuvre littéraire dépasse et transcende l'aventure d'un moment qu'elle a pris pour sujet : par-delà l'Histoire, le naturalisme aide l'homme à se réinsérer dans sa Destinée, ou, si on préfère, dans son Aventure, en même temps que lui-même reprend place, à son corps défendant peut-être, dans une tradition littéraire dont il voulait se débarrasser. Le public a toujours le dernier mot, surtout si, comme Tchékhov, l'écrivain s'ingénie à le lui laisser prendre : « Quand j'écris, je mise à fond sur le lecteur, et compte qu'il saura ajouter lui-même les éléments subjectifs qui manquent à mon récit », ou : « Et pourquoi faut-il expliquer ? Il suffit de frapper, et c'est tout ; alors le lecteur sera intéressé et se mettra une fois de plus à réfléchir »[11].

11. Lettres de Tchékhov à Souvorine, 1er avril 1890 et 17 déc. 1891, citées par S. Laffitte, *Tchékhov 1860-1904*, Hachette, 1963, p. 250.

CONCLUSION

Les défis du naturalisme

> « Je n'aime point ce mot d'art, qui
> entraîne avec lui je ne sais quelle idée
> d'arrangement, de convention. Je ne con-
> nais que la vie. »
>
> E. ZOLA, Causerie du dimanche,
> *Le Corsaire*, 3 déc. 1872.

Entre la « Préface » de *Germinie Lacerteux* (1864) et la
première de *La Cerisaie* (1904) la littérature occidentale présente une incontestable cohérence, que cet ouvrage a essayé
de décrire sous le nom de naturalisme. Ce terme, longtemps
vilipendé, est en effet utile pour présenter un corpus homo-
gène d'*œuvres*, même s'il ne prétend pas regrouper un ensemble d'*écrivains* dont chacun, avec son évolution propre, ne
s'inscrit parfois que partiellement, à tel ou tel moment de sa
carrière, dans le système naturaliste. Ce qui fait la particula-
rité et l'originalité de ce système, c'est d'abord le défi qu'il
lance à la classification : s'agit-il d'un système *littéraire* ou,
au contraire, d'un système *qui refuse de n'être que littéraire* ?
Le naturalisme, en tant que phénomène littéraire, justifie en
effet pleinement sa prétention de suivre au plus près le mouvement qui emporte le siècle, de se soumettre entièrement à
l'analyse de l'objet étudié et qui est fourni par la vie, de prendre en compte les conditions réelles, matérielles, de production, de reproduction, de représentation. Le résultat est, le
plus souvent, une œuvre qui essaie de rejeter une des qualités
les plus communément reconnues, aujourd'hui du moins, à la

littérature : l'ambiguïté. Clarté, transparence, simplicité, ou, d'un autre point de vue, platitude et monotonie, voilà quelques qualificatifs qui peuvent être appliqués à Zola, Ibsen, Tchékhov. Le texte naturaliste, même et surtout s'il est travaillé par son auteur, ne perd jamais de vue la perspective fondamentale de la communication, c'est-à-dire celle d'un usage « normal », non littéraire, de la langue. Aussi il ne faut pas prendre à la légère la réaction des critiques de 1880 qui, pour des motifs esthétiques plus qu'éthiques, accusent le naturalisme de se situer hors de la littérature : ils éprouvent ce déplacement comme une remise en cause du processus d'autonomisation du fait littéraire.

Mais le défi que le naturalisme lance à l'art se double d'un défi qu'il se donne à lui-même. L'intégration ou même l'immersion de l'écrivain dans la société où il écrit risque de le rendre prisonnier de l'idéologie suscitée par l'organisation sociale. Ch. Grivel remarque à ce propos : « Il n'y a pas de roman réaliste possible. Ou : le seul réalisme du roman serait de réussir à *montrer l'idéologie en acte au sein de son propre langage*. Il est vrai que comme roman un tel ouvrage serait illisible »[1]. Or le langage naturaliste se veut transparence. La contradiction ne peut être levée qu'en supposant un lecteur actif et capable de décrypter ce langage en le mettant en relation avec son vécu de lecteur. Le texte est médiation, il n'est plus totalité signifiante.

L'ensemble du *Roman expérimental* et des autres volumes critiques de Zola va tout à fait dans cette direction. Il faut bien l'avouer : essayant à plusieurs reprises d'explorer l'hypothèse que le rôle de Zola dans l'évolution naturaliste avait été surestimé, j'ai dû constater, comme en témoignent les occurrences de son nom dans cet ouvrage, que l'auteur des *Rougon-Macquart* et du *Roman expérimental* était bien le lieu géométrique de tout un courant d'idées qui irriguent les lettres occidentales autour des années 80, à condition de voir

1. Ch. GRIVEL, *Production de l'intérêt romanesque*, La Haye, Mouton, 1973, p. 365.

en lui, plus qu'un maître à penser, un maître à rassembler et à diffuser. En revanche, et contrairement à des tentatives d'évaluation de son œuvre qui ont été proposées dès son vivant, il faut se garder de valoriser le créateur au détriment du théoricien, en laissant entendre que Zola n'a pas suivi les idées qu'il préconise. Au contraire : Zola-théoricien et Zola-créateur ne font qu'un ; il y a cohérence profonde entre l'auteur des *Rougon-Macquart* et celui du *Roman expérimental*, dans la mesure même où ce qu'il appelle naturalisme est une méthode d'investigation du réel avant d'être une rhétorique, disons une écriture. La poétique du naturalisme peut lier une rhétorique du désordre et la logique du texte : la résultante de ces deux forces est une écriture rompue, sans cesse soumise à des effets de turbulence qui viennent troubler, pour le lecteur, une transparence qui glisse aisément du constat à l'accusation.

Le naturalisme n'a peut-être pas su, ou pas voulu, trouver réellement les formes nouvelles auxquelles il aspirait pourtant ; il s'est complu dans un mélange des genres qui agaçait déjà F. Brunetière et F. Spielhagen, mais sans franchir le pas qui l'aurait conduit vers ce que nous appelons aujourd'hui modernité. Peut-être aussi, mais ce n'est qu'hypothèse, l'invention du cinéma est-elle venue trop tard. Bien des problèmes dans la représentation de l'espace et du temps auraient été résolus par le recours au septième art, et on peut se demander ce qu'un Zola aurait pu faire si, au lieu d'essayer d'adapter difficilement ses romans à la scène, il avait pu travailler à des scénarios. *Les Tisserands* restent une réussite isolée, par leurs effets de foule, dans une dramaturgie qui se contente de l'intimisme : E. Olmi, avec *L'Arbre aux sabots* (1978), leur donne un pendant, et son film, tourné dans des conditions qui ne sont pas sans rappeler celles mêmes dans lesquelles travaillait Antoine à ses débuts, suscite des questions semblables. Est-ce aussi un hasard si le cinéma puis la télévision exploitent avec une telle intensité les œuvres naturalistes ?

La part de l'héritage naturaliste qui est passée dans notre

modernité se mesure déjà à cette recherche de la « mise en images » à laquelle le naturalisme nous a habitués. Elle se manifeste aussi par la consécration que connaît actuellement l'œuvre d'un Tchékhov, qui est peut-être, plus qu'Ibsen ou que Strindberg, le maillon fort qui lie naturalisme et modernité. *Père* est susceptible d'une lecture expressionniste comme d'une lecture naturaliste, *Le Canard sauvage* peut être représenté dans un registre délibérément symbolique ou dans une interprétation « vériste » : les pièces de Tchékhov, dont le sujet quasi unique semble être la mise en scène du temps, confrontent le spectateur à une analyse cruelle de l'univers où il vit. C. Stanislawski, J.-L. Barrault, G. Strehler, P. Brook : autant de noms qui témoignent que les metteurs en scène ne sont pas las de présenter aux spectateurs des questions auxquelles le dramaturge n'a pas répondu, et que les spectateurs sont toujours disposés à se laisser questionner. Pour le moment, la formulation de type mythique — qui donne les réponses à des questions qui n'ont pas été formulées — n'a pas encore retrouvé droit de cité.

Cette fonction critique et corrosive de la littérature est-elle en définitive celle que le bourgeois conquérant (puisque l'écrivain naturaliste a pu apparaître tel) a voulu promouvoir ? Une part de l'héritage naturaliste a été reprise par des écrivains insérés dans des systèmes sociaux différents : le réalisme socialiste lui doit beaucoup, comme lui doivent beaucoup les cycles de R. Martin du Gard, J. Romains, J.-P. Sartre... De ce dernier on a pu dire qu'il était « un Taine qui eût en même temps été Zola »[2] : est-ce encore un hasard si le quatrième tome des *Chemins de la liberté* n'a jamais été écrit, comme si le romancier croyait devoir s'arrêter pour laisser ses lecteurs, autant que ses héros, choisir, par leur réponse à la question de l'Histoire, leur chemin de la Liberté ? La tradition naturaliste implique peut-être que l'écrivain ne soit jamais d'un bord ni au-dessus de la mêlée ; à certains moments l'activité

2. G. Picon, *Panorama de la nouvelle littérature française*, Gallimard, 1960, p. 105.

littéraire n'est plus celle qui convient pour communiquer avec ses concitoyens.

D'où cet ultime défi, qui passe par le refus ou la condamnation de la littérature. Il est toujours loisible, à l'intérieur d'un système littéraire, d'éprouver la légitimité des lois en écrivant *Les Corbeaux* ou *Maison de poupée* ; parfois il faut aller ailleurs, et écrire *L'Ile de Sakhaline* ou *J'accuse* : l'écriture devient acte. Zola le dreyfusard, qui écrit le 13 janvier 1898 au bas de sa « lettre à M. Félix Faure, Président de la République » : « En portant ces accusations, je n'ignore pas que je me mets sous le coup des articles 30 et 31 de la loi du 29 juillet 1881, qui punit les délits de diffamation », est le même que le Zola de la « lettre à la jeunesse » qui écrivait le 21 mai 1879 : « Nous autres écrivains naturalistes [...] notre vertu n'est plus dans les mots, mais dans les faits. » Le naturalisme ne respecte rien, pas même la littérature ou l'art, à la seule exception des faits. Le naturalisme essaie, à la limite, de faire l'économie de l'art : peut-il y parvenir ? et s'il y parvient, cela lui sera-t-il jamais pardonné ? Peut-on écrire la vie ?

ÉLÉMENTS DE BIBLIOGRAPHIE

I / *LES TEXTES*

A / DOMAINE FRANÇAIS

L'intérêt récent porté en France au naturalisme et, plus généralement, aux littératures « au tournant du siècle » permet d'avoir désormais un accès facile à la plupart des textes naturalistes. D'excellentes éditions universitaires sont maintenant disponibles :

E. ZOLA, *Les Rougon-Macquart*, Gallimard (Bibl. de la Pléiade), 1960-1967, 5 vol. : contient, pour chaque roman, un précieux et substantiel dossier établi par H. MITTERAND.

E. ZOLA, *Œuvres complètes*, Cercle du Livre précieux, Tchou [s.d.], 15 vol. : édition actuellement la plus complète (à l'exception de la Correspondance : voir plus loin).

G. de MAUPASSANT, *Contes et nouvelles*, Gallimard (Bibl. de la Pléiade), 1974-1979, 2 vol. : cette édition chronologique, due à L. FORESTIER, est la seule sûre.

On trouvera l'ensemble des romans de MAUPASSANT (qui ne sont pas tous d'obédience strictement naturaliste) dans le volume publié par A.-M. SCHMIDT en 1959 chez A. Michel.

Les œuvres des GONCOURT et de J.-K. HUYSMANS sont à nouveau, pour quelques-unes d'entre elles, accessibles, soit chez Garnier-Flammarion, soit dans la collection 10/18 (dont le texte est toutefois souvent peu sûr). Il existe une excellente édition de *Germinie Lacerteux*, procurée par E. CARAMASCHI, Naples, Edizioni scientifiche italiane / Paris, A.-G. Nizet, en 1968. On doit regretter qu'il n'y ait pratiquement pas d'éditions des œuvres d'A. DAUDET ; en revanche ont été réédités — sous forme de « reprint » — des romans de quelques naturalistes mineurs :

P. ALEXIS, *La Fin de Lucie Pellegrin*, Slatkine (« Ressources »), 1979 (avec une présentation de J. de PALACIO).

P. BONNETAIN, *Charlot s'amuse...*, Slatkine (« Ressources »), 1979 (avec une présentation de H. JUIN).

H. CÉARD, *Une belle journée*, Slatkine, 1970 (avec une préface de C.A. BURNS).

Les Soirées de Médan ont été rééditées, avec introduction, notes et dossier, par C. BECKER, Le Livre à venir, 1981.

On notera aussi l'édition de C. LEMONNIER, *Un mâle*, Bruxelles, J. Antoine, 1977, et de : H. BECQUE, *Les Corbeaux*, Paris, Ed. du Delta, 1970.

Les textes théoriques et critiques de ZOLA se trouvent dans les volumes 10 à 14 des *Œuvres complètes* citées plus haut (il existe une bonne éd. du *Roman expérimental* par A. GUEDJ, Garnier-Flammarion, 1971). Un volume de *Préfaces et Manifestes littéraires* des GONCOURT a été édité par E. de GONCOURT en 1888, mais n'a pas été réédité récemment (les textes de quatre préfaces se trouvent dans l'*Anthologie des préfaces de romans français du XIXᵉ siècle*, R. Julliard, 1964, présentée par H. S. GERSHMAN et K. B. WHITWORTH Jr.). H. JUIN a publié, en 1980, 3 volumes de *Chroniques* de MAUPASSANT (coll. 10/18).

Enfin on trouvera la documentation indispensable à la connaissance de la vie littéraire française à l'époque du naturalisme dans le *Journal* des GONCOURT (Fasquelle et Flammarion, 1956, 4 vol., établi et annoté par R. RICATTE) et dans les éditions de correspondances ; parmi celles-ci, tout particulièrement :

« *Naturalisme pas mort* ». Lettres inédites de Paul ALEXIS à Emile Zola, 1871-1900, University of Toronto Press, 1971 (avec une riche annotation de B. H. BAKKER).

E. ZOLA, *Correspondance*, Les Presses de l'Université de Montréal / Editions du CNRS, éditée sous la direction de B. H. BAKKER (éditrice associée : C. BECKER, conseiller littéraire : H. MITTERAND), en cours de publication : 2 vol. parus (1858-1867 et 1868-1877). Outil de travail indispensable.

B / DOMAINE ÉTRANGER

Si la quasi-totalité des œuvres étrangères citées dans cet ouvrage sont facilement accessibles dans leur version originale, il existe relativement peu de traductions françaises disponibles et satisfaisantes. On peut citer :

S. CRANE, *La Conquête du courage*, Le Livre de poche.

S. CRANE, *Nouvelles*, Coll. bilingue Aubier-Montaigne (contient, entre autres, *Maggie, fille des rues*), 1971.

G. GISSING, *La Nouvelle Bohème*, PUL, 1978.

M. GORKI, *Théâtre*, t. 1, L'Arche, 1962 (contient *Les Bas-fonds*).

H. IBSEN, *Maison de poupée / Les Revenants*, Livre de poche.

H. IBSEN, *Le Canard sauvage*, Gallimard, « Théâtre du monde entier », 1972.

E. de QUEIRÓS, *Les Maia*, PUF, 1971 (2 vol.).

B. SHAW, *La Profession de Mme Warren*, Aubier, 1955.

A. STRINDBERG, *Créanciers*, L'Arche, 1959.

A. STRINDBERG, *Mademoiselle Julie*, L'Arche, 1957.

A. TCHÉKHOV, *Œuvres*, Gallimard (Bibl. de la Pléiade), 1967-1971 (3 vol.).

L. TOLSTOÏ, *La Puissance des ténèbres*, L'Arche, 1962.

Il est très regrettable qu'il n'existe aucune traduction disponible des pièces de G. HAUPTMANN (son drame *Les Tisserands* a été traduit par H. MAUBEL dans *La Société nouvelle*, mai-août 1892, et en volume par J. THOREL, 1893), ni des œuvres de HOLZ et SCHLAF (la nouvelle « Papa Hamlet » a été traduite dans *La Revue blanche*, mai-juin 1892). Il existe une excellente anthologie (en langue originale) du naturalisme allemand, due à U. MÜNCHOW : *Naturalismus*, Berlin (RDA) et Weimar, Aufbau-Verlag, 1970 (2 vol.).

Avec ses *Documents of Modern Literary Realism*, Princeton, New Jersey, 1963, G. J. BECKER offre un très bon instrument de travail, où on trouvera — en version anglaise — des textes de : TCHERNICHEVSKI, G. ELIOT, G.-B. SHAW, B. PÉREZ GALDÓS, H. JAMES, H. et J. HART, E. PARDO BAZÁN, E. GOSSE, A. STRINDBERG (à côté de traductions des GONCOURT, de ZOLA, de HUYSMANS...).

II / *ÉTUDES*

A / LA PROBLÉMATIQUE RÉALISME / NATURALISME

Roman JAKOBSON, Du réalisme artistique, in *Théorie de la littérature*, Le Seuil, 1965, p. 98-108 (traduit du russe ; essai de 1921).

Georges LUKÁCS, *Problème du réalisme*, L'Arche, 1965, 396 p. (recueil d'essais traduits de l'allemand, parus 1932-1940).

Erich AUERNACH, *Mimésis. La représentation de la réalité dans la littérature occidentale*, Gallimard, 1968, 600 p. (1ʳᵉ éd. allemande : 1946).

René WELLEK, The concept of Realism in Literary Scholarship (1960), *in* R. W., *Concepts of Criticism*, Yale University Press, 1977, p. 222-255.

Stephan KOHL, *Realismus. Theorie und Geschichte*, W. Fink, 1977, 292 p.

B / LE NATURALISME COMME PHÉNOMÈNE INTERNATIONAL

Denis BABLET, *Esthétique générale du décor de théâtre de 1870 à 1914*, Ed. du CNRS, 1965, XVIII-444 p. (voir surtout p. 79-138).

Lilian FURST et Peter SKRINE, *Naturalism*, Londres, Methuen & Co, 1971, VI-82 p. (« The Critical Idiom », 18).

Henrik MARKIEWICZ, Le Naturalisme dans les recherches littéraires et dans l'esthétique du XXe siècle, in *Revue de Littérature comparée*, 47 (1973), p. 256-272.

F. W. J. HEMMINGS (éd.), *The Age of Realism*, Penguin Books, 1974, 415 p. (traite, successivement, des littératures russe, française, allemande, espagnole, portugaise, italienne).

Helmut KREUZER (éd.), *Jahrhundertende - Jahrhundertwende* (I), Wiesbaden, Athenaion, 1976, VIII-476 p. (t. 18 de : Klaus von SEE [éd.], *Neues Handbuch der Literaturwissenschaft*).

Sigfrid HOEFERT, Naturalism as an International Phenomenon : The State of Research, in *Yearbook of Comparative and General Literature*, 27 (1978), p. 84-93.

C / LE NATURALISME DANS DIFFÉRENTES LITTÉRATURES

1. LITTÉRATURE ALLEMANDE

John OSBORNE, *The Naturalist Drama in Germany*, Manchester University Press, 1971, VIII-186 p.

Richard HAMANN et Jost HERMAND, *Naturalismus*, Munich, Nymphenburger Verlagshandlung, 1972, 326 p. (« Epochen deutscher Kultur von 1870 bis zur Gegenwart », 2).

Günther MAHAL, *Naturalismus*, Munich, W. Fink, 1975, 260 p.

Jürgen SCHUTTE, *Lyrik des deutschen Naturalismus (1885-1893)*, Stuttgart, Metzler, 1976, VII-94 p.

Sigfrid HOEFERT, *Das Drama des Naturalismus*, Stuttgart, Metzler, ³1979, XIII-112 p.

2. LITTÉRATURE FRANÇAISE

René DUMESNIL, *L'Epoque réaliste et naturaliste*, Tallandier, 1945, 446 p.

Jacques-Henri BORNECQUE et Pierre COGNY, *Réalisme et naturalisme*, Hachette, 1958, 192 p.

Poétique, n° 16 (1973) : « Le discours réaliste ».

Revue des Sciences humaines, n° 160 (1974) : « Naturalisme ».

Pierre COGNY, *Le Naturalisme*, PUF (coll. « Que sais-je ? »), 5e éd. revue 1976, 128 p.

Ronald DAUS, *Zola und der französiche Naturalismus*, Stuttgart, Metzler, 1976, X-128 p.

Le Naturalisme. Colloque de Cerisy (dirigé par P. COGNY), UGE, 1978, 442 p.

3. Autres littératures

— *Littérature américaine :*

Charles C. Walcutt, *American Literary Naturalism, A Divided Stream*, Minneapolis, 1956, XII-332 p.

— *Littérature anglaise :*

Pierre Coustillas, Jean-Pierre Petit, Jean Raimond, *Le Roman anglais au XIXᵉ siècle*, PUF, 1978, 318 p.

— *Littérature italienne :*

Paul Arrighi, *Le Vérisme dans la prose narrative italienne*, Paris, 1937, 600 p.

— *Littérature roumaine :*

Cahiers roumains d'études littéraires, 3/1979 : « Le réalisme et le naturalisme roumains ».

D / MONOGRAPHIES (FRANÇAISES) SUR QUELQUES ÉCRIVAINS (ÉTRANGERS)

Maurice Gravier, *Ibsen*, Seghers, 1973, 194 p. (« Théâtre de tous les temps », 28).

Nelly Clemessy, *Emilia Pardo Bazán romancière (La critique, la théorie, la pratique)*, Ed. du CNRS, 1972, 780 p. (2 vol.).

Guy Vogelweith, *Strindberg*, Seghers, 1973, 190 p. (« Théâtre de tous·les temps », 26).

Sophie Laffitte, *Tchékhov*, Le Seuil, ¹1955, 192 p. (« Ecrivains de toujours », 30).

E / ÉTUDES PORTANT SUR DES PROBLÈMES PARTICULIERS
(non recueillies dans les études citées précédemment)

Erich-Herbert Bleich, *Der Bote aus der Fremde als formbedingender Kompositionsfaktor im Drama des deutschen Naturalismus*, Berlin, 1936, VII-142 p. (vieilli, mais encore essentiel).

Christophe Charle, *La Crise littéraire à l'époque du naturalisme. Roman, théâtre et politique*, Paris, PENS, 1979, 208 p. (recherches de type sociologique sur le naturalisme français).

Gérard Delfau, 1871 : la fausse coupure. Contribution à l'histoire du naturalisme, *in* Université de Paris VII, *Recherches en sciences des textes*. Hommage à Pierre Albouy, Presses Universitaires de Grenoble, 1977, p. 19-53.

Katharina GÜNTHER, *Literarische Gruppenbildung im Berliner Naturalismus*, Bonn, Bouvier, 1972, 186 p.

Gustave JAKOB, *L'Illusion et la désillusion dans le roman réaliste
français (1851 à 1890)*, Paris, Jouve, 1911, 146 p. (quelques pistes
de recherches à reprendre).

Alain de LATTRE, *Le Réalisme selon Zola*, PUF, 1975, 260 p. (étude
précise des théories de Zola).

Hans Jörg NEUSCHÄFER, *Populärromane im 19. Jahrhundert*, Munich, W. Fink, 1976, 206 p. (J. Verne et Zola et la littérature
populaire).

Michel RAIMOND, L'expression des sentiments dans la tradition naturaliste, in *Cahiers de l'Association internationale des études françaises*, n° 26 (mai 1974), p. 269-280.

Karl Erik ROSENGREN, *Sociological Aspects of the Literary System*,
Lund, 1968, 216 p. (contient, entre autres, une étude de la confi-
guration du système littéraire en Suède à l'époque du naturalisme).

Herbert SCHERER, *Bürgerlich-oppositionnelle Literaren und sozial-
demokratische Arbeiterbewegung nach 1890*, Stuttgart, Metzler,
1974, VI-270 p. (la social-démocratie allemande face au naturalisme).

George STEINER, *La Mort de la tragédie*, Le Seuil, 1965, 254 p.
(traduction de *The Death of Tragedy*, [1]1961).

Rappelons enfin que la revue annuelle *Les Cahiers naturalistes*
suit régulièrement les travaux relatifs au naturalisme français.

INDEX DES NOMS

L'index contient les noms (ou pseudonymes) des écrivains, éditeurs, metteurs en scène, cinéastes, critiques, qui apparaissent dans le corps du texte (à l'exclusion des notes, des épigraphes et de la bibliographie).

INDEX DES ŒUVRES

L'index contient les titres des œuvres directement mentionnées, ou auxquelles il est fait directement allusion par un personnage, dans le corps du texte (à l'exclusion des notes, des épigraphes et des tableaux du chapitre II). Les œuvres sont citées sous leur titre français ; dans le cas d'œuvres non traduites, ou dont le titre français diffère sensiblement du titre original, on trouvera aussi ce dernier. Le nom de l'auteur est indiqué à la suite, entre parenthèses.

Imprimé en France
Imprimerie des Presses Universitaires de France
73, avenue Ronsard, 41100 Vendôme
Août 1982 — No 28 108

LITTÉRATURES MODERNES